STRUCTURES LINGUISTIQUES ET INTERACTIONNELLES
DANS LE FRANÇAIS PARLÉ

 *Etudes Romanes 54*

Rédaction : Hans Peter Lund

INSTITUT D'ÉTUDES ROMANES
UNIVERSITÉ DE COPENHAGUE

Structures linguistiques et interactionnelles dans le français parlé

Actes du colloque international
Université de Copenhague
du 22 au 23 juin 2001

Recueillis et publiés par

Anita Berit Hansen
et
Maj-Britt Mosegaard Hansen

MUSEUM TUSCULANUM PRESS
UNIVERSITY OF COPENHAGEN
2003

Anita Berit Hansen & Maj-Britt Mosegaard Hansen (éds.) :
*Structures linguistiques et interactionnelles
dans le français parlé*

© Museum Tusculanum Press et les auteurs 2002
Etudes Romanes vol. 54
Mise en pages: Nils Soelberg
Imprimé au Danemark par AKA Print A/S Århus
ISBN :   87 7289 819 4
ISSN :   1395 9670

Publié avec le soutien financier
du Conseil de recherche des lettres et sciences humaines du Danemark
et de la Fondation *Landsdommer V. Giese*

Museum Tusculanum Press
Université de Copenhague
Njalsgade 92
DK-2300 København S
Danemark
www.mtp.dk

Table des matières

Avant-propos 7

Véronique Traverso :
    Aspects de la négociation dans un polylogue 11

Lorenza Mondada :
    La construction du savoir dans les pratiques scientifiques
    d'équipes de recherche : Analyse de trajectoires d'objets de
    discours et de savoir 31

Paul Touati :
    Approche à une modélisation de la prosodie transphrastique
    du français parlé. 69

Anita Berit Hansen et Maj-Britt Mosegaard Hansen :
    Le [ə] prépausal et l'interaction 89

Aidan Coveney :
    Le redoublement du sujet en français parlé : une approche
    variationniste 111

Christine Bozier :
    Étude de la stratégie de sollicitation chez des apprenants
    suédophones de français 145

Eva Westin :
    Textualité en conversation exolingue – le cas du récit oral 177

Avant-propos

Le présent recueil réunit sept travaux qui ont tous été présentés lors d'un colloque international sur les « Structures linguistiques et interactionnelles dans le français parlé », qui s'est tenu à l'Institut d'Etudes Romanes de l'Université de Copenhague les 22 et 23 juin 2001.

Le colloque était parrainé par le Réseau nordique de recherches sur le français parlé (voir http://www.hum.au.dk/romansk/fransk/parle/), qui existe depuis 1998. Le but de ce réseau – qui comprend à l'heure actuelle une trentaine de chercheurs danois, suédois, norvégiens et finlandais, y compris les rédactrices du présent volume – est multiple : il s'agit d'une part d'inciter à une collaboration scientifique autour de la récolte et de l'exploitation d'un corpus de français oral de genres divers. D'autre part, le réseau vise à créer des contacts et à stimuler les échanges entre chercheurs dans ce domaine, en organisant des colloques et en publiant des ouvrages scientifiques.

Le colloque du mois de juin 2001 faisait suite à un autre colloque organisé par le réseau en 1998, avec pour thème « Le français parlé. Corpus et résultats » (voir Andersen & Hansen (éds.), 2000). Là où ce dernier avait surtout pour but de discuter des problèmes méthodologiques liés au travail sur corpus, et de montrer l'utilité de l'exploitation de corpus oraux dans des domaines linguistiques bien établis, tels que la phonétique et la syntaxe, l'idée derrière ce colloque sur les « Structures linguistiques et interactionnelles » a plutôt été de discuter dans quelle mesure il serait possible d'intégrer différentes approches théoriques et méthodologiques afin d'aboutir à une description plus riche de la langue parlée.

L'étude simultanée de la structure linguistique et de l'interaction étant relativement récente, et relativement peu développée dans le domaine du français parlé, nous avons cherché à réunir des chercheurs dont les travaux – d'orientation interactionniste, fonctionnelle et/ou sociolinguistique – nous semblaient aller dans ce sens. En même temps, nous avons tenu à pouvoir présenter un éventail d'études sur des structures phonétiques, prosodiques, syntaxiques et discursives propres à l'oral.

Nous regrettons de ne pas avoir pu inclure toutes les communications dans ce volume. Ainsi feront défaut l'exposé de Knud Lambrecht sur les « Contraintes pragmatiques sur la structure syntaxique de la phrase en français parlé », celui de Piet Mertens sur « L'intonation du français : de la forme à la signification, de l'analyse à la génération », celui de Lene Schøsler sur « L'article défini en français, un regard sur le passé et le futur » et celui de Christa Thomsen sur « *Oui, ah* et *non* – organisateurs du texte conversationnel », qui ont tous contribué d'excellente façon à la réussite du colloque.

Les sept textes recueillis ici nous semblent toutefois assez représentatifs.

Les deux articles qui ouvrent le volume présentent, quant à eux, une perspective pleinement interactionniste :

Celui de Véronique Traverso, « Aspects de la négociation dans un polylogue » trace, à l'aide de notions comme « négociation » et « partie », l'évolution des configurations interactionnelles dans une réunion de travail à plusieurs participants. L'auteure plaide pour la pertinence d'une approche « macro-locale », caractérisée par des saisies successives, dans l'analyse des polylogues, une telle approche permettant à la fois la représentativité locale et la description de l'évolution globale du discours.

Dans l'article suivant, « La construction du savoir dans les pratiques scientifiques d'équipes de recherche : Analyse de trajectoires d'objets de discours et de savoir », Lorenza Mondada se sert également de notions clefs comme « négociation » et « positionnement » pour décrire, dans une perspective longitudinale cette fois, la constitution et la modification des objets de discours dans des réunions de travail d'une équipe de recherche. Elle montre comment les objets de savoir émergent de pratiques discursives à la fois linguistiques et interactionnelles.

La troisième contribution, celle de Paul Touati, propose une « Approche à une modélisation de la prosodie transphrastique du français parlé », qui privilégie le rôle fonctionnel de la prosodie dans la constitution des discours. Y sont discutés la possibilité d'une interface analytique entre modélisation prosodique et faits prosodiques empiriques, ainsi que le rôle discursif joué par les unités transphrastiques, les événements prosodiques locaux et globaux, les transitions transphrastiques et les pauses interphrastiques.

L'article d'Anita Berit Hansen et de Maj-Britt Mosegaard Hansen, « Le [ə] prépausal et l'interaction », essaie de joindre l'approche quantitative et variationniste propre à la sociolinguistique labovienne à celle, qualitative, de l'analyse conversationnelle dans la description d'un phénomène phonétique caractéristique du français parisien, à savoir l'apparition d'un schwa prépausal. Les auteures montrent que, contrairement à ce qu'on pourrait penser, ce schwa ne semble pas être conditionné par des facteurs sociolinguistiques « externes », mais plutôt par des contraintes purement

Avant-propos

phonétiques et surtout par des facteurs proprement interactionnels et « internes » aux discours dans lesquels il apparaît.

Dans « Le redoublement du sujet en français parlé : une approche variationniste », Aidan Coveney privilégie la perspective variationniste et quantitative en étudiant un phénomène syntaxique souvent donné à la fois comme particulièrement caractéristique de l'oral et comme signe d'un changement typologique en cours, à savoir le redoublement du sujet nominal. Ses résultats, qui intègrent des données diachroniques et dialectales, semblent indiquer qu'il s'agit plutôt d'un marqueur sociolinguistique stable et que l'importance de la construction étudiée a peut-être été exagérée.

Les deux dernières contributions se situent dans le domaine de l'apprentissage du français comme langue étrangère, et traitent de problèmes liés à l'interaction exolingue :

L'« Etude de la stratégie de sollicitation chez des apprenants suédophones de français » de Christine Bozier offre une typologie des formes que peuvent prendre les séquences de sollicitations de données métalinguistiques dans un corpus de conversations entre apprenants suédophones et locuteurs natifs. L'auteure discute les rapports entre les différentes formes que peuvent revêtir ces séquences et divers aspects de la situation communicative, et elle suggère que les enseignants pourraient gagner à être plus attentifs aux stratégies précises choisies par les apprenants.

Enfin, Eva Westin se sert dans son article, « Textualité en conversation exolingue – le cas du récit oral », d'approches théoriques venant de plusieurs horizons, linguistiques, interactionnistes et littéraires, pour proposer une typologie des formes et des fonctions des récits oraux, non seulement – comme l'indique le titre de l'article – dans les conversations exolingues, mais aussi dans les conversations endolingues, entre Français ou entre Suédois.

Copenhague, mars 2002

Anita Berit Hansen   Maj-Britt Mosegaard Hansen

Référence

Andersen, H.L. & A.B. Hansen (éds.) (2000) : *Le français parlé. Corpus et résultats.* Etudes Romanes, 47, Museum Tusculanum Press, Copenhague.

Aspects de la négociation dans un polylogue

par

Véronique Traverso

Cet article s'inscrit dans le champ de l'analyse des interactions. Il propose une réflexion méthodologique sur l'analyse des interactions plurilocuteurs (un corpus de réunions). Cette réflexion s'inscrit en premier lieu dans la lignée des travaux menés sur les interactions à plus de deux participants au GRIC (Groupe de Recherche sur les Interactions Communicatives), qu'il s'agisse de situations trilogales (Kerbrat-Orecchioni et Plantin, éds, 1995), ou polylogales (Kerbrat-Orecchioni, éd., à paraître). Cette approche privilégie une perspective linguistique [1], et met au premier plan la question du partage de l'espace discursif entre les participants (avec la notion de cadre participatif empruntée à Goffman, les questions de structuration et l'identification des configurations interlocutives).

L'analyse se confronte aussi à la question, tout aussi centrale dans les travaux relevant de la mouvance interactionniste et de l'analyse de discours, de la négociation.

Je commencerai par situer brièvement l'approche choisie relativement à ces deux domaines, polylogue et négociation, avant d'en venir à la présentation de la méthodologie proposée et à la description du corpus.

1. L'objet

1.1. Polylogue.

La particularité des situations polylogales est que leur description ne peut être à la fois globale et représentative. En effet, une configuration attestée localement dans un polylogue ne représente en rien le polylogue complet, ni la très grande variété des configurations que l'on peut y observer. En cela, le polylogue se distingue du « dilogue » dans lequel, au contraire, ce qui se passe à tout instant (en termes de configurations) est représentatif du fonctionnement du dilogue (i.e. si A et B sont les participants, soit A parle à B, soit B parle à A). Cependant, poursuivre de façon systématique les fluctuations d'un long polylogue n'est guère possible, et l'approche longitudinale doit se résoudre à être composée de saisies successives, permettant de décrire les modifications et les reconfigurations de l'objet observé. C'est cette approche par saisies successives visant à capturer le polylogue le plus globalement possible qui sera illustrée ci-dessous.

1. 2. La négociation.

La notion de négociation, si elle est quasiment « incontournable » dans l'analyse des discours et des interactions, est loin de faire l'unanimité quant à sa définition, sa portée, ou au type d'approche qui lui convient[2]. J'adopterai une définition volontairement simple de cette notion, considérant qu'une négociation est provoquée par un désaccord et qu'elle consiste en une procédure par laquelle les participants cherchent à dépasser ce désaccord. De façon très globale, je distinguerai trois cas de figure possibles pour le déroulement de cette procédure :

– « on passe » : dans ce cas, le désaccord est reconnu comme tel mais l'un des participants ne maintenant pas sa (pro)position. Il s'agit alors de ce que j'appelle un ajustement :

Ajustement

Source	A1 – *Enoncé 1*	Pierre arrive à 5 heures
	B1 – *Enoncé 2 manifestant un désaccord sur un élément de E1*	non il arrive à 7 heures
Déroulement	A2 – *Enoncé 3 prenant en compte le désaccord sans s'y arrêter*	bon en tout cas il faudra aller le chercher

Exemple

```
    1  L-  (Une fois, un représentant nous avait fait passer) un questionnaire pour
    2      mettre en défaut l'client (.) pour lui montrer qu'il est inculte [...]
    3  N-  par exemple combien y'a de canaux à Amsterdam
    4  L-  exactement ce type de question, (.) en quelle année est mort Mao euh :
    5  F-  et là vous aviez répondu à 95% des questions
    6  L-  enfin c'tait pas tell'ment le fait qu'on ait répondu
→   7  N-  c'était la question sur Europe 1 ce matin
    8  F-  ç'avait dû l'ébranler l'mec
    9  N-  ouais dans son argumentaire ouais
```

Ici, ligne 7, N fait une proposition d'élaboration thématique, qui est implicitement rejetée (par absence d'enchaînement). Il s'aligne alors sur le thème en cours développé par les autres participants (l. 9), retirant sa proposition de thème.

– on cherche à résoudre le désaccord, qui se maintient donc et se construit dans l'interaction ; il s'agit alors à proprement parler d'une négociation :

Aspects de la négociation dans un polylogue 13

Négociation
Source	A1-	*Enoncé 1*	Pierre arrive à 5 heures
	B1-	*Enoncé 2 manifestant un désaccord sur un élément de E1*	non il arrive à 7 heures
Déroulement	A2-	*maintien de l'élément suscitant le désaccord*	} pas du tout à 5 heures } j'en suis sûr

Exemple.

B- j'ai pris la rage moi hier j'ai dit à S et puis tes plantes tu m'emmerdes (.) d'abord j'ai horreur des plantes =
S- =j'aime bien les plantes vertes (.) si c'est : [
B-   [j'aime pas (.) de m'en occuper dorénavant c'est toi qui les nourrira
S- c'est agréable d'avoir un peu d'verdure
B- j'aime mieux les animaux
C- j'en ai ach'té plein (.) j'suis dans une période plante
B- (RIRES)
C- c'est sympa
B- non mais c'est vrai qu'c'est agréable mais : (.) faut avoir envie
L- ouais ouais
C- mais quand t'as envie tu t'en occupes (.) elles sont bien plus belles j'trouve [...] tu leur mets d'l'eau tu les r'gardes tu les vois si elles manquent de flotte si elles ont trop d'soleil
L- ouais y'a pas mal de trucs
C- tu vois quand tu les observes
B- ah j'ai des amies qui passent leur temps à les briquer alors
L- ah↑ mais ça leur fait vach'ment d'bien (.) moi j'les au- [(.) maint'nant j'les
C-   [les vaporiser (.) moi j'les vaporise
L- j'les nettoie aussi
S- ouais
B- ouais mais enfin faut l'faire [...]
L- non mais n'empêche que tu vois la différence après (.) [(inaudible)
S-   [(inaudible) hein parc'qu'elles deviennent vach'ment grandes après
B- moi j'aime mieux les fleurs coupées
C- t'aimes mieux les fleurs coupées
S- ah oui c'est beau
B- des fleurs coupées partout
C- c'est pas la même chose i faut les deux quoi
B- c'est plus chouette
L- qu'est ce que t'aimes bien toi/   [les fleurs coupées
C-   [les fleurs coupées
B- hum (.) j'ai toujours un p'tit bouquet mais euh (.) les plantes/
L- (*au chat*) j'ai fermé la f'nêtre Mara c'est pas la peine d'y aller
    (pause)
B- j'ai vu (.) euh : (.) Chris l'aut' soir dans un restaurant

Dans cet extrait, les deux positions antagonistes sont prises lignes 1 et 2 (« aimer ou ne pas aimer les plantes vertes »), et le désaccord se maintient tout au long de la séquence, chacun des participants se ralliant à une des positions. La sortie du thème se produit à l'avant-dernière ligne, par changement brutal de thème, sans que le désaccord soit dépassé.

Le maintien du désaccord et sa cristallisation peuvent conduire à l'installation d'une « situation argumentative » telle que la définit Plantin :

> situation de confrontation discursive au cours de laquelle sont construites des réponses antagonistes à une question. (1996, p. 11)

Selon les cas, une telle situation argumentative peut rester locale et très temporaire, ou transformer définitivement le cours de l'interaction.

Enfin, d'une façon générale, quel que soit le cas de figure, le désaccord et son traitement vont occasionner un « arrêt » dans le déroulement de l'interaction tel qu'il s'engageait jusqu'alors.

Cette approche volontairement simple cherche à dépasser les oppositions parfois évoquées quant à une définition étendue (qui intègre les petits incidents conversationnels, accrochages et ajustements en tous genres, la co-construction) ou restreinte de la négociation, formulée encore comme opposition entre les négociations conversationnelles et les négociations sur les objets, etc. Le point de vue adopté ici est que :
- des ajustements tous azimuth concernant des micro-désaccords sont bien souvent l'indice d'un « macro-désaccord » ;
- ces ajustements prennent fréquemment sens dans le cadre d'une négociation ; souvent ils sont la trace d'un désaccord qui reste implicite, ou qui ne s'exprime pas sous la forme d'une question avec des réponses antagonistes (c'est par exemple le cas des négociations sur les territoires conversationnels dans la conversation familière, au cours desquelles il est bien rare qu'un participant dise explicitement qu'il considère tel ou tel thème comme relevant de son domaine de compétence, et qu'il a donc un « droit » particulier à prendre la parole pour en traiter).

Je défendrai donc la position que le point de départ pour l'analyste (en d'autres termes, ce à quoi il a accès) est l'interaction (et donc les ajustements et négociations conversationnels), et, que pour rendre compte du fonctionnement d'un échange donné, séparer systématiquement les différents niveaux n'est guère rentable.

J'en viendrai maintenant la description de la méthode qui sera utilisée dans l'analyse du corpus.

2. La méthode : des saisies successives
Du fait de leurs caractéristiques rappelées ci-dessus, décrire les polylogues impose de les aborder par saisies successives. De façon relativement classique, ces saisies peuvent être différenciées selon qu'elles sont globales ou

locales, et, lorsqu'elles sont globales, selon qu'elles sont « externes » ou « internes ».

2.1. La situation officielle (saisie externe).

La situation officielle décrit l'ensemble des données situationnelles telles qu'elles sont présentées dans l'organisation, l'institution ou plus simplement le cadre général où se tient le polylogue. Ces données officielles comportent la désignation « officielle »[3] de la rencontre, les date et heure, le nombre de participants et leur statut, l'objectif officiellement annoncé. C'est à ce niveau-là que l'on peut d'ailleurs distinguer les cas où la négociation fait officiellement partie du cadre, voire constitue l'objectif de la rencontre (comme ça peut être le cas des négociations diplomatiques, commerciales ou juridiques, par exemple), de ceux où elle émerge de façon imprévue. Ce premier cadrage est bien souvent indispensable pour comprendre certains des phénomènes susceptibles de survenir par la suite.

2.2. La situation effective.

Pour l'observation de la situation effective, des cadrages différents sont effectués.

1) Saisie globale

Le cadre effectif du polylogue peut être une simple « incarnation » du cadre officiel, mais dans bien des cas, il en est très éloigné, voire totalement différent. La saisie globale conduit à prendre en compte la (re)définition interne des objectifs (qui peut s'effectuer de façon explicite ou pas), l'attribution / prise des rôles interlocutifs (relatifs aux cadres participatifs) et des rôles interactionnels (relatifs au script de la rencontre et aux activités discursives), mais aussi, on le verra par la suite, d'autres éléments plus extérieurs.

2) Approches locales

Pour les approches locales, je distinguerai deux manières d'aborder les choses.

● Les approches micro-locales

Elles concernent la construction de l'interaction par l'enchaînement des tours de parole entre les participants. Une description de ce niveau cherche à mettre en évidence le mode de co-construction progressif des échanges. Elle fait comme si elle opérait en temps réel, en décrivant ce qui est en train de se passer. La question à laquelle répond ce niveau descriptif est : dans quelle forme se glissent les prises de parole des participants, partant du principe qu'« une personne parle à la fois ». Elle oblige à toujours

repartir de l'instant *t*, avec les questions suivantes (soit A le locuteur à l'instant *t*, et G l'ensemble du format de réception) :
A parle,
1) comment dirige-t-il son intervention dans son format de réception complexe ;
2) comment les membres de ce format opèrent-ils la régulation et l'enchaînement ? Comment fonctionnent et sont résolus les cas d'interruption, de chevauchements ?

● Les approches macro-locales
Les approches macro-locales, que j'adopterai dans la description du corpus, concernent des moments du polylogue et sont donc locales, mais du fait qu'elles ne se focalisent pas sur ce qui est en train de se passer, elles restent « macro ». La variable que l'on fait jouer pour distinguer ces deux approches (micro- et macro-locales) est la variable temporelle, la bribe observée étant temporellement plus ou moins étendue. D'autre part, alors que l'approche micro-locale s'efforce de rendre compte du tour en train de se construire, les approches macro-locales fonctionnent sur l'observation, *a posteriori*, des formes construites. Enfin, les approches macro-locales peuvent être de natures variées du fait qu'elles se construisent pour saisir des fluctuations du polylogue, qui peuvent être liées à différents types et niveaux de phénomènes, par exemple les cadres participatifs, les coalitions (voir Bruxelles et Kerbrat-Orecchioni, à paraître), les activités discursives en cours, l'organisation thématique, etc. Ces approches sont les seules qui me semblent permettre :
– pour le polylogue, de conserver une vision de sa globalité tout en tentant d'en suivre les méandres ;
– pour la négociation, de ne pas séparer définitivement le niveau des « négociations conversationnelles » de celui des négociations plus larges, de « niveau plus haut ».

3. Présentation du corpus
Les descriptions qui suivent portent sur des réunions de travail entre des chercheurs d'un laboratoire préparant un panel dans un colloque ; il s'agit de réunions scientifiques, et non administratives, dans un groupe de pairs. En référence à la typologie des polylogues proposée dans Grosjean et Traverso (1998), on peut les désigner comme polylogues avec focalisation collective unique[4]. Une d'entre elles sera l'objet de la suite de l'article, à travers la mise en œuvre de la description du polylogue par saisies « macro-locales ». Cette « analyse de cas » cherchera aussi à repérer les moments de transformation et de reconfiguration du polylogue et surtout

Aspects de la négociation dans un polylogue 17

à identifier les indices qui en permettent le repérage. Ainsi, si l'analyse porte sur une interaction unique (mais complexe), elle entend permettre de dégager des « outils » réutilisables.

3.1. Les saisies globales.

1) Le cadrage externe

Il s'agit de réunions prévues : un certain nombre de personnes y sont conviées nominalement par un message électronique, et les réunions sont également annoncées dans le bulletin d'informations interne du laboratoire (toute personne intéressée peut donc venir y participer). La convocation et l'annonce comportent : une date, une heure, un lieu ainsi qu'une formulation extrêmement succincte du thème (« réunion polylogue »). Ces réunions ne sont pas pas liées expressément à la recherche de résolution d'un désaccord existant par avance, mais ont pour objectif la préparation du panel.

2) Le cadre effectif

La réunion du 30 avril qui sera étudiée ici est la deuxième consacrée à ce thème et à la préparation du panel. Elle comporte cinq participants (Elsa, Inès, Léa, Max, Sara) ; une sixième participante (Anne, organisatrice du panel) y fait quelques apparitions. Les données situationnelles sont largement redéfinies par rapport à l'annonce officielle :

– la réunion fixée était 9 heures et demie du matin ; elle démarre en réalité bien plus tard, en raison de sa difficulté à « prendre » : chacun attend son démarrage, certains s'en vont puis reviennent. Elle finit par se mettre en route entre quelques participants, auxquels les autres viendront se joindre par la suite :

Extrait 1. Quatre participants se trouvent déjà en réunion lorsque une cinquième participante, qui n'a pas connu les contretemps du début, arrive et est mise au courant :

Inès	=voilà ouais ouais (.) et en fait euh : l'écologie du site j'l'ai repris un peu en r'gardant c'que t'avais fait sur la relève⸍ ⎡au départ t'vois (.) ouais on a commencé à travailler pa'c'que
Elsa	⎣ouais
Inès	c'est clair qu'si on veut pas trop euh ::⎡
Elsa	⎣oui moi j'arrive (je sors de cours / je suis en r'tard)

– la réunion ne se tient pas dans le lieu prévu, mais dans un bureau qui lui est adjacent et qui est aussi le bureau d'une des participantes (où ont fréquemment lieu des réunions en petits groupes) ;
– le thème de cette seconde réunion avait été formulé à l'issue de la première (« la relation entre les statuts participatifs et la notion de rôle »), mais ceci n'était pas précisé dans les convocations. Les thèmes qui sont ef-

fectivement discutés sont : la notion de ratification et les difficultés qui s'y attachent, et la notion de formalité.

Compte tenu de la « prise » assez difficile de cette réunion, on n'assiste pas, au début, à une phase d'attribution / prise de rôles, comme cela se produit assez fréquemment dans les réunions de travail entre pairs sans animateur pré-défini, par exemple :

Extrait 2. *Réunion du 19/03. Tout le monde est réuni autour de la table depuis un moment. Divers échanges ont lieu sur différents thèmes sans rapport avec celui de la réunion, puis Anne lance la réunion :*

Anne alors′ sinon on avait dit↑ (.) qu'on allait travailler un peu su'l'cadre participatif′ ⌈(.)et toi est-
Léa   ⌊oui
Anne c'que tu pré- toi tu avais déjà ⌈ fait quelque chose′
Léa   ⌊ouais moi j'avais fait que'q'chose c'est vrai qu'j'l'ai pas vraiment retra- j'ai pas re (inaud.) mais j'ai pas refait l'point exactement sur Goffman euh comment euh ⌈(inaud.)
Anne   ⌊écoute si tu veux
→ donc moi j'fais l'point- bon allez on va pas faire des :′ coquet'rires (inaud.) moi j'peux juste faire le point sur Goffman un peu qu'on voie (inaud.) et puis toi après alors peut-être que tu : : verras parce que : comment euh : :- si ç- si ça marche ces notions là↘ comment i faut les adapter′ (inaud.) et caetera=
Léa =voilà↘

On assiste ici (tour fléché) à l'attribution / prise de rôle : à partir de ce moment là, Anne se met debout, demande le tableau de papier et présente sa mise au point au tableau ; elle établit d'autre part un ordre du jour.

Dans la réunion du 30/04, rien de tel, les rôles ne sont formulés nulle part de façon explicite. Au fond, par rapport au cadre officiel, seul l'objectif reste inchangé, il s'agit, comme cela sera dit par les participants eux-mêmes au cours de la réunion, de se mettre d'accord sur quelques concepts et sur une terminologie commune (« après on pourra dire on a fait l'clair là-d'ssus, maint'nant nos définitions c'est comme ça »).

3) Une vision globale de la réunion.
Un premier arpentage du corpus permet de mettre en évidence quelques phénomènes de niveau superficiel. Outre sa mise en route plutôt laborieuse, la réunion connaît plusieurs incidents. Certains sont « extérieurs » : des irruptions (des étudiants, des coups de téléphone) viennent créer des ruptures dans les cadres de participation aussi bien que dans le fil du déploiement thématique de l'interaction ; un autre est interne : l'émergence d'un désaccord entre les participants au bout de 25 minutes d'interaction vient réorganiser les échanges.

4. Cadrages macro-locaux : des saisies successives
4.1.Saisie 1 : l'ordre tranquille avant le désaccord.
La réunion n'ayant pas d'ordre du jour détaillé, pas d'animateur et chacun ayant le même droit à la parole, la description des configurations du polylogue doit se réaliser en prenant en compte une série d'individus. En d'autres termes, et en faisant référence à la notion de « partie » au sens de Schegloff (1995) : « This can involve their relative alignment in current activities, such as co-telling of a story or siding together in a disagreement, or their several attributes relative to a momentarily current interactional contingency, for example, whether they are host or guest [...] » (Schegloff, 1995, p. 33), les « parties » engagées se modifient en quelque sorte à chaque tour de parole, et sont constituées du locuteur à l'instant *t* face à l'ensemble de ses récepteurs (constituant, si l'on veut, par ce fait même une partie). Il semble en fait difficile de « décomposer » le groupe de participants en parties plus « stables », même s'il est bien sûr tout à fait possible d'identifier des facteurs qui seraient susceptibles d'en favoriser la constitution, sur différents plans, par exemple : sur le plan institutionnel (les participants se répartissent en titulaires / non titulaires ; chercheurs / enseignants-chercheurs), sur le plan académique (ils se répartissent en linguistes / psychosociologues), ou encore relativement à la situation elle-même (une participante est dans son bureau / les autres sont chez elle ; certains sont arrivés en retard / les autres ont attendu). Ces facteurs, qui sont évidemment pertinents, ne semblent pas jouer un rôle important dans la première partie de la réunion (avant le désaccord), ils entreront en œuvre au cours de la négociation.

Dans la première partie de la réunion, le polylogue fonctionne selon ce que j'appellerai un « ordre tranquille », dont la description peut se fonder sur l'observation des « lignes thématiques » des participants, qui occupent successivement la scène (voir Traverso, à paraître). Le principe même d'une réunion de travail entre pairs, sans animateur, repose en effet sur la présentation par chacun de ce qu'il a à dire sur le thème, contribuant à la construction de savoirs communs, d'une terminologie commune, etc. Or, les modes possibles d'appréhension du thème (ici « polylogue »), sont multiples, faisant appel à des ressources elles aussi très diverses. Au moins trois grandes catégories de ces ressources sont observables dans le corpus[5] :
– le thème et ses sous-thèmes théoriques émanant de la discussion scientifique générale (les références théoriques en la matière, etc.). Cet arrière-plan toujours présent est explicité par des citations d'auteurs ou de terminologies rapportées aux auteurs ;
– les entrées personnelles liées à la problématique développée par chacun, et à son terrain. Ce niveau se manifeste de façon explicite par les exemples utilisés par les participants :

– l'autre ressource possible, largement exploitée ici, est ce qui est en train de se passer : la réunion en cours (et aussi la précédente)[6].

Au cours de l'interaction de nombreuses lignes thématiques qui se répartissent entre ces trois catégories sont introduites, réintroduites, construites, rejetées par les participants, et la progression de la réunion est tributaire de leur ordonnancement : pour que les échanges ne se transforment pas en cacophonie, il convient qu'une ligne thématique émerge, et que tous les participants s'y rallient pour un temps ; pour que la réunion progresse, et qu'elle soit intéressante pour chacun, il faut que différentes lignes soient abordées successivement.

Dans la première phase de la réunion, les différentes lignes occupent successivement la scène, et on observe que les interlocuteurs mettent en place une progression par étapes, manifestant de façon régulière ce dont ils parlent, d'où ils partent et où ils arrivent :

Extrait 2. Exemple de clôture thématico-séquentielle suivie d'une formulation

```
 1 Max   ouais on peut imaginer dans une situation donnée/ certains critères permettent d'être ratifié
         dans un cadre mais pas dans un autre par exemple euh : : la présence dans l'site permet euh :
         de prendre la parole pour signaler aux personnes que ⌈
 4 Léa                                                        ⌊un incendie ⌈s'est déclaré voilà (inaud.)
 5 Max                                                                     ⌊que fais gaffe- voilà ouais
         fais gaffe la caf'tière est en train de- voilà
 7 (?)   (tu fais gaffe)            (RIRES) [...]
 8 Elsa  donc les cadres en fait ⌈sont présents mais i sont ⌈potentiels
→ 9 Léa                          ⌊(mais i faudrait)        ⌊est-c' qu'on peut les- quand
         même les classer pa'c'que y a quand même un truc qui est englobant c'est/ la présence dans
         l'site\
11 Max   ouais ouais
12 Elsa  oui/
13 Sara  la présence              ⌈
14 Léa                            ⌊la présence dans l'site
15 Elsa  elle est déterminante final'ment
16 Léa   (elle note) voilà présence dans l'site
17 Inès  le point d'départ c'est ça
18 (silence)
19 Sara  dans le site
20 Elsa  dans – quand tu es sur le site final'ment t'es potentiell'ment ratifié\
21 Max   ouais
→ 22 Elsa simplement/ ⌈t'es potentiell'ment ratifié euh : : le- le problème c'est
23 Léa               ⌊voilà voilà automatiquement
24 Elsa  d'savoir à quoi
25 Max   ouais c'est ça dans quel cadre
28 Léa   (voix basse) voilà à quoi
```

Aspects de la négociation dans un polylogue

On observe dans ce passage à partir de la première flèche un ralentissement clairement identifiable du rythme des échanges, un raccourcissement des énoncés, des pauses, la production de marqueurs de clôture et d'accord. Dans cette procédure, les participants utilisent fréquemment des « énoncés d'ancrage »[7] qu'ils répètent en écho (« la présence dans le site » dans notre exemple), qui peuvent être suivis d'un énoncé annonçant le prochain thème (ligne 22 et suivantes dans l'extrait).

Si la description de ces procédures de clôtures thématico-séquentielles[8] manifestent la collaboration des participants dans la construction des objets de discours communs, elles permettent aussi d'étudier l'organisation polylogale. Elles constituent en effet des arrêts dans la progression des échanges, où tous les participants se retrouvent pour co-construire une « halte d'étape » : dans notre exemple c'est ainsi à proprement parler un chorus total qui s'effectue, où les cinq participants interviennent, répétant et reformulant l'énoncé d'ancrage (« la présence dans le site »). L'accord collectif local est littéralement inscrit comme base commune pour la poursuite de l'interaction, ainsi que le note Léa (ligne 16) et que le dit Inès (ligne 17 : (la présence dans le site) « le point de départ c'est ça »).

4.2. Saisie 2 : l'émergence du désaccord et la reconfiguration du polylogue.
Le désaccord intervient de la manière suivante :

Extrait 3. *Après une irruption (Anne est venue et repartie), se déroulent quelques échanges « méta » sur cette irruption, puis les participants reviennent au thème qui était en cours*

```
3    Léa  ben là c'est inté- en même- en même temps c'est intéressant par rapport aux réunions
4         d'travail informelles puisqu'on peut désigner ça comme ça⌐     ⌈euh
5    (?)                                                                 ⌊euh
6  → Elsa                                                                 ⌊non elle est formelle elle est
7         ⌈assez formelle celle-là
8    Léa  ⌊elle est PLUS ou moins formelle euh : : : :    ⌈
9    Inès                                                 ⌊plus ou moins formelle hein=
10   Elsa =ben si ⌈
11   Léa         ⌊quand   ⌈est-ce qu'elle a démarré la réunion⌐
12   Max                   ⌊(bas) beaucoup plus que moins
13   Elsa ah moi je dis qu'elle est formelle (.)  ⌈elle est annoncée elle est sur le- si on appelle une- une
14   Max                                          ⌊(bas) elle est annoncée⌈
15   Léa                                                                  ⌊pour moi c'est pas formel oui mais
16        bon/ pa'c'qu'y a pas de personne   ⌈qui
17   Inès                                    ⌊elle est annoncée par écrit si si⌈
18   Elsa                                                                       ⌊elle est annoncée par écrit↑
19        dans la Lettre↑ j'veux dire que on s'dépêche- 'fin moi j'ai cours jusqu'à 10 heures j'me dépêche
```

20	(?)	⌈elle est annoncée par écrit quand même
21	Inès	⌊elle est annoncée par écrit
22	Elsa	⌊pour venir↑ toi tu viens exprès tu vois ⌈
23	Sara	⌊oui oui oui oui
24	Inès	moi j'ai pris ma matinée
25	Elsa	toi t'as pris ta matinée/
26	Max	moi j'ai pris l'train le premier TGV (RIRE)
27	Elsa	ben oui↑ non mais [...]

L'emploi du mot « informel » par Léa, dans le fil de son tour de parole (fléché), transforme toute la suite de la séquence en une situation argumentative, où s'expriment deux positions antagonistes (Léa ligne 2, Elsa ligne 4), qui se construisent nettement dans la suite de l'extrait :

> ligne 12 : Elsa « ah moi je dis qu'elle est formelle »
> ligne 13 : Léa « pour moi c'est pas formel ».

A partir de ce désaccord, le polylogue se reconfigure avec :
– la formation de deux parties qui se stabilisent et qui correspondent aux tenants des deux positions antagonistes :

> Léa : cette réunion est formelle
> Elsa, Sara, Inès, Max : cette réunion est informelle.

> Cette partie sera désormais appelée Pesim (des initiales des participants la constituant) pour faciliter la présentation.

– la formulation de la question sur laquelle s'opposent les réponses :

> cette réunion est formelle vs informelle (et son corollaire : qu'est-ce que c'est « formel » ?)

– les prises de position de chacun, leur réitération et des échanges d'arguments, qui sont en fait bien souvent des tentatives de définition :

- soit en tant que tel, ex. « ah non, une réunion formelle c'est une réunion officielle »
- soit en réponse à des questions : « mais pour vous formel c'est quoi ? »
- soit dans une paire initiée par une hétéro-reformulation : « alors pour toi formel c'est lié au déroulement ».

La suite du travail cherchera à observer comment l'interaction progresse dans cette configuration à deux parties, c'est-à-dire comment est menée la gestion du désaccord entre les deux parties (la négociation), et comment la partie constituée de plusieurs participants (Pesim) est elle-même gérée, se modifie et se reconfigure.

Aspects de la négociation dans un polylogue

L'accord entre les membres de Pesim, qui est fondateur de cette partie, se manifeste incessamment sur le plan linguistique et discursif par de fréquentes interruptions coopératives, des phénomènes d'écho, de soufflage et de reformulation entre les membres de Pesim (Elsa /Sara, l. 3-4 ; Elsa/Max, l. 6-7, ci-dessous). Il est aussi reconnu et mentionné par l'opposante, Léa, qui emploie le pronom « vous », construisant l'opposition « vous » / « moi » l. 1, ci-dessous).

Extrait 4 : *la nouvelle configuration : opposition Léa / Pesim*

```
3   Léa    ⌊c'est-à-dire est- ce que :/- est-ce qu non mais pour vous formel ça veut dire qu'elle a été prévue
4          d'avance ⌈
5   Elsa           ⌊oui :\ elle est prévue ⌈d'avance et puis c'est une euh :- c'est une réunion↑ qui a/⌈
6   Sara                                   ⌊programmée                                                 ⌊et y a
7          des personnes ratifiées ⌈à cette réunion
8   Elsa                           ⌊y a des personnes ratifiées à cette réunion :  ⌈y a
9   Max                                                                            ⌊oui voilà
10  Léa    ⌈ah :/ oui alors pour moi c'est pas du tout ça (très bas – prise de notes) personnes ratifiées
11  Elsa   ⌊des personnes ratifiées↑ et d'autre part elle a une finalité qui est annoncée elle a une finalité
12         qui est annoncée qui est euh :/
```

Cette configuration en deux parties (contrairement à celle observée dans « l'ordre tranquille ») présente une certaine stabilité dans les échanges.

4.3. Saisie 3 : les fluctuations internes à Pesim.

Malgré cet unisson, il arrive que, de loin en loin, des points de vue, sinon discordants, du moins autres, se fassent entendre au sein de Pesim : ils sont parfois très rapidement résorbés (4.3.1) ; d'autres fois ils sont susceptibles de provoquer des fragmentations dans la partie (4.3.2).

4.3.1. Le rejet des voix discordantes.

Extrait 5 : *Inès, l'animation*

```
3   Elsa   non mais j'veux dire une réunion formelle c'est une réunion euh : :- ⌈non mais alors là il
4   ?              ⌈(inaud.)                                                    ⌈
5   Léa                                                                         ⌊la dernière fois/
6   Elsa   faut qu'on : : ⌈discute
7   Léa                   ⌊ben : qu'on s'discute sur formel ⌈pour moi elle est pas formelle celle-là
8   Inès                                                    ⌊c'est- le- le problème c'est l'animation quand
9          même l'animation et : qui est-ce qui prend en charge ⌈euh : : : le-le moment de- le collectif de parole
10  Max                                                         ⌊oui oui oui oui
11  Inès   qui va discuter sur ce thème quand même cette histoire de- d'égalité des des statuts final'ment
12         euh :: ⌈interlocutifs ou : :
13  Elsa          ⌊c'est une réunion entre pairs↑ ça veut pas dire qu'elle est pas formelle ⌈alors là moi
14  Max                                                                                     ⌊ouais ouais ça
15  Elsa   j'regrette infiniment hein :↑
```

16	Max	veut juste dire qu'elle correspond- qu'elle correspond à c'modèle c't-à-dire ⌈réunion sans :-
17	Léa	⌊oui
18	Max	sans animateur mais : ⌈
19	Elsa	⌊ben elle correspond à une réunion sans animateur mais/ elle est for-
20		melle elle est annoncée ⌈j'veux dire que/ elle est annoncée elle a un thème
21	Léa	⌊pour moi c'est pas pareil entre formel et annoncé c'est pas du tout pareil

On observe dans cet extrait que la réitération par Léa de son désaccord (l.5) avec la position tenue communément par les membres de Pesim, conduit deux membres de la partie à nuancer la position commune (« cette réunion est formelle ») :
– Inès, tout d'abord à partir de la ligne 6-7, qui soulève la question de l'absence d'animation et de l'égalité des statuts ;
– Max, ligne 8, qui confirme cette prise de parole.
Cette voix discordante est écartée :
– par un membre de Pesim, Elsa (ligne 11-13, puis 17-18), qui la réfute ;
– par l'opposant, Léa (ligne 19-20), qui en réitérant sa propre position (« pour moi »), « ressoude » en quelque sorte la partie à laquelle elle s'oppose.

Dans le second exemple, ci-dessous, Max fait aussi entendre une autre voix, en proposant une position intermédiaire : « je pense que c'est graduel ». Cette proposition est immédiatement rejetée par Elsa (ligne 10-11). Et, comme précédemment, c'est alors Léa qui va ressouder l'existence de la partie Pesim, en adressant une question à ses membres (constitués comme un tout par l'emploi du « vous ») : « alors informel pour vous c'est quoi ? » (ligne 13-14).

Extrait 6 : Max, la gradualité

Léa	=voilà\ /mais bon/ alors revenons (.) vous- pour vous/ et ben moi j'suis pas du tout d'accord hein\
	⌈une réunion formelle c'est une réunion qui est à la fois annoncée/ ⌈ dans laquelle un certain
Elsa	⌊oui ⌊oui↑
Léa	nombre de personnes ⌈officiellement/ sont ratifiées ⌈
Max	⌊non : moi j'pense que c'est euh ⌈j'pense que c'est-
Sara	⌊ elles sont ratifiées ⌊pa'c'qu'elles reçoivent
Max	j'pense que c'est graduel surtout
Sara	un (inaud.) elles reçoivent l'annonce elles reçoivent l'annonce ⌈ ⌈et y a
Max	⌊j'pense que c'est graduel/
Elsa	⌊non non
	non on peut pas dire qu'c'est graduel pa'c'qu'une réunion formelle ou informelle ⌈c'est pas pareil
Léa	⌊et alors une
	informelle pour vous c'est quoi↑ ⌈ c'est la première question\

On observe dans ces extraits que le maintien de la partie comportant plusieurs participants est tout autant l'œuvre de ces participants, lorsqu'ils

Aspects de la négociation dans un polylogue

construisent un discours commun (observable sur la base de différents indices), que de leur opposant, qui les « reconstruit » en tant que partie, lorsque leur unisson semble s'effriter.

4.3.2. Les cohues : risques de fragmentation de Pesim.

Extrait 7

Pré-clôture	25 **Léa**	bon enfin bon : : ⌈'fin c'est surtout not' ⌈problème à nous
	26 **Max**	⌊oui oui
Méta-sit.	27 **Elsa**	⌊non mais en ⌈plus↑
	28 **Inès**	⌊mais euh : :
Méta-sit.	29 **Elsa**	non mais en ⌈plus non mais c'qu'est inté- c'est intéressant ⌈pa'c'que-
	30 **Inès**	⌊mais ça veut dire que : : ⌊oui↑
Méta-sit.	31 **Elsa**	c'est intéressant pa'c'que ça- ça montre aussi ⌈
Discours	32 **Léa**	⌊pour moi celle-ci est
	33	⌈informelle complèt'ment
Méta-sit.	34 **Elsa**	⌊si tu veux ça montre aussi ⌈peut-êt'
Contre-D	35 **Sara**	⌊ben pour moi elle est formelle ⌈
Mta-sit.	36 **Elsa**	⌊peut-
	37	être des ⌈peut êt' des-
Discours	38 **Léa**	⌊ah oui ben j'vois ⌈bien qu'on n'est ⌈pas du tout
Méta-sit.	39 **Elsa**	⌊oui mais
Contre-D.	40 **Max**	⌊pour moi aussi
Discours	41 **Léa**	d'accord (rires)
Méta-sit.	42 **Elsa**	tu vois ⸍peut-êt' que ça pose des problèmes aussi euh : :⸍ comment dire- moi
	43	je-je (.) je remarque par exemple euh que ⌈
Discours	44 **Léa**	⌊ce soir ce s'ra formel/ (.) le
	45	conseil de labo (.) pour moi ce s'ra formel ça c'est informel ⌈
Contre-D	46 **Max**	⌊oui
	47	mais pourtant si ça s'trouve ça s'déroul'ra d'la même manière
Contre-D.	48 **Elsa**	(EN RIANT) oui
Discours	49 **Léa**	j'pense pas (Xs) 'fin bon i faudra voir on ⌈en parl'ra après
	50 **Max**	⌊ouais c'est-à-dire : :
	51 **Léa**	mais c'est peu probable ⌈qu'ça s'déroule ⌈comme ⌈ça
	52 **Sara**	⌊hm hm		
Méta-disc.	53 **Inès**	⌊mais ⌊euh : c'est
	54	quand même drôl'ment important⸍ pa'c'que c'est la détermination des objets
	55	quoi c'est ⌈j'veux dire toi tu- enfin y a quand même une détermination
	56 **Léa**	⌊ouais
Méta-disc.	57 **Inès**	qui est plus euh : sociale- psycho- sociale ou qui ⌈est plus euh liée à :- à
	58 **Léa**	⌊oui↑ c'est ça
Méta-disc.	59 **Inès**	⌈l'objet tel qu'il est donc c'est quand même vach'ment important⌈
Méta-disc.	60 **Sara**	⌊à l'objet lui-même ouais
Méta-disc.	61 **Elsa**	⌊pour moi↑
Méta-disc.	62	s'tu veux c'est une définition psycho-sociale ⌈du formel et d'l'informel⌈
Méta-disc.	63 **Inès**	⌊oui oui (.) oui oui ⌊mais
Méta-disc.	64	du coup on détermine pas l'objet de la même façon en fait

Cet autre extrait illustre ce que j'ai appelé une « cohue interlocutive » (Traverso, à paraître), moment au cours duquel, la partie Pesim ne s'exprime plus « d'une seule voix », mais au contraire semble se disloquer. Le fait que Léa poursuive l'exposition de sa position (32-33) conduit Sara à réintroduire le contre-discours (l.35). Cette réintroduction va avoir pour effet de « mettre sur la scène » trois lignes thématiques différentes
– « pour / contre » (tenu par Léa et Sara, en relief)
– Méta-situationnel (Elsa)
– Méta-discursif (Inès)

Ce type de configuration particulièrement complexe, où plusieurs lignes thématiques se trouvent simultanément sur la scène, présente un risque de fragmentation du polylogue en deux interactions. On observe que c'est en tout cas un passage de flou, caractérisé, entre autres, par le fait que les participants peuvent circuler d'une ligne à l'autre :
– en 48, Elsa quitte momentanément sa ligne méta-situationnelle pour rejoindre les tenants du méta-discours ;
– In 61, elle s'aligne sur la ligne méta-discours d'Inès, avec un énoncé écho.

4.4. Saisie 4 : La reconfiguration du polylogue.

La récurrence de ces cohues finit par entraîner une reconfiguration du polylogue, qui va emporter la résolution de la négociation. Elle se réalise en trois temps :
– la division des questions par Léa : la question des personnes vs la question des points de vue disciplinaires (cette division consiste en même temps à expliciter les facteurs sur lesquels peuvent se construire les parties) ;
– la reconfiguration locale qui isole Elsa en tant que représentante des approches psychologiques ;
– la mise en place de la partie des linguistes.

1) la division des questions

Extrait 8

1	Léa	oui mais euh : :/ 'tends là 'tends y a deux questions là qui émergent ⌈y a la question de : :
2	Elsa	⌊hm
3	Léa	définitions différentes d'une situation/ ⌈et : alors pourquoi est-ce
4		qu'elle est différente effectiv'ment
5	Elsa	⌊ouais
6	Léa	à cause des statuts/ des in- des-des localisations ⌈
7	Max	⌊toi t'es dans ton ⌈bureau par exemple (RIRE)
8	Léa	⌊voilà c'est mon bureau ⌈bon
9	Elsa	⌊ouais
10	Léa	et caetera↑ (.) euh : : et pi y a l'aut' question qui est plus abstraite (.) qui est euh : : (.) qui est
11		indépendamment du fait que vous êtes venus à l'heure et qu'vous avez fait des efforts pour êt'

Aspects de la négociation dans un polylogue

```
12        là à l'heure et que la réunion ne s'est pas :- n'a pas démarré à l'heure/ (inaud.) c'est la défini-
13        tion abstraite de c'qui est formel ou informel et c'est plutôt là-d'ssus qu'on n'est absolument
14        pas d'accord pa'c'que toi effectiv'ment c'est une définition- 'fin vous apparemment c'est une
15        définition plus extérieure  ⌈c'est-à-dire c'est des critères externes/ alors que pour moi c'est
16        des critères
17  Max                             ⌊ouais
18  Léa   internes                  ⌈ c'est exactement c'que disait Inès (.) et c'est plutôt ça l'point
19        important que de :
20  Elsa                                                                                       ⌊ oui
21        mais : si tu veux par exemple moi j'me réfère en tout cas à des définitions euh : : psycho-sociales
22        et les définitions d'ailleurs de Goffman/ c'est-à-dire euh : :/ l'organisation informelle c'est celle qui
23        est pas prévue/             ⌈ et euh l'organisation formelle c'est celle qui est prévue/
24  Max                               ⌊ oui où y a aucun script
```

La division des questions en deux séries – « ce qui concerne l'ici et maintenant » (lignes 2-10), et la question plus abstraite de ce qu'on appelle formel ou informel (où sont distingués des critères externes ou internes, lignes 10-17) – amène Elsa à assumer une position de psycho-sociologue (ligne 19-20), qui la distingue des autres participants, ce qui va se traduire par une reconfiguration locale.

2) Une reconfiguration locale

Les nouvelles positions ébauchées précédemment se cristallisent lorsque Elsa se retrouve en quelque sorte à expliciter sa position en donnant des définitions. Cette cristallisation est le résultat tant du discours d'Elsa elle-même (en particulier la structure de son énoncé du type définition « X, c'est ce qui », et l'énumération des traits qu'elle propose), que de l'attitude des autres participants (lignes fléchées) :

Extrait 9 : la dictée

```
     Elsa   ben : oui↑ ben oui mais : : c'est une question d'définition\ (.) si tu veux moi j'prends la
            définition en psychologie sociale\ (.) c'est-à-dire le formel et l'informel (.) le formel↑ c'est le
            prévu (.) c'est c'qui fait partie d'l'organisation :/ c'est c'qui a des effets dans l'organisation :/
            (.) c'est c'qui a des conséquences dans l'organisation\=
→   Léa    =alors attends ⌈attends attends j'vais écrire/ ⌈
     Elsa                  ⌊et c'que/ et ce qu'on peut alléguer
→   Sara                                                 ⌊qu'est-ce tu as dit là ↑⌈ re-pe-te-le/
     Léa                                                                          ⌊ formel c'est ce qui/ (.)
            ⌈ est prévu est prévu dans l'organisation
     Elsa   ⌊ formel c'est ce qui est prévu dans l'organisation\
```

Elsa dicte, Léa et Sara (et les autres participants, même si la cassette audio n'en garde pas trace) écrivent. Le reformatage du polylogue sur cette base se renforce encore par la prise de position de Léa en tant que linguiste. Le polylogue se stabilise alors avec les deux parties « linguistes » / « psychologue » :

Extrait 10

```
Léa    =ah non pour moi c'est vraiment  ⌈gênant (.) non mais c'est vraiment gênant d'employer formel
Max                                     ⌊(inaud.)
Elsa   (RIRE)
Léa    dans c'sens là  ⌈quoi (.) pa'c'que c'est : enfin c'est anti-linguistique quoi j'veux dire
Inès                   ⌊ouais mais ça veut dire que : :
Léa    enfin : d'un point de vue linguistique
Max    =⌈oui oui bien sûr
Inès   =⌊ouais mais toi vu ton point d'vue j'comprends bien euh : :
```

3) Nouvelle configuration et nouvelle règle du jeu

Cette nouvelle configuration entraîne aussi une nouvelle règle du jeu, et emporte la négociation :

Extrait 11 : La nouvelle configuration

```
Léa    non mais moi j's'rais pour (.) ↑non mais grosso modo j'pense qu'on est d'accord mais qu'y a un
       problème 'fin y a p't'êt deux problèmes ⌈pa'c'qu'on vit pas- on ne définit pas cette réunion
Max                                            ⌊(bas) non mais c'est- c'
Léa    ⌈précise de la même manière  ⌈(.) mais ça c'est- bon à la limite c'est nos problèmes un peu
Max    ⌊l'objet (tel qu'il est défini externe ou)
Elsa                                ⌊hm
Léa    relationnels ⌈(.) mais en revanche↑ (.) euh : c'est quand même peut-être important (.) de voir si
Elsa                ⌊oui
→ Léa    on est d'accord pour trouver une terminologie↑ (.) qui n'entraîne pas des::- ⌈ces confusions\
→ Inès                                                                                 ⌈ça s'ra plus confortable
→ Max                                                                                  ⌊oui oui
  Inès   ça s'ra plus confortable pour euh : :
→ Elsa   des réunions instituées/ alors on pourrait dire\
         (silence)
```

La dernière ligne fléchée montre le ralliement d'Elsa à une position négociée qui s'est construite à travers la redéfinition des deux parties, Max et Inès s'étant ralliés à la position de Léa.

5. Bilan

En mettant en évidence des moments significatifs dans les configurations du polylogue et dans leurs modifications, les approches macro-locales me semblent permettre de construire une base sur laquelle peuvent ensuite s'articuler les analyses micro, en limitant le risque de « perte de vue » de la globalité de l'interaction. En ce sens là, elles permettent d'effectuer un premier arpentage des données, en y inscrivant des repères, et en en dégageant le mouvement général.

Structures linguistiques et interactionnelles dans le français parlé

A leur propre niveau, elles mettent en évidence des modes de gestion du polylogue, et des formes de développement : progression par étapes, gestion interne d'une partie (avec dans notre cas, un participant, Elsa, qui occupe une position centrale, d'animateur ou de « porte-parole » si l'on veut ; un autre, Max, qui tente d'occuper une position de médiateur, etc.), reconfiguration générale du polylogue, cohues interlocutives.

Ces descriptions sont aussi une manière d'organiser l'observation de la négociation : elles conduisent en effet à en suivre l'évolution, et elles donnent des clés pour en distinguer différents niveaux : par exemple, au sein de la négociation qui oppose les deux parties Léa / Pesim sur le désaccord « formel / informel », il devient possible de focaliser l'attention sur les négociations au sein de la partie constituée de plusieurs membres.

Véronique Traverso
Groupe de Recherche sur les Interactions Communicatives
CNRS / Université Lumière Lyon 2
veronique.traverso@univ-lyon2.fr

Notes

1. Plutôt que psycho-sociale, comme l'indique le choix du mot « polylogue » plutôt que « réunion » par exemple.
2. Des discussions sur ces différentes approches sont présentées, entre autres, dans Traverso 1999, Thomsen 2000, qui passe en revue de façon très détaillée différentes acceptions possibles de cette notion, Kerbrat-Orecchioni 2000 sur les négociations conversationnelles.
3. Le terme « officiel » convient bien lorsqu'il s'agit d'une institution ; pour des rencontres privée, il s'agirait plutôt de la manière dont les participants les désignent entre eux, par exemple « repas », « invitation », « discussion pour décider de quelque chose », etc.
4. Par opposition aux polylogues non focalisés, ou encore aux polylogues avec multi-focalisation.
5. C'est la nature de la réunion qui permet d'établir ainsi une sorte d'inventaire des ressources thématiques, du fait qu'elle est à la fois annoncée et orientée vers une production (des articles, des conférences) ; elle est aussi préparée par les participants.
6. La fréquence de ce discours « méta » est bien évidemment liée au fait que la réunion est elle-même un polylogue.
7. Voir les « topic-bounding » techniques, et particulièrement les « proverbial or aphoristic formulation » décrites par Schegloff & Sacks (1973, pp. 306).
8. L'importance et la récurrence de cette procédure montre à quel point une interaction de ce type se distingue d'une conversation, puisque les « topic close » n'y sont pas indice d'une « lousy conversation », mais plutôt d'une « discussion pro-

ductive », ceci ne voulant pas dire par ailleurs que les « topic shading » sont inexistants. (Sacks 1992, pp. 352, 566).

Bibliographie

Cabasino, F. (éd.) (1998) : *Du dialogue au polylogue.* CISU, Rome.

Goffman, E. (1973) : *La mise en scène de la vie quotidienne*, T. 2. Minuit, Paris.

Goffman, E. (1974) : *Les rites d'interaction.* Minuit, Paris.

Goffman, E. (1987) : *Façons de parler* (traduction de 1981, Forms of Talk). Minuit, Paris.

Grosjean, M. & M. Lacoste (1999) : *Intelligence collective et communications dans le travail hospitalier.* PUF, Paris.

Grosjean, M. & V. Traverso (1998) : Les cadres participatifs dans les polylogues : problèmes méthodologiques, in : Cabasino, F. (éd.) : *Du dialogue au polylogue.* CISU, Rome, pp. 51-67.

Kerbrat-Orecchioni, C. (2000) : L'analyse des interactions verbales : la notion de « négociation conversationnelle » – défense et illustrations. *Lalies* 20, pp. 63-141.

Kerbrat-Orecchioni, C. (éd.), (à paraître) : On Polylogues. *Journal of Pragmatics*, special issue.

Kerbrat-Orecchioni, C. & C. Plantin (éds) (1995) : *Le trilogue.* PUL, Lyon.

Parker, R. (1984) : Conversational grouping and fragmentation : a preliminary investigation. *Semiotica*, 50-1/2, pp. 43-68.

Plantin, C. (1996) : Le trilogue argumentatif. *Langue Française*, 112, pp. 9-30.

Sacks, H. (1992) : *Lectures on Conversation*, Vol. 2. Blackwell, Oxford.

Schegloff, E. (1995) : Parties and talking together : Two ways in which numbers are significant for talk-in-interaction, in : ten Have, P. & G. Psathas (eds) : *Situated Order.* International Institute for Ethnomethodology and Conversation Analysis & University Press of America, Washington, D.C., pp. 31-42.

Thomsen, C. (2000) : *Stratégies d'argumentation et de politesse dans les conversations d'affaires. La séquence de requête.* Peter Lang.

Traverso, V. (1997) : Des échanges à la poste : dilogues, trilogues, polylogue(s) ? *Cahiers de Praxématique*, 28 : *La contextualisation de l'oral*, pp. 57-77.

Traverso, V. (1999) : Négociation et argumentation dans la conversation familière, in : C. Plantin (éd.) : numéro spécial de la Revue *Escritos.* Mexique, pp. 51-89.

Traverso, V. (à paraître) : Interlocutive 'crowding' and 'splitting' in polylogues : the case of a meeting of researchers. *Journal of Pragmatics*, sous la dir. de C. Kerbrat-Orecchioni.

La construction du savoir dans les pratiques scientifiques
d'équipes de recherche :

Analyse de trajectoires
d'objets de discours et de savoir

par

Lorenza Mondada

0. Objectifs

Ce texte est issu d'un projet de recherche sur la construction du savoir dans les pratiques interactionnelles de scientifiques collaborant dans des équipes et des projets communs – basé sur un corpus de réunions de travail de plusieurs groupes enregistrés au fil d'un suivi ethnographique de plus d'un an [1].

Un des présupposés de ce projet est que les connaissances scientifiques élaborées par les chercheurs peuvent être conçues en termes d'« objets de savoir » qui ne préexistent pas aux pratiques discursives, mais émergent d'elles, étant susceptibles de se stabiliser ou de se déstabiliser, de s'enrichir progressivement, de se modifier plus ou moins radicalement, voire de disparaître. Ces *objets de savoir* sont donc des *objets de discours* produits de façon contingente dans et par les activités de leurs énonciateurs interagissant au sein d'un collectif. La description de ces objets de savoir pose des questions intéressantes à la fois pour la linguistique interactionnelle et plus généralement pour une approche socio-anthropologique de la connaissance : comment observer, documenter et analyser les processus d'émergence et de stabilisation ou d'instabilisation du savoir dans la durée des pratiques scientifiques ? quels outils d'analyse mettre au point pour décrire ces processus ? Nous esquisserons ici quelques réponses à ces questions, en considérant que les objets de savoir se développent dans les pratiques discursives interactionnelles des chercheurs sous la forme d'objets de discours dotés de *trajectoires* spécifiques qu'il est possible de décrire aussi bien dans des séquences interactionnelles singulières que dans des interactions en séries se suivant dans le temps.

1. Repères

Nous allons étudier ici quelques procédés par lesquels les participants à une activité interactionnelle construisent leurs contributions non seulement à l'interaction locale mais à un projet plus vaste, en ne se limitant donc pas à introduire des objets de discours dans une séquence interactionnelle, mais en se préoccupant aussi de la façon dont le groupe reprend ces objets pour leur assurer une certaine continuité, aussi bien dans cette interaction particulière que dans les réunions qui suivront et éventuellement dans les textes qui en seront issus.

1.1. Une double approche des pratiques référentielles.
Ces procédés concernent plusieurs horizons de problématiques :
– Leur analyse est susceptible de contribuer à une réflexion sur *les processus de construction de la référence dans les activités langagières* et sur les ressources qui sont mobilisées par les locuteurs à cette fin. Cette réflexion est classiquement abordée dans la littérature linguistique par les modèles du topic et des dynamiques topicales d'une part (Chafe, 1976, 1997 ; Kallmeyer, 1978 ; Morel, 1992 ; Mondada, 1995 ; Lambrecht, 1994) et par les réflexions sur la référence et la référenciation d'autre part, concernant notamment des problèmes de deixis et d'anaphore (Apothéloz, 1995 ; Ariel, 1988 ; Clark & Wilkes-Gibbs, 1990 ; Cornish, 1999 ; Fox, 1987 ; Fretheim & Gundel, 1996 ; Givon, 1992 ; Mondada & Dubois, 1995 ; Pekarek, 1998) – problèmes abordés dans une variété de positionnements théoriques, des plus phrastiques aux plus interactionnistes.
– Leur analyse est susceptible aussi, dans une perspective interdisciplinaire, de contribuer à une réflexion issue des approches socio-anthropologiques des pratiques scientifiques sur *les modalités empiriques de la construction du savoir scientifique* et sur la façon dont le savoir émerge des pratiques des chercheurs (Knorr-Cetina, 1981 ; Latour, 1989 ; Pickering, 1992 ; Lynch, 1993) pour ensuite circuler avec plus ou moins de succès dans des sphères de plus en plus vastes, allant du laboratoire à la société tout entière (Callon et alii, 2001 ; Callon, 1988 ; Latour, 1989) (cf. Mondada, 2000a).

Les approches sociologiques et ethnographiques des pratiques scientifiques, tout comme les approches linguistiques de la référence et du topic, se posent en effet des questions sur le fonctionnement référentiel du discours, sur les conditions auxquelles il est en mesure de parler du monde ; dans les deux traditions s'est développée une perspective qui se préoccupe moins des *référents* en tant que tels que des *processus de référenciation* au cours desquels se constitue un discours référentiellement convainquant, adéquat, pertinent, efficace et factuel. Ces processus sont ainsi envisagés non pas en termes de correspondance entre les mots et les choses, mais comme étant assurés par des procédés et des activités pratiques de constitution du monde (cf. Quéré, 1991 ; Heritage, 1992) – y compris de constitution de son caractère mondain et factuel (Pollner, 1974).

Dans cette perspective, le travail scientifique peut être considéré comme une pratique à travers laquelle, par une série de re-présentations (Callon, 1981 ; Latour, 1993), les chercheurs construisent progressivement une visualisation ou un texte qui parvient à se présenter à la fois comme maintenant un lien référentiel avec le monde et comme apportant une intelligibilité des phénomènes traités (Lynch, 1988). En suivant une équipe de scientifiques dans la forêt amazonienne, Latour (1993) a par exemple décrit les opérations successives par lesquelles des échantillons du sol sont prélevés dans la forêt, sont ordonnés en fonction de leurs caractéristiques, sont emmenés dans un laboratoire, sont analysés et inscrits dans des résultats quantifiés et visualisés par des courbes et sont emportés à la fois dans des « centres de calcul » pour être ultérieurement traités et dans des publications pour être diffusés comme des « mobiles immuables ». Au fil de ce parcours, les objets de savoir se détachent progressivement de la forêt amazonienne pour s'intégrer dans des réseaux d'inscriptions, de textes, de discours et d'images scientifiques où ils pourront être repris ou contestés par d'autres chercheurs.

Dans une perspective linguistique, il s'agit de se demander comment les ressources langagières sont mobilisées dans ces pratiques de constitution de la référence, à côté d'autres ressources comme les instruments de mesure, les visualisations, les traitements informatiques. Les analyses linguistiques du discours scientifique – essentiellement basées sur des corpus de textes écrits publiés – ont bien montré les ressources linguistiques mobilisées dans la construction d'un discours factuel, tel que la nominalisation par exemple (Jacobi, 1999 ; Halliday & Martin, 1993 ; Ouellet, 1983 ; Myers, 1990), mais aussi les manifestations de son éventuelle mise en question, comme les modalisations ou les traces de régimes énonciatifs divergents (Latour & Fabbri, 1977). Ces analyses sont susceptibles de compléter les travaux linguistiques sur la référence et la topicalité, qui ont toutefois privilégié des corpus et des contextes empiriques moins complexes que ceux de la science en train de se dire.

De notre côté, nous tentons de développer une approche de l'exploitation située des ressources référentielles et topicales pour la construction d'objets de discours et de savoir dans des pratiques scientifiques à la fois interactives et textuelles, en tenant compte du contexte de ces pratiques et de leur organisation séquentielle – dans une approche relevant d'une linguistique interactionnelle inspirée autant de l'ethnographie, que de l'analyse conversationnelle et de l'ethnométhodologie (Mondada, 2001 ; 2000a, 2000b, 2000c).

1.2. La constitution d'un corpus d'interactions scientifiques : une démarche ethnographique.

Le questionnement des pratiques référentielles des locuteurs dans les contextes sociaux d'accomplissement de leurs activités professionnelles et ordinaires ne peut se faire sans adopter une démarche de terrain, condition indispensable à la constitution d'un corpus de données interactionnelles recueillies en situation. C'est pourquoi nous avons mis sur pied, avec notre propre équipe, et pendant plus d'une année, un dispositif d'ethnographie multi-site afin de suivre les activités de plusieurs groupes de recherches simultanément. Les groupes en question ont la particularité d'être composés de chercheurs de différentes universités de la région du Haut Rhin, en Suisse, France et Allemagne, développant ensemble des projets communs en sciences humaines ou en médecine. Dans ce qui suit, nous avons choisi de nous focaliser sur un seul groupe, celui des historiens de la Rome ancienne[2], que nous avons accompagné durant une période d'observation plus longue que ce qui a été le cas pour les autres, couvrant deux ans environ, terminée par un colloque de trois jours où les résultats obtenus ont été présentés à des chercheurs externes à l'équipe et par un livre qui réunit les contributions au colloque et la synthèse des travaux effectués. Notre travail d'observation a consisté dans l'enregistrement de toutes les rencontres – des réunions plus ou moins (in)formelles aux séminaires de recherche et au colloque final – ainsi que dans le recueil des documents utilisés ou produits durant ces réunions – brouillons d'exposés, notes prises par les participants, comptes-rendus et programmes distribués avant et après les rencontres, auxquels s'ajoutent les actes du colloque. Il s'en dégage ainsi un corpus d'une certaine importance, comportant non seulement des enregistrements audio de discussions mais aussi des documents écrits, intermédiaires et définitifs.

Ce corpus nous permet d'étudier les modes d'organisation d'un groupe de travail sur une durée assez longue, ainsi que le savoir qu'il a élaboré pendant cette période. Du point de vue d'une perspective qui se rattache autant à la linguistique interactionnelle qu'à la sociologie des sciences, il est en effet important de se pencher non seulement sur les modes d'interaction qui caractérisent les réunions du groupe – et qui le structurent en tant que collectif organisé, différencié, hiérarchisé – mais aussi sur les objets de discours accomplis dans ces réunions – qui constituent les apports substantiels du groupe à un corps de savoir. Ce double objectif, issu du présupposé que les objets de discours et de savoir sont indissociables des pratiques qui les ont produits et de leur organisation locale et contingente, nous a amené à une analyse qui s'intéresse de près aux enjeux scientifiques du groupe en question, à son projet de recherche, à la façon dont il s'est concrétisé, incorporé, manifesté dans les pratiques de ses participants au fil du temps. Un des apports de la sociologie des sciences récente a précisément été la revendication d'un objet d'étude qui ne se limite pas aux relations hiérarchiques et institutionnelles encadrant les laboratoires mais qui concerne les enjeux substantiels débattus et élaborés dans ces mêmes laboratoires – l'organisation sociale des pratiques scientifiques n'ayant pas un simple effet de cadrage mais se manifestant de façon plus subtile dans la façon dont les contenus scientifiques sont formulés, discutés, publiés, diffusés. C'est pourquoi l'ethnographie de laboratoire a amené avec elle l'exigence de se familiariser avec les connaissances, les présupposés épistémologiques, les expertises savantes ou tacites qui fondent le travail des chercheurs, afin de rendre compte de la façon dont l'organisation sociale des pratiques scientifiques a un effet configurant sur les objets scientifiques qui y sont élaborés. Nous faisons nôtre ce même impératif, qui nous invite à prendre au sérieux les intérêts, les enjeux, les curiosités, les compétences savantes des chercheurs que nous analysons, pour en rendre compte dans l'étude de la façon dont ils organisent leurs pratiques référentielles.

2. Procédés interactifs de construction des objets de discours

Un premier ensemble de procédés de référenciation concerne les dynamiques par lesquelles des objets de discours sont traités localement durant le travail du groupe : ces processus montrent que la construction des objets de discours ne relève pas uniquement d'un locuteur qui en serait l'énonciateur responsable – l'« auteur » en quelque sorte – mais relève de tous les participants, dont dépend non seulement le succès de l'introduction de l'objet dans la discussion, mais aussi sa définition et sa configuration ultérieures, qui ne cesse de se transformer d'un enchaînement séquentiel à un autre.

Nous distinguerons ici trois types de procédés par lesquels les objets de discours, identifiés et reconnus comme des topics par les participants, sont élaborés : ceux qui assurent l'émergence et l'élaboration collective de l'objet (2.1.), ceux qui en assurent la stabilisation par reprise (2.2.), et ceux qui par des développement topicaux divergents, en provoquent plutôt la déstabilisation et la fragmentation (2.3). Nous insisterons dans cette section sur des procédés qui ont une portée locale, pour ensuite problématiser l'approche d'effets plus durables de ces dynamiques interactionnelles (3.).

2.1. Collaborations topicales et élaboration collective des objets de discours.
Un des traits qui permettent de caractériser le travail d'un groupe – par opposition au travail d'un ensemble d'individus – dans une rencontre est la façon dont l'objet de discours que propose un de ses membres est susceptible d'être développé collaborativement par les autres (Mondada, 1999 ; Lerner, 1991 ; Antaki, 1996). Nous nous appuierons sur deux cas pour développer ce premier type de procédure.

Extrait 1 (HR20118MUL-ap2/770-)
```
1    D      dans ce contexte/ il n'est absolument pas question/ euh
2           justement de de véies de l'abandon euh [de : de rome&
3    G                                              [mhm=mhm
4    D      &[pour véies on aurait pu . [pu s'y] attendre . donc&
5    G       [mhm=mhm                   [mhm=mhm mhm mhm]
6    D      &c'est un argument euh (h) indirect/ . mais ça pourrait :
7           [eff]ectivement confirmer le fait que cette idée de de la&
8    W      [ja :]
9    D      &relation entre camille et l'émigration à véies n'apparaît
10          pas avant auguste\
11   W      [mhm=mhm mhm=mhm]
12   G →    < [en tout cas l'émigration] est interdi- enfin est exclue
13   W      mhm
14   G      le thème n'apparaît pa :s/   [mais]   <ce n'est pas un hasard\&
15   D                                   [non]
16   G      & . parce que c'est : ((rapide)) >
17   D →    oui . c'est impensable\
18   G      c'est impensable ouais\ . (je crois) donc dOnc la la
19          necessité de rester/ est . est en place . et au moins en
20          place depuis .. depuis euh depuis euh deux-cent-seize . en
21          tout cas pas avant\ ... à cause de . enfin il est clair que
22          l'affaire de la . du refus d'abandonner rome après cannes/ .
23          signifie que à ce moment là . cette . cette notion . (h)
24          churchillienne/   [euh de la continuité ((rit))
25   W                        [ja=ja\                     <ja ((rit))>
26   G      est en pla [ce\
27   W →               [de gaullienne ((rit))
28   G      ((rit))
29   W      ja=jA
30          (6s)
```

Trajectoires d'objets de discours et de savoir 37

Extrait 2 (HR07117/a4/364-)
```
1    MS    (hm) hab ich sie richtig verstanden also . zwar
2          einerseits weiss man nicht sehr viel über über
3          Capitolinus eh vorher/ aber es gibt trotzdem die stelle
4          (bei bei Qua-) Quadrigarius    [xxxxx
5    MN                                   [oui . mais] mais curieusement
6          il ne parle que de ses qualités\
7    MS    voilà . justement et=
8    MN    =c'est c'est le beau côté de Manlius
9          Capito   [linus qu'on re]trouve aussi dans Tite-Live
10   MS             [mm mhm                                      mhm
11   MN    mais euh dans les dans la partie que je n'ai pas
12         traitée/   xxx scène de la prise du
13         Capitole\  [xxxx (prise du Capitole)\
14   MS →             [et dont on : dont on trouve] aussi des aspects
15         dans Plutarque/
16   MN    oui [oui oui
17   A  →      [et dans Pline\
18   MN    oui=oui oui=oui
19   A  → et dans Pline/ xxxxxxx
20   MN    oui
21   MS → donc . c'est quand même assez étonné- étonnant que : de
22         voir euh que chez Cicéron/ . c'est clairement c'est
23         comme une REvalorisation dans le négatif/
24   MN    oui c'est ça . où il lui colle une étiquette euh adfectatio
25         regni\ ... enfin qui ne s'appelle pas encore comme ça/
```

Ce qui caractérise ces séquences est le fait que les contributions de chacun s'y intègrent de façon à prolonger interactivement l'argumentation du locuteur précédent, à nourrir collectivement des objets de discours. La transcription détaillée de ces séquences montre l'imbrication des tours, le caractère collaboratif des enchaînements – que les échanges aient lieu dans une ou plusieurs langues, chaque énonciateur intervenant dans celle qu'il préfère dans des réunions caractérisées par leur plurilinguisme, manifestant la dimension internationale de l'équipe. Le premier extrait commence avec un raisonnement développé par D, appuyé par les acquiescements de G et de W, prolongée par G (12) qui apporte des arguments sur l'émigration et que prolonge à son tour D (17) par une évaluation qui est reprise par lui (18). W intervient plus bas (27), non seulement par des acquiescements mais aussi par la proposition d'une alternative à « churchillienne » (24), constituée par « de gaullienne » (27), énoncée un peu après la première. Il produit ainsi un adjectif sur le modèle de celui qui a précédé, montrant un alignement avec G (d'autant plus qu'il le fait en français, qui n'est pas sa langue préférée). De cette façon les membres du groupe produisent non seulement une version convergente de leur argumentation, mais aussi des positionnements réciproques.

Dans le second extrait, MN répond en français à la question en allemand de MS (1-4) ; par la suite MS (14, 21) et A (17, 19) vont nourrir collaborativement ses références intertextuelles et fournir une conclusion à son raisonnement.

2.2. Reprises topicales et stabilisation des objets de discours.
Les procédés collaboratifs permettent de situer l'émergence de l'objet de discours dans un travail collectif, dans une élaboration commune par les participants. Or ce travail collaboratif n'est pas toujours ni pas nécessairement aligné, orienté dans le même sens argumentatif (cf. pour des exemples Mondada, 1999) : on peut très bien exploiter des procédés collaboratifs d'incrémentation des objets pour détourner ces objets et les modifier dans un sens qui n'était pas prévu initialement.

C'est pourquoi, à côté des procédés collaboratifs, les procédés de maintien de la référence, de la continuité topicale, jouent un rôle important, permettant à un objet de discours de se stabiliser.

Nous n'en mentionnerons qu'un cas :

Extrait 3 (HR15058/a1)

```
1   V        bon euh ça ça ramène peut-être à une question plus grande/
2            si : on voit : une différence entre les premières années
3            de la république/ ou la monarchie/ ou en Grèce/ et . on
4       →    peut considérer tout ça comme : : : les temps sublimes/ ou
5            si . on peut faire des distinctions là-dedans\
6   G   →    xxxx moi je trouve l'expression très^heureuse (du) temps sublime\
7   V        oui
8       G    très très^heureuse\ . ça c'est : c'est c'est^un temps du
9            temps/ euh c'est un temps qui est à l'horizon/ .. euh c'est euh
10  (6s)
11  MS       et ... euh j'pourrais peut-être tout simplement ajouter euh euh
12      →    que il me semble effectivement que ce temps sublime est un temps
13           (d'une) . d'une grande profondeur/ et aussi d'une grande VAleur
14           . en quelque sorte\ donc euh euh si : si on pense avec avec euh
15           bettini euh à : cette grande valeur du PASsé . cette culture\ alors
16      →    le temps sublime Est en quelqu'sorte ce TEMPS valorisé
17           aussi/ . d'un passé qu'on ne situe pas dans le passé/ mais :
18           pa- parce que parce qu'on le regarde xx parce que . on a l'avenir
19           . xxxxx xxxxxx euh : donc euh : je crois c'est pour ça que cette
20           profondeur est là
```

Cet extrait rend observable d'abord l'introduction d'un nouvel objet de discours, « les temps sublimes » (4), préfacé par « on peut considérer tout ça comme : : » (3-4), montrant que l'expression ne va pas de soi, hésitant sur son statut (cette préface prépare et retarde l'apparition du syntagme ; en outre l'allongement final de « comme : : » hésite juste avant son énonciation) et ne prenant pas énonciativement en charge l'expression (usage du « on »). Cette expression est reprise ensuite par deux locuteurs : par G qui l'évalue positivement et qui en donne plusieurs définitions (9-10) ; par MS qui développe l'objet de discours en le reprenant une première fois par un démonstratif (14), faisant le lien avec sa première mention, et une deuxième fois par un article défini (18) qui accomplit le caractère partagé, accepté, voire évident de l'objet de discours qu'il accomplit à ce moment-là et par ce moyen.

Ces reprises de « temps sublimes » montrent comment dans une séquence interactionnelle locale peut apparaître le début d'une solidification de l'objet de discours, qui est maintenu donc renforcé comme tel.

2.3. Divergences topicales et fragmentation des objets de discours.
A l'inverse des procédés de maintien, un autre type de trajectoire d'objet est envisageable : les reprises partielles de l'objet peuvent manifester des désaccords voire des divergences dans la façon dont différents participants le traitent. On aura là un effet de déstabilisation de l'objet, parfois allant jusqu'à sa fragmentation.

Extrait 4 (HR20118/MUL/ap2-1157-1181)

1	W	müssten wir schon nochmal genauer defi[nieren&
		on devrait encore définir une fois plus précisément&
2	G	[mhm=mhm
3	W	&was wir unter äh fondation wirklich verstehen\ äh : : . weil
		&ce qu'on comprend vraiment comme étant la fondation\ äh : : .
4		es eben doch verwandte begriffe auch gibt\ . und und
		parce qu'il y a justement des concepts apparentés\ . et et
5		und phänomene
		et des phénomènes
6	(2s)	
7	W	ich mein der koriolan ist kein- deswegen weil er
		j'veux dire Coriolan est pour ça n'est pas parce qu'il
8		verurteilt wird ist [er noch kein fondatEUR/
		est jugé [il n'est pas encore un fondatEUR/
9	G	[mhm=mhm
10	W	[<ebenfalls\ .. das xxxx ((bas))>
		[<pareillement\ .. le xxxx

```
11  G   [le : le : le : jugement/ .. le jugement n'est pas fondateur
12      (4s)
13  W   also er er grÜndet nichts\ . so[ndern er ist allenfalls
            donc il il ne fonde rien . ma[is il est de toute façon
14  G                                  [NON ... NON .. NON NON
15  W   so ein passiv . eine passive rolle dabei\
            un passif . il a un rôle passif
16  G   NON\ lui-même depuis lui-même il est victime/
17  W   [ (er ist das opfer) ja=ja\ ja=ja\]
        [ (il est la victime) oui=oui\ oui=oui\]
18  G   [mais sa figure est fondatrice/ . c'est sa fIgUre qui est
19      fondatrice\]
20  W   ja=JA : aber
            oui=OUI : mais
21  G   d'une procédure\ . d'un événement/ . d'une procédure\ . et
22      et et susceptible de reproduction\=
23  W   =(ja) aber ist das wirklich fondatrice
            (oui) mais est-ce que c'est vraiment fondatrice
24      (8s)
25  G   <euh : : . euh : : oui/ moi je . je pense oui/ enfin\ ((bas))>
```

Cette discussion entre deux collègues, l'un français (G) et l'autre allemand (W), porte autant sur la définition de la « fonction fondatrice » (1-5) que sur son application à un héros particulier de la Rome ancienne sur lequel ils travaillent, Coriolan (7sv). Les deux collègues produisent en un premier temps une description de ce personnage qui est orientée de façon similaire : ils s'accordent en effet sur une série de négations – pour W il est « kein fondateur » (8), pour G « le jugement n'est pas fondateur », pour W « er gründet nichts » (13), affirmation que G appuie vigoureusement (14) et qui les amène à converger sur la catégorie adéquate pour décrire Coriolan, celle de « victime » (16) ou de « opfer » (17).

Toutefois cette orientation commune n'en exclut pas une autre, divergente : alors que W fait de Coriolan le thème constant de son propos (en le reprenant, une fois introduit, « der koriolan » 7, par le pronom « er » 7, 8, 13, 17), G développe plusieurs perspectives, où le thème de son énoncé change et ne coïncide pas avec Coriolan. Il commence en effet par « le jugement » (11), dans un énoncé où sa répétition dans « le jugement n'est pas fondateur » prépare une suite en contraste, puis continue par « sa figure » (dans « sa figure est fondatrice » 18), mise en contraste avec Coriolan (« lui-même » 16) dans un énoncé clivé (« c'est sa figure qui est fondatrice » 18-19 précédée du connecteur « mais » 18). De cette façon G introduit une différenciation entre Coriolan et les différents aspects de son histoire, contrairement à W qui traite le personnage comme une entité unique et unifiée. C'est ce qui permet ensuite à G de voir une « fonction fondatrice » là où W n'en reconnaît aucune – manifestant par là même une définition différente de l'objet de savoir. La divergence est minime, mais s'exprime dans les détails des formulations et de leurs agencements interactionnels et a des conséquences importantes, comme le montre le désaccord final (23-26).

3. Trajectoires d'objets de discours et d'objets de savoir : le cas de la « fonction fondatrice »

Les extraits précédents nous ont permis d'expliciter un certain nombre de procédés locaux de structuration des objets de discours. A plus long terme, toutefois, ces effets sont assurés par des procédés qui s'enchaînent dans des séries, des répétitions ou des reprises d'une réunion à l'autre. Tel est notamment le cas de ces objets de discours spécifiques que les membres de l'équipe traitent comme des objets de savoir.

Les *objets de savoir* sont des objets de discours vers lesquels les participants s'orientent comme incarnant – ponctuellement ou à long terme – des enjeux scientifiques, des avancées ou des points de cristallisation du savoir en train de se faire. Ils jouent donc un rôle structurant dans la réflexion du groupe, sont reconnaissables et reconnus comme tels par lui et occupent éventuellement un rôle central dans l'énoncé de son projet, susceptibles alors d'être repris d'une réunion à une autre. Les objets de savoir peuvent être des catégories ou des concepts élaborés par le groupe, mais aussi des descripteurs de phénomènes ou de faits empiriques sur lesquels il travaille. Ce qui les caractérise est leur reconnaissabilité par le groupe, qui va de pair avec leur *traçabilité* dans le temps, qui en définit la *trajectoire* : celle-ci est caractérisée par les reprises de l'objet – dans les interactions comme dans les textes – qui assurent à la fois son maintien dans l'attention et dans la mémoire du groupe et la variabilité de ses formes dans les usages particuliers, éventuellement divergents, qu'en font les participants.

Dans le cadre du projet d'histoire romaine, centré sur les figures des « grands hommes » qui ont marqué l'historiographie latine, nous allons nous pencher sur un objet de savoir qui y a joué un rôle majeur : la « fonction fondatrice » qui participe de leur caractérisation et qui permet de formuler leur fonctionnalité – notamment au sein de récits de fondation – au sein de la société et de la culture romaines, voire d'en proposer un modèle plus abstrait. On a là une double orientation des participants, vers la description conceptuellement informée de cas particuliers – dont il s'agira de décrire la fonction fondatrice – et vers la formulation de catégories générales et abstraites – dont l'idée de fondation elle-même. Cet objet de savoir a donc la spécificité d'être repris souvent dans les discussions, de fonctionner comme un objet de discours familier, accessible, central, dotés d'une forte continuité et présence dans les débats. Il traverse le temps des rencontres ponctuelles pour être repris non seulement localement mais aussi de réunion en réunion. Ces reprises toutefois ne garantissent en rien sa stabilité : objet en voie d'élaboration, objet de controverse, objet approprié différemment selon les participants et selon des champs d'application différents, il est dynamique et susceptible de variations importantes, qui définissent la forme de sa trajectoire.

3.1. Une trajectoire sur trois ans.
La « fonction fondatrice » est un objet de discours qui traverse le corpus durant trois ans et qui permet ainsi de le suivre au fil d'une trajectoire relativement longue. En même temps c'est un exemple de trajectoire non linéaire qui n'aboutit pas nécessairement à une notion ou à une description définitive et qui permet ainsi de réfléchir non seulement à la continuité mais aussi à la fragilité des objets de savoir.

Le premier enregistrement que nous avons fait dans ce groupe, en 1997, commence par un exposé de G qui le préface en ouvrant le chantier des « fonctions fondatrices » :

Extrait 5 (HR07117/a1) – **1997**
G Alors dans notre dernière réunion j'avais euhm xxx (voir ce que) j'ai écrit sur Coriolan/ j'avais . (il me semblait) important/ .. j'ai remarqué que dans le texte de Plutarque/ euh : un certain nombre de . d'évé- euh : Coriolan se trouvait euh au centre d'un certain nombre d'événements fondateurs d'institutions\ .. et donc j'avais proposé cette réflexion sur Coriolan comme fondateur/ . mais euh je ne me doutais pas à ce moment-là/ que euh :m que euh le : mh : que : de l'ampleur de de la TA :che/ et de l'ampleur de l'ampleur de de la richesse surtout du : . du sujet\ . e :t euh il me semblait qu'il y avait euh deu :x ou trOIS plutôt/ instants fondateurs/ dans cette narration/ . d'une part (eu) le :s euh mises en place des : . des décorations que recevait Coriolan après la prise de Coriole/ ((2 li omises)) l'autre grand . événement/ . dans l'histoire de Coriolan qui : était fondateur aussi d'une institution/ c'est son procès/ particulièrement le procès tribunicien/ . ((3 li omises)) et puis y a toute la question du temple de la fortune (féminin)/ . ET j'ai été amené à laisser de côté (toute euh) le temple de la fortune (féminin)/ parce que je : n- j'avais déjà énORmément à faire avec les deux premières fonctions fondatrices/

La façon dont commence cet exposé est significative : c'est le récit de la « découverte » par G de son objet, qu'il fait remonter à la dernière réunion du groupe et qu'il présente progressivement comme un chantier de recherches à développer. Du point de vue de la formulation du problème, les auto-réparations (« un certain nombre de . d'évé- euh : Coriolan se trouvait euh au centre d'un certain nombre d'événements fondateurs d'institutions\ ») montrent un problème de placement du nom du personnage étudié par G dans un syntagme qui est organisé autour d'« événement » et non pas de « Coriolan » ; c'est d'ailleurs l'« événement » qui est qualifié de « fondateur ». Dans les formulations successives, il est fait mention de « Coriolan comme fondateur », puis d'« instants fondateurs », à nouveau de « l'autre grand . événement/ . dans l'histoire de Coriolan qui : était fondateur aussi d'une institution ». La liste sera clôturée par un renvoi anaphorique à « les deux premières fonctions fondatrices ». Ce passage est intéressant par la variété des structures syntaxiques dans lesquelles est pris le lexème « fondateur », toutefois privilégié dans un rôle spécifiant plutôt que dans un rôle spécifié et avec des noms abstraits plutôt qu'avec le nom propre du personnage.[3]

G multipliera les usages abstraits (en privilégiant l'expression de « figure fondatrice » liée à Coriolan mais non limitée à lui) en les préférant aux usages qualifiant directement le personnage de « fondateur ». Ceci se manifestera notamment dans des structures syntaxiques clivées à effet contrastif (cf. infra) et, au niveau des activités définitoires, se matérialisera dans l'opposition entre « acte fondateur » et « fonction fondatrice ».

L'objet de savoir « fonction fondatrice », introduit et proposé par G, va avoir un certain succès dans le groupe au fil des ans : il ne sera pas seulement réaffirmé de façon répétée par lui, mais sera repris par plusieurs participants, pour devenir un objet de discours récurrent dans toutes les réunions du groupe, que ce soit dans les exposés ou dans les discussions[4]. Toutefois, la façon dont il sera repris lui fera subir un certain nombre de transformations : ce n'est pas un « mobile immuable » (Latour, 1985) qui pourrait être repris par plusieurs énonciateurs et être utilisé dans des contextes différents, sans pour autant se modifier ; au contraire c'est un objet très instable. Son instabilité tient notamment au fait qu'elle est reprise par plusieurs participants, avec des interprétations différentes ainsi que dans des relations de détermination avec des déterminés (des personnages de l'historiographie notamment) hétérogènes : tout se passe comme si les terrains d'analyse résistaient à l'application et à la mise en œuvre de l'objet, avec pour conséquence une prolifération de propositions d'aménagement, d'amendement, de transformation, d'insertion de l'objet dans d'autres réseaux catégoriels et de différenciations. Ces résistances font que l'objet de savoir ne va jamais de soi, que son expression syntaxique et morpho-lexicale subit des variations importantes, tout en maintenant sa reconnaissabilité pour les participants ; que malgré cette reconnaissabilité et cette récursivité l'objet ne parvient pas à s'imposer au groupe comme une notion partagée. Si sa récurrence contribue à structurer le groupe, en affirmant la position qu'y occupe G, en contribuant à la création d'une appartenance commune, en permettant une mise en relief des positionnements réciproques de ses membres grâce à leurs usages particuliers, cela est produit par la « fonction fondatrice » en tant qu'objet fréquent dans les débats ou en tant qu'objet dans lequel s'inscrivent les divergences et non pas en tant qu'objet consensuel. Cet objet de savoir a donc deux effets majeurs : d'une part il est un lieu de production de différenciations notionnelles, de réflexions définitoires et d'explorations analytiques heuristiques, qui en ne parvenant pas à s'accorder maintiennent son instabilité ; d'autre part il est un lieu de production de la spécificité et de l'identité du groupe, avec ses différenciations internes – puisqu'un certain nombre de participants se caractérisent par les enchaînements spécifiques qu'ils produisent régulièrement en s'orientant vers l'occurrence de l'objet de savoir.

Au fil des ans, les tentatives de synthèse ne manquent pas : elles se manifestent notamment par des pratiques d'inscription, produisant des documents intermédiaires publics, comme des transparents élaborés par un petit groupe et projetés en séance plénière pour le groupe entier, des comptes rendus envoyés aux membres après les séances, des directives et des synthèses en vue du colloque final. Le passage par l'inscription ne permet toutefois pas d'atteindre un accord, ni de stabiliser l'objet de savoir au moment final du colloque et de sa publication. Au cours du colloque et dans les actes, sa présence est en effet paradoxale : d'une part il joue un rôle structurant, étant un des trois thèmes autour desquels s'organisent les trois journées du colloque et l'une des trois parties des actes ; d'autre part il n'est plus discuté comme tel et ne fait plus l'objet de définitions ou d'explicitations ; il est plutôt utilisé et mentionné comme s'il ne posait pas (ou plus) de problème : tout en étant apparemment accueilli et intégré par un certain nombre de contributions, l'objet de discours y perd aussi de sa spécificité et de sa précision.

Une fois caractérisée de façon très générale cette trajectoire, il faut maintenant se demander quels sont les *observables* permettant d'en restituer les traces. La question qui se pose est donc celle de la *traçabilité* de l'objet de discours. On peut relever les points suivants :
– les occurrences de l'objet, dans leurs formes particulières, montrent des appropriations différentes d'un participant à l'autre : il est mentionné, avec des fréquences variables, par certains participants et pas par d'autres, en

fonction non seulement de leurs préoccupations analytiques et théoriques mais aussi des personnages qu'ils traitent, se prêtant plus ou moins bien à endosser une « fonction fondatrice » ;
– les modes de formulation de l'objet de savoir sont une des manifestations de sa réception par les participants, à la fois localement et dans le temps. D'une part, au fur et à mesure que l'objet de savoir circule dans le groupe, on assiste à une diversification de ses formes, dans des expressions où « fondateur » peut variablement qualifier des personnages, par exemple désignés par leur nom propre, ou bien des entités abstraites (telles que « figure », « événement », « instant ») et où l'objet de la fondation peut être omis ou peut être précisé, de façon générale au pluriel ou de façon singulière (« fondateur/fondation de cultes, d'institutions, de comportements, de vertus, de normes », ou bien « fondateur/fondation du procès tribunicien, de la censure, de la couronne civique »). D'autre part, la mention de « fonction fondatrice » émerge comme étant problématique en étant accompagnée par des hésitations, des modalisations ou des négations, voire des rires, qui montrent son caractère « inévitable » autant qu'instable ; elle peut être utilisée comme telle dans une description ou dans une analyse ou bien elle peut apparaître de façon autonymique, devenant elle-même l'objet d'une définition ou d'un débat terminologique ; son emploi ou sa mention peuvent de même manifester des traces d'appropriation ou de distanciation de l'énonciateur, et donc des marques du positionnement de chaque participant par rapport à elle ;
– les positionnements séquentiels de son occurrence permettent des élaborations différentes : dans les exposés, contrairement aux débats, « fonction fondatrice » ne fait pas l'objet d'un enchaînement local qui l'établirait momentanément comme objet de controverse, mais peut être reprise dans la discussion en étant réintroduite explicitement par une question ou un commentaire ; son apparition dans les débats est susceptible d'un travail interactionnel collectif plus intense, plus controversé, aboutissant à des prises de positions explicitées, renforcées. A l'inverse, sa non reprise locale en tant que topic dans les discussions est elle-même significative, éventuellement d'un évitement du désaccord ;
– la trajectoire de cet objet de savoir suit ses transformations au fil du temps ; elle n'est pas linéaire, puisque l'objet de savoir peut aussi bien se stabiliser ou se défaire. Les processus de stabilisation sont notamment observables en étant reliés à des activités discursives particulières des participants : activités de synthèse, de reprise des débats par une seule voix qui gomme les autres voix divergentes, d'inscription dans des textes produits collectivement et publiquement, ou de définition. Les activités définitoires sont une des tâches vers lesquelles s'orientent les membres du

groupe : sans elles, l'objet de savoir court le risque de sa dissolution ou de sa confusion avec d'autres objets concurrents.

Le traitement interactionnel de l'objet de savoir par les membres du groupe a donc plusieurs effets : d'une part il contribue à l'affiner, à le mettre à l'épreuve de plusieurs textes, événements et personnages ; d'autre part il contribue à le faire fluctuer, jusqu'à ce qu'un accord – éventuellement autour d'une définition – ne soit trouvé.

3.2. Pratiques définitoires.

Sur cette base, si on se penche sur les occurrences des définitions de la « fonction fondatrice » on peut tracer la trajectoire suivante :

Extrait 6 (HR07117/a1) – **1997 (exposé)**
G ALORS euh . comment définir euh : cette cette fonction fondatrice/ euh je pense
   que il s'agit/ . et j'y reviendrai toute à l'heure/ . de la mise en place SUR une
   séquence narrative qui est celle de la biographie de Coriolan/ . d'un certain
   nombre d'événements/ qui justifient légitiment euh . des institutions/ ou des
   comportements/ ou des attitudes/ . euh que l'on trouve forcément plus tard/ et
   qui sont celles des contemporains des . des de de la narration/ des annalistes ou
   bien d'(autres) auteurs/

Extrait 7 (HR20118/ap2) – **1998 (exposé)**
G   <moi j'aurais xx à dire ((rapide> sur le : . la question des fonctions fonda-
    trices\ .. euh : ((on bouge le micro)) . <si la noti- . si on prend la notion/ ..
    comme je l'ai pro- . comme je l'ai proposé\ . au sens strict/ .. effectivement on
    réduit\ . euh notre capacité d'interprétation\ ((débit lent))>
W   mhm=mhm
G   euh : : en fait/ . y a deux aspects/ . je crois que : dans le : <y a deux aspects\
    ((accéléré))> d'une part . la fonction fondatrice au sens strict/ et quand . euh
    monsieur poucet fera un exposé sur les fonctions fondatrices des rois de
    rome/ . c'est SUR/ . qu'y aura énormément de choses/ puisqu'il s'agit précisé-
    ment des premiers temps d'archéologie de rome\ . c'est clair\ . mais euh : . je
    crois que nous aurions intérêt . à avoir aussi une autre approche/ . euh : dans
    laquelle nous : nous serions plus à l'aise/ . qui serait celle des : comment
    dirais-je\ . euhm . de l'utilisation des : des des grands hommes par les anti-
    quaires\ c'est-à-dire . de la fonction/ euh : . . euh . justificatrice/

Extrait 8 (HR20118/ap2) – **1998 (à la fin d'un débat, cf. extr. 11)**
G   moi quand je . je . je j'ai fait allusion à cet euh : à cet euh : intérêt qu'il y avait
    . à : étudier les FONctions fondatrices des figures/ . je ne pensais pas :/ à l'ACte
    de fondation\ .. je pensais/ . à la mise en place . pAR les antiquAIRes/ .. par les
    antiquaires/ . par les annalistes ou par les antiquaires/ . de narra :tions/ qui
    permettaient de fixer le point de départ d'une institution\ . et donc . qui

structuraient dans la narration/ . les composantes . nécessaires/ . de l'institution\ .. comme . le patronat/ . pour romulus . par denys d'halicarnasse/ . comme . le procès tribunicien/ . par . pour coriolan\ . par denys d'halicarnasse/

Extrait 9 (HR30049/pl2) – 1999
W [ja : ähm .. dann müsste ich jedenfalls Auch nicht anfangen/ .
     sondern . fange mit co [rio- . coriolan an&
G   [((rit))
W &und frage/ ((rit)) was zur fonction fondatrice bei coriolan zu sagen wäre
G euh : . alors\ ... donc on échappe pas au débat\ .. sur euh la question de savoir ce qu'est une euh : . fonction fondatrice\
((rires dans la salle))
G alors\ . moi je répondrais à la question de la façon suivante\ . je distinguerais/ . très nettement/ . entre ce qui est Acte fondateur/ . et ce qui est fonction fondatrice\ .. ((une douzaine de lignes omises)) voilà\ en ce sens où (j'ai) introduit vraiment une distinction entre ce qui est acte fondateur/ . c'est-à-dire . l'acte fondateur attribué à un actant/ .. dE la fonction fondatrice/ que représente cet actant xxx xxxxxxx\ .. alors . sI . on (prend alors l'acte fondateur)/ (j'en) trouve pas\ .. pour coriolan\ . il est fondateur/ de rien\ . xxx xxx xxx corps défendant . précisément\ . mais précisément à son corps défendant/ . il est porteur d'une fonction fondatrice/ . pour un certain nombre d'institutions\ . et la plus importante et j'pense c'est : là-dessus que . enfin euh . encore j'interviendrai/ . c'est : sur l'invention/ du procès tribunicien/ . et du procès comicial\

Extrait 10 : Compte rendu suivant la réunion de 1999 (HR/14059-not)

1. Pour définir le terme de *fonction fondatrice*, il faut le mettre en rapport et le distinguer de l'*acte fondateur* :

l'acte fondateur	la fonction fondatrice
a comme sujet	a comme sujet
un acteur historique	*un actant (une figure) d'un récit*
qui joue un rôle	qui joue un rôle
dans une réalité extra-narrative ;	*dans une narration ;*
il présuppose	elle présuppose
l'exécution d'un acte de fondation	*que dans une narration, un acte fondateur soit attribué à un actant*

Cette série d'occurrences appelle quelques remarques :

– La « fonction fondatrice » fait l'objet d'activités définitoires récurrentes, qui d'une part manifestent le statut théorique qu'elle est susceptible de revêtir et d'autre part montrent qu'elle ne va pas de soi. L'objet de discours a à la fois une dimension familière et reconnaissable (cf. la référence en termes de « la question des fonctions fondatrices\ » extr. 7) et une dimension problématique (cf. les rires de l'extr. 9).

– La première formulation de l'objet (extr. 6) comporte un seul terme et n'est pas structurée par une opposition, qui par contre apparaît dès l'extrait 7, et continuera à se répéter par la suite, jusqu'à sa mise en évidence dans son inscription et structuration en deux colonnes à l'écrit (extr. 10). L'apparition de l'opposition va de pair avec la distinction d'un « sens strict » et d'un « sens élargi ». Cette distinction sera reprise par d'autres participants, mais pas toujours dans le même sens.

– Les définitions sont accompagnées par des marques énonciatives de prise en charge qui affirment l'« authorship » de G, dans le double sens de son rôle d'auteur et d'autorité.

– Ces définitions apparaissent dans des exposés mais aussi dans des débats, où elles répondent à d'autres propositions et ont tendance à être affirmées avec davantage de vigueur.

L'extrait 8 est tiré d'une controverse dont voici un fragment :

Extrait 11 (HR20118/MUL/ap2) **(précédant l'extrait 8)**

```
1   V     moi je pense qu'il faudrait äh <il faudrait ((en riant légèrement))> ähm :
2         . äh . séparer/ . äh . fon- . fonction fondatrice/ .. o- oh fondateur/
3   G ?   oui/
4   V     du prototype/ .. c'est peut-êtr- c'est peut-être un autre chose .
5         parce que fondateur/ c'est .. äh : . conscient/ .. ça peut
6         être conscient/ [ça . c'est]
7   G                     [ah non=NON/] non=NON/ non=NON/ moi moi quand je dis
8         que : le fondateur je dis c'est la fIGUre/ qui   [est fonda]trice\
9   V                                                      [ah oui]
10  G     donc l'individu en que- on sait même pas s'il existe\
11  (2s)
12  G     nous nous nous parlons de fIGUre/
13  V     oui\
14  X     mhm
15  (1)
16  G     nous nous . l'existence du p- de pxx- euh . la figure de romulUs/
17        est fondatrIce/
18  V     ah  [oui]
```

19 G   [c'est la] c'est la figure/ de romulus qui est fondatrice\ <ce
20   n'est pas ((quelqu'un se mouche))> ce n'est pas romulus lui-même/
21 (3)

Cet extrait est significatif de l'émergence des positionnements des participants dans l'interaction.

V propose d'opposer « fondateur » (réparation de « fon- fonction fondatrice » énoncé d'abord, l. 2) et « prototype » et pour ce faire elle commence par introduire une caractéristique du premier terme, « conscient ». Cela fait immédiatement réagir G qui en chevauchement (7) la rejette très explicitement, sans laisser V terminer son propos. L'argument de G consiste à souligner le syntagme adéquat pour parler de la fonction fondatrice : « le fondateur » est réparé par un énoncé clivé « c'est la fIGUre/ qui est fondatrice » (8) qui accentue prosodiquement « fIGUre », qui la met syntaxiquement en relief (avec une valeur contrastive). Cette première formulation est reprise ensuite de manières analogues : comme dans sa première mention, elle est explicitement prise en charge énonciativement (« je dis » 7, 8, renforcé par « nous nous nous parlons de fIGUre », 12), dans un passage du « je » au « nous » qui assied l'autorité du rejet ; comme dans la première mention, elle est accentuée, et la clivée est reprise dans la reformulation de l'énoncé à propos de Romulus (16-17, 19) qui explicite cette fois le contraste par la négation finale (20). Dans cette séquence, G montre son orientation vers une formulation précise dans laquelle figure le terme de « fondateur » à l'exclusion d'autres formulations, et en particulier d'une référence à l'individu (10, 20) – qui de façon locale, par la forme même de cet enchaînement, est traité comme un correspondant étroit de « conscient », qualificatif qui n'est pas repris par G.

3.3. Constats négatifs.

La réception de la « fonction fondatrice » ne se manifeste pas uniquement dans les contextes de débat ouvert ou au contraire de reprise fidèle de la définition de l'objet, mais aussi dans les contextes où il s'agit de l'appliquer à des phénomènes particuliers. C'est là que d'une part ressort une série de constats négatifs et d'autre part apparaissent des propositions de transformation de l'acception initiale.

Extrait 12 (HR07117/a1/rut)

R (je voudrais) je : voulais venir sur un point euh : . précis de votre . communication/ qui est celui de la censure de Fabricius/ que vous définissez comme une censure non-fondatrice\ et . il me semble que c'est intéressant/ parce que . vous avez pris euh . l'idée de : .. de fonction fondatrice/ dans le même sens qu'André Gaudard/ c'est-à-dire (donc SI elle sert ?) à expliquer la création d'une institution . et je me demande/ . si en fait/ . on ne peut pas . comprendre fonction fondatrice dans un sens plus large/ parce que .. la censure de Fabricius n'est pas . la : . euh le l'occasion de donner un récit de . (de de) LA création de la censure/ . mais c'est l'occasion à un récit de de UNE censure particulière/ celle de Caton .

Extrait 13 (HR15058/a4)
W also dann doch ganz kurz noch eh wir sind schon grad dazugekommen\ ... ehm fonction fondatrice/ .. euhm .. ich hab die definition der xxxxx . (einfach übernommen/) dass es sich darum handelt das erste auftauchen eines ritus/ eines brauchs/ einer institution/ . die im zeitpunkt der erzählung aktuell ist/ . (an) eine person der vergangenheit\ . und sich mal anschaut was man da bei Camillus findet/ . dann eh . (dann) sind es .. insgesamt . (ganz) erstaunlicherweise gar nicht so furchtbar viele/

Extrait 14 (HR17099/ma2/bru)
B je serai très bref .. en effet il me semble DIfficile .. voire impossible d'attribuer à regulus un VRAI acte fondateur ou de le mettre même hh récemment en RApport avec un .. vrai acte fondateur . à moins de diluer .. complètement cette notion

Ces constats négatifs montrent d'une part le succès de l'objet de discours de fonction fondatrice : elle est reprise par plusieurs participants, qui essaient de l'appliquer à leur corpus et qui, même en échouant à en trouver des occurrences, énoncent des résultats négatifs – dont le plus intéressant est sans doute la « censure non-fondatrice » du premier extrait. La négation montre l'importance de l'objet et son ambition à devenir une « notion » (extr. 7, 14, 20, 21). En même temps, ces constats exhibent aussi son caractère problématique, aboutissant éventuellement à une transformation de sa définition : si la définition originale proposée par G est rappelée, elle est explicitement amendée par R, qui suggère à A, à l'exposé de qui elle réagit, que sa transformation permettrait d'arriver à des résultats plus positifs.

3.4. L'effet des désaccords : différenciations et déstabilisations de l'objet de savoir. A propos de la distinction entre « fonction fondatrice » et « exemplum ».

Une deuxième source importante de modifications de l'objet de discours ce sont les contextes de discussion où non seulement plusieurs personnes expriment sa réception et son interprétation mais où, pour traiter un problème en contexte, elles proposent des distinctions ou des définitions qui puissent répondre de façon située au problème qui vient de se poser.

Trajectoires d'objets de discours et de savoir 51

On peut ainsi voir à l'œuvre la production de distinctions locales, surgies dans la contingence de l'échange, qui ont entre elles des « ressemblances de famille » mais qui ne sont pas reprises de façon systématique – donc qui ne donnent pas lieu à une véritable capitalisation de leurs acquis.

Extrait 15 (HR07117/a1)
```
1   G    ben l'autre question qui apparaît : beaucoup/ dans dans ce que vous
2        dites et qui est tout à fait importante/ c'est le phénomène c'est
3        l'interaction dans le TEMps\ c'est-à-dire que on (pourrait quand-même)
4        se poser la question de savoir/ . euh .. en quoi l'action de Claudius/
5        . s- et la me- xxxxxx de Cicéron/ et le sort de xxxxxxxxxx Cicéron/
6        a déterminé les exempla antérieurs
7   A    hm
8   G    euh parce que ce s- . nous savons absolument PAS quand ces choses-
9        là (s)sont xxxxxxé . il est clair que au moment où nous sommes/ .
10       euh : il y a eu réélaboration des exempla des aspirants à la
11       tyrannie . en fonction/ de la situation politique de Cicéron
12  A    <oui ((très bas))>
13  (2)
14  G    ça ç- ça va aussi ça va aussi dans ce sens-là\ . alors je crois qu'on
15 →     qu'on on pourrait dis- on pourrait introduire une distinction
16       intéressante/ . entre ce qui est de l'ordre s- . d'un ACte/ . dont
17       on sait qu'il change les choses/ . et puis . il y a ces exempla/ .
18       euh qui euh sont de l'ordre du du précédent/ .. euh : : qui sont pas
19       forcément les premiers/ . parce que ça ça signifie que la la la
20       coutume la le mos xxxxxxx en exemple/ . (lui) était déjà fondé avant\
21  (3)
22  G    c'est pas c'est pas tout à fait la même chose\ . l'exe- il y a des
23       exempla\ . qui se fondent sur un mo- . POstulent un mos/ .. dont
24       on considère qu'il xxxxxx . xxxxxxxx .. xxxxx
25  W    ich hätte doch eine frage ehm . also . mir schien die . der begriff
26       der fonction . fondatrice langsam etwas . überdehnt\ .. eh was ist
27       eigentlich noch der unterschied zwischen einer fonction fondatrice/
28       und einem exemplum\ .. also eh ... es gibt eine reiche römische eh
29       tradition/ primus fecit . eh xxxxx (primum) . eh das wird
30       ausdrücklich gesagt primus\
31  G    mhm
32  W    eh und eh eh . hier hatte ich manchmal das gefühl eh dass die beiden
33       dinge eh . fonction fondatrice und exemplum . eh synonym wurden\ ..
34       und . aber da muss man doch noch mal etwas genauer trennen zwischen
35       beiden\
36  MS   ?ehe
37  W    eh und sich fragen was .. bedeutet wirklich dass jemand etwas
38       EINführt etwas zum ersten mal xxx\
```

La distinction introduite par G l. 15 – où « fondation » s'oppose à « exemplum » comme « premier » à « précédent » – est relative à la question qu'il vient de formuler suite à l'exposé d'A sur les exempla revus a posteriori dans un contexte cicéronien. Elle est liée au contexte séquentiel de la discussion de ces exempla particuliers (cf. le démonstratif l.17 et la préface l. 14). Toutefois G ne construit pas son intervention comme la première partie d'une paire qui projetterait la pertinence de la seconde partie de la paire par A ; il la présente davantage comme un commentaire qu'A ne fait qu'appuyer (12). La distinction est donc formulée comme un ajout après qu'aucun autre participant n'ait pris la parole (13) et est suivie à son tour par une autre pause (21), après laquelle G reprend à nouveau la parole. Ce nouvel ajout est comme en retrait par rapport à l'opposition qui vient d'être formulée : il est énoncé d'abord à propos de « l'exe- » dont le déterminant défini pourrait projeter un emploi générique, puis réparé par une réintroduction de l'objet (« il y a des exempla » 22-23) qui restreint la portée de l'affirmation, tout comme le modificateur « pas tout à fait » (22) modalisait la distinction.

La prise de parole par Warhin immédiatement après porte apparemment sur les mêmes objets, sans toutefois enchaîner topicalement sur ce qui précède : W ne reprend pas « acte » mais réintroduit « fonction fondatrice », non utilisé ici par G, en la traitant comme le topic de son intervention, comme son point de départ et ce qui motive sa demande, marquée comme étant en contraste (« doch » 25). Si la continuité entre les deux interventions est apparemment maintenue par la mention des mêmes objets, cela ne construit pas pour autant une cohérence topicale. En outre, W n'enchaîne pas sur la proposition de distinction de G, mais sur ce qui lui apparaît comme une absence de distinction entre les deux objets, voire leur confusion (par synonymie, 33). Le troisième élément, traité comme la tradition du *primus*, est énoncé deux fois (29, 37), sans lien avec les deux autres, sans préciser en quoi il pourrait contribuer à la séparation entre les deux. L'intervention de W est caractérisée par une forte prise en charge subjective (« mir schien » 26, « hatte ich manchmal das gefühl » 32) qui par le temps de ses verbes au prétérit renforce la référence à une position qui tout en s'ancrant dans le présent (« hier » 32) relève d'une discussion qui se prolonge depuis le passé (« langsam » 26, « noch » 27, « noch mal » 34). G ne répondra pas à W. Leurs interventions, l'une faite d'ajouts successifs en absence d'autres prises de parole, l'autre se faisant par répétition de la prise de position (25-30, 32-38), se suivent séquentiellement mais ne s'enchaînent pas vraiment l'une à l'autre, construisant chacune une problématique dans laquelle l'autre n'intervient pas – comme si chacun reformulait les données du problème de son côté.

Trajectoires d'objets de discours et de savoir 53

Dans cet extrait comme dans le suivant, un des traits différenciateurs semble donc être le « primus », le fait d'être premier (cf. la question clôturant l'extr. 15 et celle ouvrant l'extr. 17). Ce objet est repris plusieurs fois, et intervient dans une autre discussion concernant la distinction entre « exempla » et « fondation » :

Extrait 16 (HR7117/a3)

```
1   A    m- mais comme on disait tout à l'heure euh . à table/ finalement qu'est-
2        ce qui fait que on décide que c'est ce moment-là qui est la PREmière fois\
3   MH   hm
4   A    peut-être que ça a été fait des centaines de fois avant/ mais qu'(on a
5        décidé que c'était ce moment-là ?) qui était la première fois et . c'est
6        vrai que là on est . tout à fait dedans\ . euh : c'est que . dans la
7        tradition à UN moment on ne sait pas encore lequel et peut-être on ne le
8        saura jamais/ quelqu'un a dit MAIS la première fois c'était celui-ci\
9   G    ou bien il n'est resté QUE celui-là . comme premier\
10  A    voilà\
11  G    et c'est quand même l'important\ même si on doit bien distinguer ce qui
12  →    est fondateur et . xxxi comme fondateur/ et ce qui est de l'ordre dx xxxx/
13       . l'exemple/ . n'est pas forcément fondateur hein (il peut être xxxx) l'
14       exemple premier/ (celui qui est la tête de :/) euh la tête de file/
15       . a un intérêt particulier\
16  MH   parce que c'était suffisamment EXEMplaire pour pouvoir être considéré
17       comme °fondateur°\
18  A    oui . c'est possible\ . c'est possible . euh :m
19       (3 s)
```

La différence entre « fondateur » et « exemplaire » est ici redite de façon ambiguë : « l'exemple/ . n'est pas forcément fondateur » (13) n'ajoute aucun trait supplémentaire pouvant caractériser en propre l'un ou l'autre terme, mais se limite à nier l'équivalence de l'un par rapport à l'autre, en modalisant d'ailleurs (« n'est pas forcément » 13) cette négation et donc en la relativisant. La différence est rendue encore plus ténue par la possibilité qu'il y ait un « exemple premier » (14), ce qui nie le trait caractéristique qui avait été retenu auparavant (où la négation modalisée apparaissait déjà extr. 16, l. 19). L'enchaînement par co-formulation produit par MH (16) accentue le lien, en associant fort degré d'exemplarité à fondateur : l'introduction de gradations dans l'appartenance d'un objet de discours par rapport à l'autre montre bien que les deux ne sont pas tranchés.

Et pourtant la différence entre les deux fait l'objet d'autres discussions, récurrentes entre G et W, où le premier affirme leur distinction nette et le second leur confusion, comme dans l'extrait suivant :

Extrait 17 (20118/ap2)
```
1   G    et et si on prend les grandes institutions/ comme ça les unes
2        après [les autres]
3   MH         [mhm=mhm\ . ah oui c'est vrai que : c'est vrai que xxxx]
4   G    c'est intéressant/ . je ne dis pas ça pour l'écart[er/ au contraire/
5   MH                                                    [mhm=mhm mhm=mhm\
6   G    on pourrait voir ce que ça donne
7   MH   mhm=mhm
8   G    non/
9   (2s)
10  W    (ich mein) herr gaudard wenn sie die fonction fondatrice soweit ausdehnen/
11       . dann müsste man sich schon fragen wo : .. haben wir denn noch fonction
12       fondatrice/ und wo sind wir schon
13       bei den exempla\   [... äh : . also  [xxx
14  X                       [mh\
15  G                                         [non=[non=non]=non\
16                                               [(((rires))]
17  G    eu :h .. l'affaire du procès du coriolan/ . c'est vraiment la : création
18       d'une procédure\
19  W    mhm mhm=
20  G    =là il s'agit il s'agit pas d'exemplarité\ . bien sûr que l'exemplarité
21       est à l'ordre\ . mais il s'agit de la crEation d'une procédure\ . euhm :
22       la : fondation . du patronat je pense à romulus . là\ . la fondation du
23       patronat par romulus/ . c'est veritablement/ une création\
24  W    jA\
25  X    [mhm=mhm\]
26  G    [euh parce qu'] il s'agit de de l'ensemble d'un dispositif/ euh dont
27       on nous explique/ . comment il fonctionne en même temps\
28  W    mhm=mhm/ mhm=mhm/
29  (2s)
30  G    donc soit- il faudrait pouvoir identifier ces . ces ces ces . ces
31       différents . ces différents moments\
```

Cette séquence est encadrée par une proposition méthodologique faite par G en réponse à l'exposé de MH sur la censure et consistant à faire l'inventaire des événements fondateurs d'institutions. Mais elle n'aboutit pas, étant suspendue par une mise en question de l'identité de l'objet de savoir par W, mis en cause par un « relâchement » de sa définition (10, cf. « überdehnt » extr. 15, l. 26). Ici W s'adresse explicitement à G comme auteur responsable de la formulation et de la définition de l'objet ; sa mise en question reçoit une réponse négative répétée et en chevauchement (15), accompagnée de rires (16) des participants. La réponse de G articule deux cas particuliers, qui ont en commun de relever d'un processus de « création » (17, 23), terme qui se présente ici comme un synonyme de

« fondation » et qui est renforcé cette fois par un modalisateur affirmatif
(« vraiment », 17 et « véritablement » 23). La mention de l'exemple, en
continuité avec les extraits précédents, est d'abord niée puis concédée (20),
traitée alors comme une caractéristique secondaire. Même si la « fonction
fondatrice » est ici affirmée vigoureusement, sa distinction de l'« exemple »
n'est pas pour autant mieux tranchée.

Les interventions critiques de W face aux affirmations de G apparaissent
ainsi comme récurrentes : elles tendent à nier la distinctivité de deux
objets ; elles tendent à mettre à distance l'objet « fonction fondatrice »
d'une part en le citant toujours en français et en l'introduisant comme
objet à questionner, d'autre part en ne le prenant pas en charge mais en
l'attribuant à G lui-même (cf. « herr G wenn sie die fonction fondatrice
soweit ausdehnen/ » 10, cf. note 5 « ihre fonction fondatrice »). Enfin, ce
qui caractérise l'échange entre W et G est souvent l'absence d'un troisième
tour, ou plus généralement la reprise de l'argument par le premier locuteur : tout se passe comme si l'intervention de l'un attirait celle de l'autre,
mais sans retour ou reprise ultérieure. Ici par exemple W n'enchaîne pas
par rapport à la réponse de G à sa question, ce qui fait qu'après une pause
G revient à sa proposition méthodologique initiale.

3.5. *Une tentative de mise en ordre non aboutie :*
 la distinction entre conduites individuelles et institutions.

Si les caractérisations de G prennent une forme spécifique, insistant sur
des termes abstraits (« événement », « instant », « procédure », « dispositif », « figure ») qualifiés de fondateurs, une autre tentative de distinction
entre « fonction fondatrice » et « exemplum » est proposée par MS, et
porte moins sur l'actant fondateur que sur les objets fondés : alors que la
« fondation » concernerait des institutions ou des cultes, l'« exemplum »
concernerait des conduites individuelles ou des valeurs abstraites. Cette
distinction est intéressante pour l'évolution de la trajectoire de l'objet de
savoir, d'une part parce qu'elle est convergente mais ne se confond pas
avec celle de G, d'autre part parce qu'elle est traçable jusqu'au texte final.

Dans une première discussion, la distinction est établie pratiquement à
propos de Camille[5] :

Extrait 18 (HR30049/c2)
1 V   diese : funktion äh als gründer äh der religion/ oder religiöse :
2   aspekte\ . wird betont/ oder sagt man einfach dass er . diese
3   tempel gegründet hat\ ich meine . gilt er als äh zweite nummer/ auch/
4 D   <non pas (vraiment . pas vrai[ment) ((bas))>
5 V   [ja\ das äh [das ist-] ja\
6 MS   [überhaupt nicht\]

```
7  V   es[will- es . gilt nIcht als gründer äh : der religion\
8  W      [nein-
9  D   non non
10 W   nein nein er [gilt als cUltor\
11 V                [das äh         ja\
12 W   diligentissimus re[ligionum cUltor\
13 V                     [ja\
14 MS  [genau
15 V   [ja . [ja
16 W         [nicht nicht äh also er äh
17 V   ja
18 W   also auch auf dem gebiet des religiösen äh äh grÜndet
19     er  [eigentlich nich  ₁[ts\ . äh :]₁
20 V       [hm
21 MS                       ₁[nein . und inso₂[fern]₁ verkörpert]₂ er&
22 D                                          ₂[xx . xxxxxxxxx/]₂
23 MS  & . einen oder figuriert er einen . äh den wert der pietas/
24 V   mh[m
25 D     [hm/
26 MS  nach äh : nach der zerstörung der stadt/ .. aber er ist nicht
27     so sehr gründer\
28 V   mhm
29 D   donc c'est pas un fondateur
30 V   mhm
31 D   il a juste une valeur exemplaire\
32 V   oui=
33 MS  =ja
```

La question que pose V articule deux formulations alternatives qui toutes deux contiennent le lexème « gründ- » (1, 3), renvoyant à Camille comme fondateur de la religion ou bien fondateur de temples. Cette formulation reçoit des enchaînements négatifs, qui émanent des autres participants à ce petit groupe de travail, chevauchant la reprise de parole de V (4, 6, 8, 9) qui reformule la question de façon négative (7). Il y a là un alignement de tous les participants, y compris de V. Ces négations sont suivies par la recherche d'un terme positif (« es . gilt nIcht als gründer » 7 -> « er gilt als cUltor\ » 10) qui provoque d'une part les acquiescements des autres participants (11, 13, 14, 15) et d'autre part une reformulation négative de la part de W (16, 18-19), prolongée par une formulation positive de MS (21, 23), contrastant (« aber » 26) avec la fonction fondatrice. MS conclut par un énoncé où l'identité de Camille est niée à nouveau, bien que de façon graduelle (« er ist nicht so sehr gründer\ » 26-7). La conclusion de D articule les deux objets contrastés de « fondateur » et de « valeur exem-

Trajectoires d'objets de discours et de savoir 57

plaire » en suggérant que l'exemplarité se trouve à un niveau hiérarchique inférieur par rapport à la fondation – ce qui tendrait à avaliser une représentation graduelle de l'exemplarité qui, en devenant très forte, deviendrait fondatrice – le potentiel fondateur, inversement, pouvant s'affaiblir jusqu'à aboutir à l'exemplarité.

Dans cet extrait donc, bien que les participants soient alignés sur la même position et que les catégorisations de Camille semblent incontestables, restent les traces d'une continuité entre « fondation » et « exemplarité ».

Dans la même discussion, un peu plus tard, la question de la distinction est relancée par W, non plus en relation avec un champ d'application particulier mais de façon plus générale :

Extrait 19 (HR30049/c2)
```
1   W   und DANN allerdings fragt sich doch ganz ernsthaft\ was eine
2       fonction fondatrice is\ . für mich
3   D   ((petit rire))
4   W   ((petit rire))
5       (2s)
6   W   muss ich schon sagen\ .. wenn das wort einen sinn haben soll\
7       (5s)
8   W   also einen sinn der etwas anderes ist als exemplarität\ um es noch
9       mal zu sagen\
10      (2s)
11  W   denn jede ex- jedes exemplum ist nämlich AUch ein präzedenzfall\
12      (4s)
13  MS  aber vielleicht für ein verhAlten\
14      (1.5s)
15  MS  oder für einen abstrakten wErt ... aber nicht für eine institution
16      oder für einen kult/ oder sOwas ähnliches\
```

La façon dont W réintroduit le problème montre son orientation (« um es noch mal zu sagen\ » 8-9) et celle de ses interlocuteurs (les rires) vers le caractère récurrent du problème qu'il soulève ; ce problème est rendu plus aïgu par le fait que la « fonction fondatrice » y est envisagée soit comme n'ayant aucun sens (6) soit comme se confondant avec l'« exemplarité » (8). Cette contestation radicale est entrecoupée de pauses, durant lesquelles aucun autre participant ne prend la parole, W restant seul à poursuivre son raisonnement critique. Après une de ces pauses MS produit un enchaînement par le connecteur « aber » qui introduit une restriction pour l'« exemplum », en le limitant au comportement individuel ou à une valeur abstraite (13, 15). La formulation de M distingue ainsi deux groupes exclusifs d'objets susceptibles d'être fondés ou d'être exemplaires, implicites dans l'extrait précédent (où étaient opposées fondation de la religion ou fondation d'un temple et exemplarité d'une valeur). On a là une montée en généralité de la distinction, qui va s'accentuer à la fin de la discussion, lorsqu'il s'agit d'en faire un bilan explicite :

Extrait 20 (HR30049/C2)
```
1   MS   je crois je crois . au point où on est arrivé maintenant/ . euh ce-
2        ce qui me semble important aussi c'est . c'est que .. nous essayions/
3        . peut-être\ . de séparer strictement . euh ou de de de de limiter
4        strictement la NOtion de FONction fondatrice . à des : à des objets
5        institutionnels/
6   D    mhm
7   MS   euh : : ou : : ou à des fondations des cultes\ .. et que nous excluons .
8        d'appeler fondation . des comportements
9   D    mhm=
10  M    =euh : : tout simplement\
11  D    oui . hm
12  M    parce que parce que LA' on    [commence à vraiment confondre&
13  D                                  [oui . oui oui
14  M    TOUTES les choses\=
15  D    =exactement oui\
```

L'opposition est ici redite en français, modalisée comme auparavant par « peut-être » (3) (cf. « vielleicht », extr. 19, l.13), tout en étant qualifiée de « stricte[ment] ». L'énoncé de MS est accompagné des acquiescements de D, qui s'aligne avec sa proposition, mais pas de ceux de W, en retrait. Bien que référence soit faite à une « séparation » (3) et à son contraire, une « confusion » (12), ce n'est que la « fonction fondatrice » qui fait l'objet de l'action de « limiter », terme qui répare « séparer » et qui n'implique pas deux pôles mais un seul. Ainsi la définition de l'« exemplum » n'est pas considérée ici comme solidaire de celle de « fonction fondatrice ».

Cette proposition n'est pas seulement appuyée par D, elle est inscrite sur un transparent qui sera projeté dans une réunion plénière quelques heures plus tard au reste du groupe.

Extrait 21 Transparent réalisé durant la discussion

Proposition : restreindre la notion uniquement à des institutions ou cultes

Toutefois l'inscription n'est pas en soi une garantie de stabilisation de l'objet de savoir. Dans la discussion plénière, M tentera de reproposer le problème, mais il n'obtiendra aucune réaction ; par ailleurs D utilisera une

série de formulations mettant en cause cette distinction, aussi bien que la
« notion » même de « fonction fondatrice » telle qu'utilisée par G :

Extrait 22 (HR30049/pl1)

1	D	j'ai l'impression que : le : : : . le grand homme est : je vais employer un
2		mot qui va : qui xxxx bondir est un fondateur du : est fondateur d'une
3		vertu/ et que euh : ses imitateurs/ qu'ils soient de : que ce soit ceux
4		de sa gens ou d'autres/ euhm : . cherchent à se conformer au modèle/ .
5		qui cherchent à le déplacer [et à se créer eux-mêmes/ comme un&
6	G	[xxx xxxx xxxx
7	D	&nouveau grand homme/ euhm je ne suis pas vraiment [convaincue
8	G	[ils refondent
9	D	alors ils réactualisent
10	G	ils réactualisent

Extrait 23 (HR30049/pl2)

1	D	finalement quand il (s'agit) de faire le bilan de . de camille/ euh
2		la fonction fondatrice de camille/ . on s'est bien rendu compte/ qu'il
3		y a une différence entre camille/ . FOndateur . au sens (h) euh .
4		strict . du mot c'est-à-dire fondateur d'un xxx nouveau culte/ .
5		et puis/ . euh : camille/ euh : fondateur d'une vertu/ c'est-à-dire
6		à ce moment LA/ . la qualité exemplaire de camille\
7	G	mhm=mhm
8	D	camille/ illustration de la pietas/ . puisque : euh : après euh : . le
9		départ des gaullois/ . il il rétablit il restaure les cultes/ etcétéra\
10		(h) . donc il est . euh : il est à ce moment là/ . un exemple . un
11		exemplUm/ . dans le développement de la pietas\ . (mais) . alors .
12		alors là on a donc les deux pôles extrêmes\ . le fondateur\ .
13		au [(h) au sens euh : : : de la . de la fonction euh : . de fonder/ . &
14	G	[mhm=mhm
15	D	&au sens de : . historique/ je dirais/ enfin\ . basique/ . et puis
16		euh : : : . une fonction tout-à-fait symbolique . qui est . poser des
17		normes/ . poser des normes de conduites/ c'est un petit peu ce que tu
18		as dit à propos de coriolan il fonde un rôle/ aussi\ . [donc ça&
19	G	[xxx xxx xx
20	D	&ça relève de la fonction exemplaire du personnage/ comment (h) euh :
21		. ce personnage devient le mode d'expression/ d'une vertu/
22		. [qui qui est posée euh : . en exemple à imiter\ mais avec camille&
23	G	[mhm=mhm
24	D	&on a aussi euh : une situation intermédiaire/ qui (y) est euh : en
25		rapport/ entre euh camille/ et euh : la la dictature constituant de
26		(stigma)\ . ou euh il y a un article de täubler/ qui essaie de montrer/
27		comment . euh la dictature que reçoit camille au moment où il est encore
28		en exil/ . est une euh : fiction/ . qui euh : a sans doute euh trouvé son

```
29      origine/ . au moment où (sylla) a mis sur pied/ . sa dictature
30      constituant xxx xxxx quelque chose qui est très (proche) du procès
31      tribunicien/
32  G   mhm= [mhm
33  D        [et du rôle . assigné à coriolan/ . dans la : . création/ du
34      procès tribunicien\
35          (5s)
```

L'extrait 22 contient une occurrence qui viole la « restriction » émise auparavant, en parlant de « fondateur de vertu » (2-3) combinant deux lexèmes non associables selon M. L'extrait 23, sur lequel nous ne nous arrêterons que très brièvement, renvoie à la discussion à propos de Camille qui vient d'avoir lieu dans le petit groupe. Il identifie trois éléments pouvant être pertinents du point de vue de la dimension fondatrice :

a) camille « fondateur d'un xxx nouveau culte/ » (4), cas qualifié de « sens (h) euh . strict » (3-4),
b) camille « fondateur d'une vertu » (5), identifié à sa valeur exemplaire (6),
c) une « situation intermédiaire » (24) qui est associée à celle de Coriolan (33).

Cet inventaire tripartite déstabilise les formulations précédentes à plus d'un titre : Camille n'avait été reconnu comme fondateur lors de la discussion précédente qu'en rapport à la dictature ; or il est explicitement nommé ici comme « fondateur » en rapport au culte et en rapport à la vertu de la *pietas*, i.e. en rapport avec un élément qui avait été précédemment nié et avec un élément qui avait été attribué à l'exemplarité. La formulation « fondateur d'une vertu » (5, cf. extrait 22) qui est mise en équivalence avec l'exemplarité (« c'est-à-dire à ce moment LA/ . la qualité exemplaire de camille\ »), nie non seulement les distinctions de M mais aussi les tentatives de G de distinguer « fondation » et « exemplum ». Par contre, la dimension fondatrice de Camille rapportée à la dictature, qui est explicitement rapprochée de la définition que G donne de la fonction fondatrice et de son propre personnage (31-34), n'est pas formulée en tant que telle : l'expression « fonction fondatrice » n'est pas utilisée dans ce cas, catégorisé comme étant une « situation intermédiaire », alors qu'il s'agit d'une situation qui du point de vue défendu par G et reconnu comme tel par les participants, demanderait typiquement à être catégorisée ainsi.

Tout se passe donc comme si, à la veille du colloque et au moment de sa préparation, l'objet de savoir « fonction fondatrice » qui avait soulevé auparavant de nombreuses discussions pour être défini, délimité par

Trajectoires d'objets de discours et de savoir 61

rapport aux autres, était banalisé[6]. Tout se passe donc comme si au moment où il s'agissait de rédiger des textes pour le colloque, constituant une inscription durable de l'objet de savoir, la résistance envers lui s'accentuait alors même que son auteur, reconnu comme tel, renonçait à la défendre.

Dans le compte rendu de cette séance la proposition de M est présente dans un constat d'échec de la recherche d'un accord :

Extrait 24 Compte rendu de la séance

> 2. Nous ne réussissons pas à nous mettre d'accord sur la question de savoir si la fonction fondatrice devrait comprendre uniquement l'attribution à une figure d'actes de fondation d'institutions et de cultes (y compris les lieux de culte). La question doit donc rester ouverte : est-ce que tout « premier acte » par rapport à une pratique politique, sociale, juridique, militaire doit être considéré comme une acte fondateur et son attribution à un « grand homme » par conséquent comme une fonction fondatrice ?

Au colloque cette question sera reposée dans une discussion par D et recevra une réponse définitivement à l'opposé de la position de M :

Extrait 25 – Colloque (HR17099/m2)

CH   il y avait d'autres interventions/ .. je vous en prie=
D   =oui je voulais juste faire une remarque à propos de la communication de : laurent mühl sur servius tullius et de sa conclusion/ . hh où :=euh : en somme il a montré que : euh : la mise en place de l'image de servius tullius/ . hh euh : consistait à la fois . à expliquer une fondation/ un acte fondateur et une création-modification d'institution/ hh et : à créer aussi un modèle de conduite d'un magistrat hh et je crois que c'est assez révélateur de quelque chose qu'on : qu'on rencontre souvent qu'on a souvent rencontré/ c'est à dire que . hh on s'est b- beaucoup interrogé sur euh : : de quoi/ nos figures nos figures étaient fondatrices est-ce qu'elles sont fondatrices d'INStitutions est-ce qu'elles fon-=sont fondatrices de conduites/ . hh et on a quelques fois fait des des séparations un peu trop tranchées/ . h et c'es-=il me semble que l'exemple de servius tullius montre bien que : l- les les deux choses peuvent se se superposer et se mêler/

D repropose ici publiquement les termes généraux du débat à propos d'un personnage particulier, Servius Tullius, en explicitant le problème et en faisant l'auto-critique des solutions « trop tranchées » qui y ont été apportées, pour préférer non pas une distinction des types d'objets de fondation ou d'exemplarité mais leur superposition.

Cette discussion, où D appuiera la dissolution de la distinction, est reprise, en gommant cette reconstruction du débat, dans les actes publiés :

Extrait 26 – Actes (305) [7]

D :	Dans les récits sur les grands hommes, on constate deux types de fondations, la fondation d'une institution, mais aussi la fondation d'un comportement. Le cas de Servius Tullius montre très clairement les deux aspects.
G :	On ne peut séparer la fondation d'une institution et la fondation d'une conduite ; ensemble, cela forme une valeur morale. On pose à la fois une institution, un usage et une justification.

C'est là une des rares traces de débat sur la question de la « fonction fondatrice » qui soit resté dans les actes. L'objet, après avoir focalisé l'attention argumentative des membres du groupe pendant de longs mois, semble ainsi disparaître, se dissoudre.

La trajectoire que nous avons suivie montre donc les aléas d'un objet de savoir. Elle montre d'une part que les trajectoires d'objets de savoir ne sont pas idéalisables comme des développements progressifs capitalisant peu à peu de manière unidirectionnelle et cohérente des apports successifs ; elle montre plutôt que ces trajectoires dépendent des contingences de l'interaction et du contexte. D'autre part, cette trajectoire particulière permet de réfléchir à l'effet configurant des inscriptions, qui n'est pas garanti par le seul fait d'écrire un argument sur un transparent ou un compte rendu, mais qui est lui aussi un accomplissement pratique et situé, nécessitant l'accord ou du moins la ratification des participants ainsi que des reprises incessantes d'un document à un autre : si cette chaîne des re-présentations se brise à un moment du processus, l'objet inscrit est abandonné, comme il peut l'être dans une interaction verbale où il n'est plus thématisé par aucun des participants. Enfin, cette trajectoire montre le lien important entre formulation des objets de savoir d'un côté et alliances et positionnements réciproques des participants de l'autre : reformuler ou co-formuler un objet signifie aussi prendre position, que ce soit du point de vue énonciatif, du point de vue des effets d'« authorship », ou du point de vue institutionnel et organisationnel.

4. Quelques conclusions : trajectoires d'objets de discours et d'objets de savoir

Dans cet article, nous avons voulu montrer comment les notions d'objet de discours, d'objet de savoir et de trajectoire permettaient de rendre compte de dynamiques interactionnelles caractéristiques de la construction de la référence dans des pratiques collectives de discussion, dans le contexte de réunions de travail et de recherche.

La notion d'objet de discours permet d'identifier dans l'interaction des objets vers lesquels les locuteurs s'orientent pour organiser leurs apports référentiels à l'interaction. Dans les discussions entre chercheurs au cours de leurs pratiques scientifiques ordinaires, certains objets de discours particuliers peuvent constituer des objets de savoir jouant un rôle central dans les raisonnements, les débats d'idées, les descriptions empiriques, les argumentations scientifiques des chercheurs. Ces objets de savoir peuvent émerger de façon locale de l'interaction ; ils peuvent aussi être reconnus comme cristallisant des enjeux scientifiques à plus long terme.

C'est dans ce cas que la notion de trajectoire permet de rendre compte de la façon dont un objet de discours reconnu comme tel par les participants, reconnu d'une interaction à l'autre comme étant récurrent malgré ses transformations et ses ajustements locaux, traverse des moments interactionnels qui peuvent être de durée variable. Lorsque cet objet de discours est aussi un objet de savoir, analyser sa trajectoire signifie rendre compte de l'émergence et de l'élaboration d'un savoir, dans sa double dynamique de tension vers la capitalisation et la stabilisation mais aussi de déstabilisation et de mise en cause. De cette manière, les trajectoires d'objets de savoir permettent de contribuer à une étude des controverses scientifiques comme de celle des processus de stabilisation permettant à des hypothèses, des arguments, des concepts, des modèles de s'imposer dans des réseaux de plus en plus étendus. L'analyse des trajectoires ne concerne pas uniquement les objets de discours ou de savoir : à travers une analyse des dynamiques interactionnelles qui en sont responsables, elle permet de montrer comment le positionnement des locuteurs se manifeste et se réalise à la fois en contribuant de façon spécifique aux trajectoires. Dès lors, il est possible de caractériser les identités, positions, catégorisations des locuteurs et les relations qui en découlent au sein d'un groupe en termes de mouvements de collaboration, alignement, divergence, résistance qui s'exercent sur les objets de discours et de savoir proposés par les uns et par les autres.

Lorenza Mondada
Université de Bâle & de Lyon2
(lorenza.mondada@univ-lyon2.fr)

Conventions de transcription

[	chevauchements	. .. ...	pauses
(2 s)	pauses en secondes	xxx	segment inaudible
/ \	intonation montante/ descendante\	exTRA	segment accentué
((rire))	phénomènes non transcrits	:	allongement vocalique
< >	délimitation des phénomènes entre (( ))	par-	troncation
&	continuation du tour de parole	=	enchaînement rapide
^	liaison	(h)	aspiration
(il va)	essai de transcription	°bon°	murmuré

Notes

1. Il s'agit du projet « La construction interactive du discours scientifique en contexte plurilingue » que nous avons dirigé pendant les années 1997-2001 au Romanisches Seminar de l'Université de Bâle (projet FNRS no 1214-051022.97).
2. Nous remercions vivement les membres de ce groupe pour leur accueil durant leurs séances de travail et leur collaboration bien au-delà de ces séances, sans laquelle l'objet de cet article n'aurait simplement pas été pensable.
3. On peut constater d'autres oscillations de ce type dans le même exposé :
   G le point le plus intéressant ici c'est que (il est) en quelque sorte il est fondateur/ ben ce sont les LES épisodes le concernant . permettent de justifIER euh l'existence de ces de ces xxxx\
   Alors que la première formulation est focalisée sur « il » (tout en étant précédée par un hedge, « en quelque sorte »), la seconde a comme point de départ « les LES épisodes », accentué, dont la fonction de justification correspond précisément à la fonction fondatrice.
4. En tant qu'observateurs participants, nous avons contribué à cette émergence et répétition. En effet, au début d'une séance de travail de 1999 nous avons présenté quelques résultats de notre enquête, en mentionnant notamment la création et la transformation des objets de savoir dans le groupe et en montrant à l'appui des exemples tirés des discussions sur la « fonction fondatrice ». Notre intervention a sans doute contribué à focaliser l'attention du groupe sur cet objet.
5. On peut en trouver une formulation *in nuce* dès 1997 (HR07117/a1) :
   M Salso es gibt einerseits eh den vorschlag das zu erweitern/ . also nicht nur in bezug auf institutionen/ . eh eine fonction fondatrice festzustellen . eh : . andererseits .. war die funk- die grü- die gründerfunktion\ . ein bezug auf eine person/
6. D'autres interventions vont dans ce même sens :
   W   dann fragt man sich ja . ist für ihre fonction fondat [rice/&
   G   [mhm=mhm\
   W   &ist im grunde nur noch ein purer zufall . dass es der erste prozess ist\ . wenn es der zwEIte/ wàre\ . [könnte er genauso . äh erzählt&
   G   [xxxxx xxx
   W   &werden oder ausgeschmückt werden . also . ich hab da wirklich mühe

> . muss ich nach wie vor sagen . mit dem begriff . der fonction fondatrice\ . also sie ist . für die geschichte im ganzen absolut nebensächlich\

G je ne voudrais pas insister trop\ sur cette fonc- sur cette question de la fonction fondatrice\ bon\
A mhm=mhm\
G c'est sûr/ (moi) xx parce que je m'occupe de coriolan/ je suis confronté à ça\ . mais : euh il est certain aussi/ que . si on avait à prendre tous les grands hommes\ . de romulus . à césar . il est clair que la fonction fonda- cc- ce que j'appelle fonction fondatrice/ est . extrêmement forte/ lorsqu'il s'agit romulus/ . parce qu'il est le premier . à xxx/ . c'est encore vrai pour les rois/ . c'est encore vrai jusqu'à xxxxx/ . après ça (c'est) fini/ forcément/ parce que tout est fondé\

Ces interventions attribuent à G la notion mais en même temps en limitent sérieusement la portée, ce qui porte G lui-même à la relativiser – voire même à la rapporter aux cas les plus clairs d'actes fondateurs plutôt que de fonctions fondatrices et donc à mettre en cause ses propres distinctions précédentes.

Une autre instance de banalisation est la proposition que fait W associant « gründfunktion » et « grundsäztlich » :

W und äh ich glaube der zweite aspekt/ äh so schwierig der begriff fonction fondatrice nun also ist/ . äh führt uns doch auf irgendeine weise/ . dazu/ . bei diesen behandelten personen sozusagen nach dem grundsätzlichen zu fragen\ . worin sind sie grundsätzlich/ . wichtig/ . im verlauf der römischen geschichte\ . also das scheint mir das spezifische an der zweiten fragestellung zu sein\ . also fondatrice hat irgend etwas mit grund/ zu tun\ . grundsätzlich\ (h)

La dérivation de « grundsätzlich » – terme utilisé en allemand, alors que « fonction fondatrice » est habituellement mentionné en français – permet à W de maintenir quelque chose – aussi minime soit-il – de la notion initiale, tout en la transformant radicalement à toutes fins pratiques. On a là un cas d'instabilité extrême de la notion, dont non seulement la définition est sujette à variation, mais le signifiant même.

7. La rédaction des discussions publiée dans les actes a bénéficié de nos transcriptions des discussions durant le colloque, que nous avons mis à disposition des éditeurs.

Bibliographie

Antaki, C., F. Díaz & A. F. Collins (1996) : Keeping your footing : Conversational sentence-completion in three-part sequences. *Journal of Pragmatics*, 25, pp. 151-171.

Apothéloz, D. (1995) : *Rôle et fonctionnement de l'anaphore dans la dynamique textuelle*. Droz, Genève.

Ariel, M. (1988) : Referring and accessibility. *Journal of Linguistics*, 24, pp. 65-87.

Auer, J. C. P. (1984) : Referential problems in conversation. *Journal of Pragmatics*, 8, pp. 627-648.

Callon, M. (éd.) (1988) : *La science et ses réseaux. Genèse et circulation des faits scientifiques*. Découverte, Paris.

Callon, M. (1981) : Boîtes noires et opérations de traduction. *Economie et Humanisme*, 262, pp. 53-59.

Callon, M., P. Lascoumes & Y. Barthe (2001) : *Agir dans un monde incertain. Essai sur la démocratie technique*. Seuil, Paris.

Chafe, W. (1976) : Giveness, contrastiveness, definiteness, subjects, topics and point of view, in : C. N. Li (ed.) : *Subject and Topic*. New York, Academic Press.

Chafe, W. (1997) : Polyphonic topic development, in : T. Givon (ed.) : *Conversation : Cognitive, Communicative and Social Perspectives*. Benjamins, Amsterdam.

Clark, H. H., & D. Wilkes-Gibbs (1990) : Referring as a collaborative process, in : Cohen, P. R., J. Morgan & M. E. Pollack (eds.) : *Intentions in Communication*. MIT Press, Cambridge, pp. 463-493.

Cornish, F. (1999) : *Anaphora, Discourse and Understanding*. Clarendon Press, Oxford.

Fox, B. (1987) : *Discourse Structure and Anaphora*. Cambridge University Press, Cambridge.

Fretheim, T., & J. K. Gundel (eds.) (1996) : *Reference and Referent Accessibility*. Benjamins, Amsterdam.

Givon, T. (1992) : The grammar of referential coherence as mental processing instructions. *Linguistics*, 30, pp. 5-55.

Halliday, M. A. K., & J. R. Martin (1993) : *Writing Science : Literacy and Discursive Power*. University of Pittsburgh Press, Pittsburgh.

Heritage, J. (1992) : L'ethnométhodologie : une approche procédurale de l'action et de la communication. *Réseaux*, 50, pp. 89-131.

Jacobi, D. (1999) : *La communication scientifique. Discours, figures, modèles*. Presses Universitaires de Grenoble, Grenoble.

Kallmeyer, W. (1978) : Fokuswechsel und Fokussierungen als Aktivitäten der Gesprächskonstitution, in : R. Meyer-Herrmann (ed.) : *Sprechen Handeln Interaktion*, Tübingen, pp. 191-242.

Knorr-Cetina, K. (1981) : *The manufacture of knowledge : An essay on the constructivist and contextual model of science*. Pergamon, New York.

Lambrecht, K. (1994) : *Information Structure and Sentence Form. Topic, Focus, and the Mental Representations of Discourse Referents*. Cambridge University Press, Cambridge.

Latour, B. (1985) : Les « vues » de l'esprit. *Culture Technique*, 14, pp. 4-29.

Latour, B. (1989) : *La science en action*. La Découverte, Paris.

Latour, B. (1993) : Le topofil de Boa Vista. *Raisons Pratiques*, 4, pp. 187-216.

Latour, B., & P. Fabbri (1977) : La rhétorique de la science. *ARSS*, 13, pp. 81-95.

Lerner, G. H. (1991) : On the syntax of sentences-in-progress. *Language in Society*, 20, pp. 441-458.

Lynch, M. (1988) : The Externalized Retina : Selection and Mathematization in the Visual Documentation of Objects in the Life Sciences. *Human Studies*, 11, pp. 201-234.

Lynch, M. (1993) : *Scientific Practice and Ordinary Action*. Cambridge University Press, Cambridge.

Mondada, L. (1995) : La construction interactionnelle du topic. *Actes du Colloque « Formes linguistiques et dynamiques interactionnelles », Cahiers de l'ILSL*, 7, Université de Lausanne, pp. 111-135.

Mondada, L. (1999) : L'organisation séquentielle des ressources linguistiques dans l'élaboration collective des descriptions. *Langage et société*, 89, pp. 9-36.

Mondada, L. (2000a) : *Décrire la ville. La construction des savoirs urbains dans l'interaction et dans le texte*. Anthropos, Paris.

Mondada, L. (2000b) : Grammaire-pour-l'interaction et analyse conversationnelle, in : Berthoud, A.-C. & L. Mondada (éds.) : *Modèles du discours en confrontation*. Lang, Berne, pp. 23-42.

Mondada, L. (2000c) : La construction du savoir dans le discussions scientifiques. *Revue suisse de sociologie*, 26(3), pp. 615-636.

Mondada, L. (2001) : Pour une linguistique interactionnelle. *Marges Linguistiques* (*http ://www.marges-linguistiques.com*), 1 (mai).

Mondada, L. & D. Dubois (1995) : Construction des objets de discours et catégorisation : une approche des processus de référenciation. *Tranel*, Travaux Neuchâtelois de Linguistique, 23, pp. 273-302.

Morel, M.-A. (1992) : L'opposition thème/rhème dans la structuration des dialogues oraux. *French Language Studies*, 2, pp. 61-74.

Myers, G. (1990) : *Writing Biology : Texts in the Social Construction of Scientific Knowledge*. University of Wisconsin Press, Madison.

Ouellet, P. (1983) : La voix des faits : approche sémiotique du discours scientifique. *Protée*, 11, 3, pp. 29-41.

Pekarek, S. (1998) : Linguistic forms and social interaction : Why do we specify referents more than is necessary for their identification ? in : J. Verschueren (ed.) : *Pragmatics in 1998. Selected Papers from the 6th International Pragmatics Conference*. Antwerpen, IPrA, pp. 427-447.

Pickering, A. (ed.) : (1992) : *Science as Practice and Culture*. Chicago University Press, Chicago.

Pollner, M. (1974) : Mundane reasoning. *Philosophy of the Social Sciences*, 4, 1, pp. 35-54.

Quéré, L. (1991) : D'un modèle épistémologique de la communication à un modèle praxéologique. *Réseaux*, 46-47, pp. 69-90.

Approche à une modélisation
de la prosodie transphrastique du français parlé

par

Paul Touati

Introduction
Les recherches en prosodie ont connu au cours de ces derniers quinze ans un développement tout à fait foudroyant. Ainsi le grand éditeur Kluwer Academic Publishers n'hésite pas à proposer pendant la même année 2000 deux imposants recueils en anglais sur la prosodie édités respectivement par Horne et par Botinis. La recherche sur la prosodie du français n'est pas en reste : l'année précédente, en 1999, deux ouvrages de synthèse ont été tour à tour produits par Lacheret-Dujour & Beaugendre et par Rossi. Les raisons du succès scientifique remporté par l'étude du phénomène prosodique sont à mettre au compte, entre autres, des avancées technologiques qui ont rendu possible la quantification de la variation des paramètres prosodiques, surtout des paramètres acoustiques bruts. Il convient également d'ajouter qu'en parallèle aux efforts d'analyse empirique, on a pu constater un intense travail de modélisation des faits prosodiques qui ont contribué selon nous à en rendre la description formelle plus rigoureuse d'autant que par le biais d'expériences de synthèse sur les paramètres acoustiques toute description avancée peut être assujettie en dernier lieu à une puissante procédure d'évaluation.

Une raison supplémentaire, et de poids, qui a contribué à la multiplication de recherches en prosodie est à attribuer sans doute au fait que la prosodie est un phénomène linguistique fondamentalement « hétérogène » : en effet la prosodie participe structurellement non seulement de l'organisation lexicale et de la structuration syntaxique mais également de l'interprétation discursive du flot de paroles. Presque toujours évoquée dans les recherches en linguistique générale, la prosodie est de plus en plus convoquée et étudiée. La recherche sur les interactions verbales n'a pas manqué l'occasion de mettre en évidence l'importance de la manifestation prosodique en tant qu'indice aidant à l'interprétation des faits de co-énonciation et de co-locution : Morel & Danon-Boileau publient ainsi en

1998 un très intéressant travail sur la grammaire de l'intonation du français parlé. Nous y reviendrons.

Un des effets seconds de l'hétérogéneité du phénomène prosodique a été de nourrir une discussion animée, quand il ne s'agissait pas d'une polémique, sur les paramètres, opérations, catégories et fonctions qu'il convenait de choisir afin d'en pourvoir une description optimale. Le débat sur les catégories prosodiques du français par exemple ne date pas d'aujourd'hui (pour un rapide panorama, cf. Di Cristo1997). Il porte rappelons-le sur l'existence et la nature de l'accent (le français peut-il être vraiment considéré comme une langue avec un accent alors que cet accent n'a pas de fonction distinctive et que sa manifestation phonétique est au demeurant relativement faible ?), sur le nombre et la distribution des accents (si le français est une langue avec accent, y-a-t-il dans ce cas-là un seul accent en position finale ou bien deux accents, l'un en position initiale et l'autre en position finale ?), sur la possibilité de distinguer les faits d'accentuation des faits d'intonation alors qu'ils partagent le même domaine d'exercice (ce qui pourrait être traduit par une question du genre : l'intonation est-elle de façon presque inéluctable la résultante au niveau prosodique global des choix d'accentuation effectués au niveau local ?)

Il existe principalement deux genres d'approches à la description de la prosodie. La première approche considère avant tout que les formes prosodiques ont essentiellement pour fonction de structurer de manière systématique le flot de paroles en termes de catégories purement linguistiques, éminemment codées, telles que les accents ou les frontières. Cette conception que l'on pourrait qualifier de phonologique présuppose que le rôle de la prosodie est de pourvoir la chaîne segmentale d'un habillage suprasegmental « bien formé » : il s'agit donc en dernier lieu d'une question de prononciation. Issue de travaux générativistes, cette conception privilégie la description de la prosodie basée sur des représentations hiérarchisées ; celles-ci reflèteraient la dérivation par étapes de la forme prosodique de surface à partir d'une structure profonde convenablement catégorisée. La bonne formation de la structure prosodique est obtenue par l'application récurrente dans un domaine d'exercice souvent phrastique de certains principes d'accentuation et/ou d'organisation rythmique.

L'un des représentants les plus attestés de cette conception de la prosodie est de toute évidence Pierrehumbert (1980) avec son analyse inaugurale de l'intonation de l'anglais. Pour ce qui est du français l'un des représentants majeurs de cette conception plutôt phrastique et tout à fait phonologique des faits prosodiques reste sans nul doute le groupe de recherche du laboratoire d'Aix, rassemblé autour de Hirst & Di Cristo (cf. Di Cristo 1999, Hirst et al. 2000).

La modélisation de la prosodie du français élaborée par Di Cristo (Di Cristo 1997 & 1999) se situe clairement dans le cadre de la linguistique des systèmes. Elle se base sur une description paramétrique des structures prosodiques, laquelle s'insère à son tour dans une approche générale à tonalité fortement phonologique. Cette modélisation est bâtie sur une hypothèse théorique qui présuppose que plusieurs niveaux d'analyse sont nécessaires pour rendre compte de manière satisfaisante de la bonne formation des patrons prosodiques du français. Ces niveaux d'analyse sont plus précisément au nombre de quatre : « niveau sous-jacent, niveau phonologique de surface, niveau phonétique et niveau physique » (Di Cristo 1997). Des niveaux de représentations symboliques des catégories et des domaines prosodiques sont également spécifiés en parallèle en termes de tons absolus et relatifs (Haut, Bas, Medium, Plus Haut, Plus Bas, Identique, Rehaussé, Abaissé) et en termes d'unités (unité tonale, unité métrique, unité intonative). En dernier lieu, la modélisation est méthodiquement validée à partir d'applications technologiques (cf. également Hirst et al. 2000 pour une présentation plus substantielle et plus complète de leurs efforts de modélisation).

La deuxième approche, qui n'ignore pas le rôle important de la prosodie dans la prononciation des énoncés, privilégie quant à elle le rôle fonctionnel de la prosodie qui peut ainsi rendre compte de manière quasiment « iconique » des besoins d'expressivité, des valorisations rhétoriques et des jeux énonciatifs des locuteurs. Moins sophistiquée quant aux représentations qu'elle avance, cette conception de la prosodie se concentre sur la description des opérations d'encodage lorsqu'elles sont effectuées en direct souvent dans le cadre d'interactions dialogiques. Il s'agit avant tout de décrire les formes prosodiques dans leur relation au contenu discursif. Ce lien reste généralement établi en des termes qualitatifs de mouvements tonals, de variations d'intensité, de modifications de débit ou de changements de rythme.

Un exemple de cette conception de la prosodie nous est donné par Morel & Danon-Boileau (1998). Abordant le rôle fonctionnel de l'intonation, ces auteurs précisent que la distinction habituellement établie entre une « valeur expressive et une valeur démarcative » de l'intonation reste largement insuffisante. Selon eux, l'intonation assume plusieurs autres fonctions. Co-énonciative, elle signifie l'anticipation que le locuteur se fait de la réception de son message de la part de son interlocuteur. Interactive, elle participe à la gestion des tours de parole. Symptomatique, elle indique l'effort et les difficultés d'une pensée qui se dit en direct. L'analyse des variations des paramètres suprasegmentaux qui servent d'indices à ces fonctions repose sur des données acoustiques brutes. Celles-ci sont acquises par l'extraction de la fréquence fondamentale (F0), de l'intensité et de la durée. Les variations de F0 font l'objet d'un traitement particulier : elles sont normalisées en données observables (susceptibles d'être comparées) à l'aide d'une échelle tonale à quatre niveaux (numérotés de 1 à 4) et de deux plages (haute vs basse, située respectivement entre 2,5 – 4 et 2,5 – 1). La F0 est également modélisée en termes de montée, chute ou absence de modulation tonale. Dans le paragraphe qui suit nous nous proposons de présenter et de discuter une unité transphrastique tout à fait centrale, à savoir le paragraphe oral tel que celui-ci a été décrit par Morel & Danon-Boileau (1998 : ch 2). Nous aimerions à la suite argumenter en faveur d'une représentation de type phonologique du paragraphe oral.

1. Une unité transphrastique : le paragraphe oral

Une unité transphrastique qui mérite une attention particulière nous est offerte par la notion de paragraphe oral telle qu'elle a été définie par Morel & Danon-Boileau. Nous aimerions discuter ici du paragraphe oral du point de vue de trois propriétés qui selon nous régissent toute modélisation d'une unité appartenant à une « grammaire », à savoir sa circonscription, sa composition et sa stabilité.

Dans leur description du français parlé, Morel & Danon-Boileau commencent par effectuer une observation d'importance : « le français obéit à un principe de décondensation des marques [segmentales vs suprasegmentales] ». Ces marques se trouveraient ainsi dans une distribution complémentaire dans la mesure où « les marqueurs morphosyntaxiques se situent à l'initiale des syntagmes tandis que les variations des indices intonatifs affectent la syllabe finale des mots « pleins et des segments ». La conjonction des marques rend possible la *circonscription* d'une unité discursive : le paragraphe oral.

Dans le cadre du paragraphe oral, on assiste à un regroupement de constituants discursifs majeurs, le préambule et le rhème, lequel regroupement serait assuré par une montée de F0 et par une déclinaison non-interrompue de la ligne mélodique entre ces différents constituants. La fin du paragraphe serait conjointement indiquée par une F0 atteignant une plage tonale basse, par une chute d'intensité et une durée non-allongée. Un indice segmental complémentaire et facultatif de fin de paragraphe est constitué par le post-rhème.

Pour ces auteurs, le paragraphe oral constitue « l'unité de la parole spontanée, l'unité maximale susceptible d'une 'grammaire' » (p. 21) et « la chute conjointe et rapide (sans allongement) de l'intensité et de F0 à un niveau bas (H1 ou H2) représente l'indice le plus fiable de la fin d'un paragraphe » (p. 21).

Ainsi selon Morel & Danon-Boilau, certains indices suprasegmentaux une fois dûment couplés contribuent à circonscrire de manière quasi opératoire le paragraphe oral en tant qu'unité de parole spontanée transphrastique. La manifestation segmentale permet de répertorier les constituants entrant dans la *composition* du paragraphe oral avec le rhème comme composant minimun.

En fait le problème que pose la double définition opératoire du paragraphe oral est celui de sa *stabilité*. Le paragraphe oral s'avère être une unité relativement peu stable dans la mesure où une montée de F0 située en fin de rhème suffit à recatégoriser ce qui en termes de composition segmentale correspondrait à un paragraphe oral complet pour le convertir en un constituant inférieur (en l'occurence un « super-préambule »).

Un point que j'aimerais avancer ici pour illustrer cette instabilité concerne la manifestation intonative en forme de « cloche » du rhème. Transposé dans la grille tonale proposée par Morel & Danon-Boilau, ce patron tonal devrait, pour maintenir cette forme de cloche, apparaître comme une concaténation de [$H_n - H_{n+1} - H_n (H_{n-1})$].

Ce qui ne semble pourtant pas être le cas des exemples prototypiques avancés à la page 49 et dont les tracés se trouvent à la page 206 :

donc e j'suis *partie* (H3+) un peu par hasard en *Pologne* (H3) (p. 206)

En final de patron on assiste contre toute attente à une montée de F0 sur le mot « Pologne » alors que ce qui est prévu par la modélisation est une chute de F0. Selon les auteurs, cette inversion de pente est une stratégie tonale avérée lorsque « le rhème se termine [mais] le paragraphe se poursuit » (p. 49). Cette montée de F0 a cependant pour effet suprasegmental de dissoudre la forme globale en cloche du rhème et pour résultat segmental de recatégoriser le rhème en un préambule

Il y a donc instabilité quant à la portée du paragraphe, instabilité qui naît apparemment de la non-coextensivité entre le résultat de la circonscription produit par les indices suprasegmentaux et le résultat de la composition produit par les éléments segmentaux.

Même si en ce sens le domaine circonscrit par le paragraphe oral devient peu stable, il n'en reste pas moins qu'il se présente comme une unité transphrastique ouverte, productive et dynamique dans la mesure où il est susceptible d'être constamment élargi et remodelé par le simple fait d'une montée tonale en fin de rhème ; cette remontée étant décidée lors de la construction « en direct » de l'interaction. Que cet élargissement de la circonscription du paragraphe oral, motivé par des raisons d'interaction, de co-locution ou d'énonciation, soit en dernier lieu obtenu par un recours à la prosodie démontre la puissance du moyen en question.

Un autre point concerne la représentation de F0 d'un énoncé prototypique du genre :

j'étais (H3-) en classe *préparatoire* (H1) donc (H2-1) {20} (p. 206)

Une observation attentive du tracé montre tout d'abord une montée initiale puis ensuite une descente en « downstep » vers un point Bas (une descente progressive de F0 sur « classe préparatoire » pour atteindre une valeur basse située en H1). Il y a donc bien une forme en cloche mais asymétrique (elle comprend d'un côté une montée relativement rapide et de l'autre une descente relativement lente qui « homogénise » la partie finale de l'énoncé). Une représentation « phonologique » prendrait mieux en charge cette asymétrie en assignant à l'énoncé une manifestation tonale représentée par une montée initiale de F0 (« BH ») et une descente en downstep (« D ») vers une jointure terminale B% ; ce qui permettrait de dériver la représentation phonologique suivante : [BH D B%].

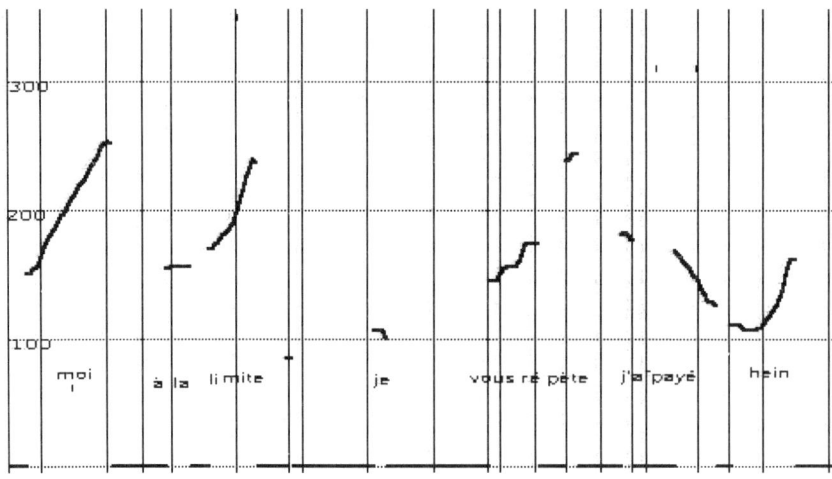

Figure 1. Exemple d'un paragraphe oral

Moi	à la limite		je	vous répète	j'ai payé		hein
%BH%	%B	H%	%B	H%	D	B%	H%

Dans la figure 1 nous proposons un exemple de ce qui pourrait être un paragraphe oral affublé de sa représentation phonologique intermédiaire. Le signe / % / lorsqu'il est placé avant le segment tonal indique une frontière initiale alors que lorsqu'il est placé après le segment tonal, il manifeste une frontière finale. Nous aimerions avancer une description phonologique du paragraphe oral parce que nous pensons, à la suite de Rossi (1999) qu'une description iconique se heurterait de manière fortement problématique au fait que chaque paramètre prosodique a un caractère polyvalent : en effet on peut observer que plusieurs possibilités interprétatives peuvent être simultanément opérées sur la base des valeurs adoptées par un seul et même paramètre (voir l'exemple concernant la montée de F0 à l'initiale d'un mot en français discuté par Vaissière, 1999, p. 13).

2. Des événements prosodiques locaux et globaux

On s'accorde donc à dire que la prosodie est une forme sonore du langage qui se caractérise par la modulation en direct et en parallèle de la variation des paramètres acoustiques tels que la fréquence fondamentale (F0), la durée et l'intensité. Il y a en conséquence production en continu d'un flot phonique suprasegmental de la part du locuteur. Par la coagulation locale de valeurs paramétriques ce continuum phonique est à son tour segmenté en constituants qui sont par la même occasion hiérarchisés. Pourtant sous la contrainte d'une nécessité de préprogrammation, de typologie du message intoné ou du style adopté par le locuteur, la variation des paramètres est déterminée sur le long terme. Il y a alors structuration globale de la variation paramétrique.

Ainsi la hauteur, de la voix tant dans ses variations que dans sa régularité, est un trait prosodique global qui en dit long sur l'origine socio-géographique du locuteur (Demers 1999), sur le phonostyle choisi (cf. l'étude Dolbec & Fisher 1997 sur le parler bébé ; les discours radiophoniques en québécois et en français Bissonnette (1995 et sous presse) ; Grosjean (sous presse) dans son étude de la hauteur de la voix dans les interactions de travail (EDF & maternité)), sur le type d'interaction entre les locuteurs, sur les relations rhétoriques entre les énoncés ou entre l'orateur et son auditoire (pour une bref panorama des relations entre prosodie et phonostyles, cf. Hirschberg 2000 et pour une analyse des variations prosodiques globales dues à la rhétorique politique, cf. Touati 1993a, 1993b, 1995 et sous presse).

Morel & Danon-Boileau (1998) soutiennent l'existence de deux types de grammaire mélodiques. L'une aurait un domaine de manifestation purement local. L'autre mettrait en évidence « certaines ruptures par rehaussement mélodique » qui auraient pour domaine d'incidence le discours dans son ensemble. Selon Morel & Danon-Boileau, ces rehaussements tonals globaux auraient pour fonction d'établir un contraste entre le « noyau » de la structure informative ou argumentative et son arrière-plan qui en constituerait le cadre (appelé « catalyse »).

Wichmann (2000) vient de nous livrer un ouvrage très utile sur l'intonation transphrastique. Elle y examine le rôle de l'intonation en tant qu'indicateur des relations entre des énoncés consécutifs tant du point de vue de leur cohésion interne (jonction) que du point de vue du poids des frontières qui les séparent (disjonction). Wichmann montre que la structuration tonale d'un texte ou d'un discours s'effectue à l'aide de variations, et locales, et globales, de F0. Ainsi une F0 élevée à l'attaque d'un énoncé indique un nouveau thème. On a affaire à ce qu'on appelle « a topic reset ». De même une F0 abaissée à l'attaque d'un énoncé marque une liaison anaphorique entre cet énoncé et celui qui le précède.

Pour ce qui est des variations globales de F0, deux facteurs ont été identifiés qui influencent le patron intonatif. Il s'agit de la structure informationnelle interne à l'énoncé qui décide de la position des accents et surtout de la position de l'accent le plus saillant de l'énoncé. Le second facteur est constitué par les relations rhétoriques entre les énoncés consécutifs. Wichmann fait alors référence à une étude sur les variations d'expansion tonale au cours de conversations téléphoniques effectuée par Douglas-Cowie & Cowie (1997) et basée sur le modèle discursif de Sinclair & Coulthard.

Selon Douglas-Cowie & Cowie, les mouvements conversationnels (ouvertures, transactions, préclôtures et clôtures) s'enchaînent de manière tout à fait linéaire et continue. Les résultats de l'analyse des variations globales de F0 montrent que ces mouvements conversationnels s'exécutent dans un espace tonal qui s'élargit ou se compresse selon un patron bien déterminé. Réalisés à partir d'un plancher tonal constant, l'élargissement ou la compression de cet espace tonal est donc obtenu par un rehaussement ou un abaissement des maxima de F0. Douglas-Cowie & Cowie suggèrent que d'une manière plus générale les variations globales de F0 pourraient être mise en liaison avec le degré d'investissement de la part du locuteur soit envers son message soit envers son interlocuteur.

Wichmann cite également Tench qui, dans une optique similaire, affirme que « The general characteristics of the departures from normal pitch range seem to display the speaker's relationship to the listener. With a wide range, the speaker is warm and open towards the listener ... with a narrow range, the speaker is cold towards the listener and may well not be interested in any response » (Tench 1996 cité par Wichmann, 2000, p. 131).

En fait lorsqu'on effectue une analyse paramétrique du flot suprasegmental, il est inévitable d'observer que la modulation de la variation des paramètres se réalise de manière telle qu'elle produit des évènements prosodiques locaux versus globaux.

3. Propositions pour une modélisation des événements prosodiques locaux et globaux : un amalgame fonctionnel

Nous aimerions ici préciser l'idée que nous nous faisons des relations entre événements tonals locaux et événements tonals globaux dans une perspective transphrastique A la suite de Nølke (1994) nous aimerions affirmer que le lexique est le lieu où tout est prévu. En français le lexique délivre une information très utile quant à l'habillage tonal de la chaîne segmentale. Il permet de localiser les constituants syllabiques initial et final de l'unité lexicale. Ces deux positions peuvent être considérées en français comme des attracteurs potentiels des fonctions prosodiques de saillance et de liage. L'attracteur initial permet ainsi de catégoriser un accent alors que l'attracteur final permet d'établir une frontière. Il convient cependant de garder en mémoire que ces attracteurs sont potentiels. Ces attracteurs ne deviennent véritablement et manifestement porteurs d'accents et de frontières qu'à partir des instructions délivrées par le module que nous qualifierons pour l'instant et de manière générique de « discursif ».

Lorsque l'accent initial et la frontière finale sont activés, ils sont en règle générale manifestés par des segments tonals. L'interface entre ces deux catégories prosodiques et leur manifestation acoustique de F0 est assurée par un concept analytique central, celui des représentations intermédiaires en termes de points clés (pour la notion de « turning points » et de modèle prosodique de Lund cf. Gårding 1991). La modélisation des tracés de F0 s'opère ainsi en assignant aux valeurs cibles maxima et minima de F0 des représentations intermédiaires en termes de segments tonals H ('Haut') et B ('Bas') où le segment tonal synchronisé avec la voyelle accentuée est décoré d'une étoile (*) ou d'un signe de pourcentage (%). Une fois en possession de la distribution des points locaux de saillance (accent focal) et de liage (jointures initiale et finale) ainsi que de leur manifestation tonale locale en termes de turning points, il convient maintenant de placer ces points-cibles B & H dans l'espace tonal du locuteur.

C'est là qu'interviennent les notions d'expansion et de registre. Nous aimerions insister ici sur l'importance de ces deux paramètres tonals globaux qui ont été jusqu'à présent fortement sous-estimés dans la description de la prosodie.

Ainsi pour chaque groupe prosodique, il est possible d'en calculer l'expansion tonale qui correspond à la distance entre le maximum absolu de F0 et le plancher du locuteur (spécifié comme le minimum absolu de F0). Le registre quant à lui nous est donné par la moyenne de F0 du groupe prosodique. Ces deux paramètres qui sont donc à la fois symptomatiques du genre discursif choisi par le locuteur et du degré d'activité rhétorique mis en place par ce même locuteur rendent possible la structuration, sous forme de niveaux pertinents, de l'espace tonal du locuteur. Cet espace tonal peut être métaphoriquement considéré comme une pièce d'identité intonative du locuteur.

A cet égard on peut dire que cet espace fonctionne comme un cadre de référence pour la normalisation à long terme de la variation suprasegmentale du locuteur : cette caractéristique globale détient une certaine importance lorsqu'il s'agit par exemple de mettre en évidence des cas d'harmonisation tonale (« pitch concord ») ou dans des cas de complémentarité des indices tonals qui surviennent lorsque deux locuteurs de sexe différents sont impliqués dans la co-construction d'un paragraphe oral qui s'initie avec le tour de parole de l'un et s'achève dans le tour de parole de l'autre. L'important dans ces cas-là, c'est bien les valeurs relatives (normalisées donc comparables) des mouvements de F0 tels qu'ils sont effectués dans l'espace tonal de chacun.

Selon nous, l'espace tonal du locuteur sera représenté par une grille tonale à niveaux sur laquelle viennent se poser les variations locales de F0, les segments tonals. La grille tonale ne peut être acquise et spécifiée que par l'analyse de plusieurs portions de parole produites par un même locuteur dans des situations différentes (cf. à ce sujet la définition de la grille de Chirac par Touati, 1995 ; pour une autre procédure de détermination de la grille tonale cf. Gårding, 1991 et Morel & Danon-Boileau, 1998).

D'un point de vue de la modélisation de F0 il ne fait aucun doute que notre position revendique l'idée de la superposition de deux composantes : la grille tonale et les segments tonals. En ce sens, Rossi (1999) fait une lecture tout à fait juste de notre position lorsqu'il affirme que dans Touati (1987), c'est-à-dire dans notre thèse, nous avons été amené, à l'instar d'autres chercheurs de l'École de Lund, à opérer un amalgame de la théorie superpositionnelle à la Gårding et de la théorie autosegmentale à la Bruce. Il est de même incontestable que dans notre modélisation les formes prosodiques sont conçues comme des résultantes au niveau de l'expression des fonctions de saillance et de liage telles qu'elles sont imposées par des contraintes syntaxiques et discursives (cf. Bruce 1985).

L'interface analytique entre modélisation prosodique et faits prosodiques empiriques que nous proposons ici a été en grande partie élaborée au cours des projets de recherche consacrés à la prosodie transphrastique de la parole spontanée (cf. Bruce & Touati 1990 & 1992). Il s'agissait d'intégrer dans une même démarche expérimentale des sources de connaissances susceptibles de permettre l'analyse d'un corpus de parole spontanée transphrastique. Quatre analyses successives sont ainsi appliquées à chaque corpus :

La prosodie transphrastique du français parlé 79

une analyse discursive indépendante, une analyse auditive, une analyse acoustico-phonétique et une analyse par synthèse.

L'analyse auditive participe selon nous de façon tout à fait fondamentale à l'élaboration de cet interface dans la mesure où elle se traduit d'une part par une transcription orthographique et d'autre part une transcription prosodique selective, lesquelles essayent de rendre compte au mieux de la faculté interprétative et intégrative de l'analyse à « l'oreille », simulant ainsi en différé l'acte de perception effectué en direct par le locuteur-auditeur pendant une interaction.

Les six catégories prosodiques transphrastiques sélectionnées participent toutes, quoique de manière différente, à la réalisation des fonctions de saillance et de liage. Ces catégories sont les suivantes : le regroupement prosodique en groupe mineur vs majeur, les marques autosegmentales des frontières initiales et finales, les pauses, la proéminence accentuelle, l'expansion tonale et le registre tonal. Des six catégories prosodiques sélectionnées, seules les pauses silencieuses relèvent clairement de la dimension temporelle du signal. La catégorie regroupement prosodique délimite les domaines d'exercice, la constituance, des quatre autres catégories qui sont liées aux variations locales et globales du paramètre crucial constitué par la fréquence fondamentale ou F0.

4. Les transitions transphratiques

Le corpus qui va nous permettre d'illustrer cette approche à l'étude de la prosodie transphrastique est constitué par un monologue extrait d'une émission télévisée en 3 parties (diffusée en automne 1996 sur TV5) et intitulée « Le français histoire d'un combat » (sa durée est d'environ une heure). Le lieu d'enregistrement se trouve être divers endroits de Paris. La qualité sonore peut être qualifiée de relativement bonne. Il s'agit d'une interview pendant laquelle le locuteur L1 (un linguiste très connu) répond systématiquement et de manière rhétoriquement virtuose par de longs monologues aux questions d'une jeune journaliste. Les questions tournent autour du thème de la langue française.

L'analyse prosodique menée ici a été centrée sur la transition transphrastique constituée par les jointures tonales finales (mineure vs majeure), la pause interphrastique (courte, moyenne ou longue) et l'attaque tonale initiale (basse vs haute).

Au cours de l'analyse auditive les catégories de jointures finales et les pauses ont été codées de la manière suivante :

|	jointure finale mineure
||	jointure finale majeure
(.)	pause courte
(..)	pause moyenne
(...)	pause longue

L'analyse acoustique qui a été effectuée sur le logiciel Winpitch[1] a permis d'établir le répertoire des représentations tonales intermédiaires suivant :

Jointure intiale
   [x]   = %B (attaque basse)
            = %H (attaque haute)

Jointure finale
1) sur la dernière syllabe d'un groupe en position non finale d'énoncé ou de tour de parole (auditivement codée dans la majorité des cas comme une jointure finale mineure |) :
   ['x]   = BH% (montée de F0)
           = HB% (descente de F0)
           = BHB% (F0 triangulaire)

2) sur la dernière syllabe d'un groupe en position finale d'énoncé ou de tour de parole (auditivement codée dans la majorité des cas comme une jointure finale majeures ||) :
   ['x]   = (D) ... B% (F0 descendant de syllabe en syllabe vers un point bas)
           = BHB%   (F0 triangulaire)

L'énoncé « pendant près de deux siècles le français a été reconnu comme langue universelle en Europe » servira à établir quelques éléments nécessaires à une modélisation de l'intonation transphrastique. Une visualisation des tracés nous aidera à effectuer notre mise au point.

Représentations de type phrastique :
Disons tout d'abord qu'une analyse dite traditionnelle des patrons prosodiques du français se contentant de demeurer dans une perspective phrastique avance habituellement une représentation qui attribue un rôle prépondérant à la réalisation de la démarcation finale sous forme de mouvement de F0. Ainsi la F0 d'un groupe en position non-finale de phrase serait caractérisée par une montée tonale sur la dernière syllabe comme dans la figure 2 :

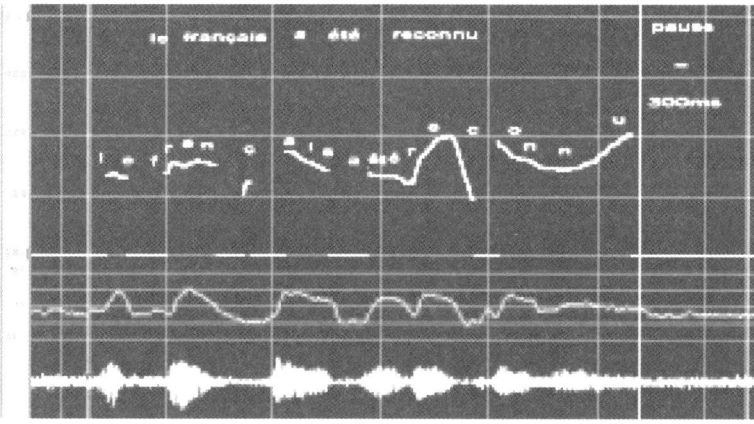

Figure 2. Groupe en position non-finale de phrase

En revanche un groupe en position finale de phrase exhiberait une F0 descendante (cf. la figure 3). Une modélisation systématique de l'intonation phrastique en termes de contraste et d'amplitude de pente de F0 a été proposée par Martin (1982).

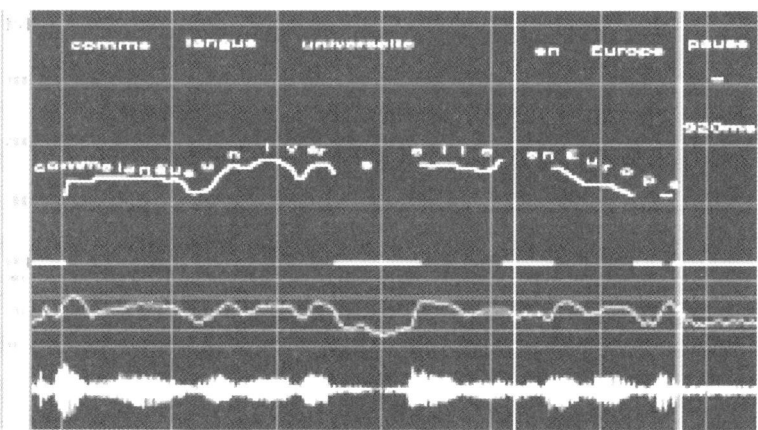

Figure 3. Groupe en position finale de phrase

Représentations de type transphrastique :
Les frontières détectées au cours de l'analyse auditive ont été phonétiquement analysées et visualisées en termes d'une transition transphrastique comprenant la jointure finale tonale d'un groupe, la pause interphrastique et la jointure initiale tonale du groupe suivant (cf. Figure 4)

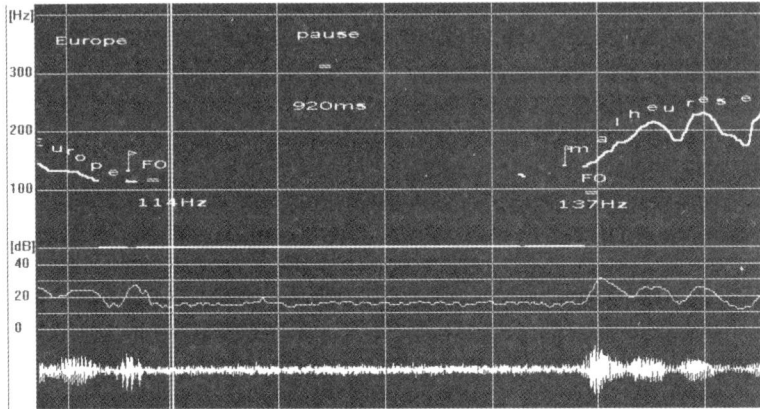

Figure 4. Transition interphrastique

Transition mineure
Les frontières qui ont été détectées au cours de l'analyse auditive comme étant celle d'un groupe mineur (donc représenté par une barre simple |) étaient majoritairement pourvues d'une transition ayant la représentation intermédiaire suivante :

H%   (.)   % B

Le Tableau 1 montre la durée moyenne de la pause interphrastique et de l'écart tonal entre la jointure finale et la jointure initiale. On constate donc que la durée moyenne des pauses est de 365ms et que l'écart tonal a une valeur négative de – 40 Hz, ce qui signifie une chute tonale entre les deux groupes prosodiques consécutifs.

Transition Mineure	Durée moyenne de la pause (ms)	Différence moyenne entre JF-JI (Hz) H% – %B
Moyenne	365 ms	-40 hz

Tableau 1. Transitions mineures
Durée moyenne de la pause en ms et de l'écart tonal en Hz.

La prosodie transphrastique du français parlé 83

Transition majeure
Les frontières majeures représentées par une double barre || étaient quant à elles majoritairement pourvues d'une transition ayant la représentation intermédiaire suivante :
B%   (..)   % H

Le Tableau 2 montre la durée moyenne de la pause interphrastique et de l'écart tonal entre la jointure finale et la jointure initiale. On constate donc que la durée moyenne des pauses est de 715 ms, ce qui est presque le double de celle des pauses des jointures mineures. Pour ce qui est de l'écart tonal, celui-ci a évidemment une valeur positive de + 52Hz, ce qui signifie un saut tonal vers le haut entre les deux groupes prosodiques.

Transition Majeure	Durée moyenne de la pause (ms)	Différence moyenne entre JF-JI (Hz) B% – %H
Moyenne	715 ms	+52 Hz

Tableau 2. Transitions majeures.
Durée moyenne de la pause en ms et de l'écart tonal en Hz.

On peut également observer qu'une attaque basse (%B) peut se produire entre des valeurs tonales de 120Hz-171Hz alors qu'une attaque haute (%H) se produit entre des valeurs de 179Hz-220Hz De façon générale, si l'on examine le contenu segmental du tronçon de discours produit par ce locuteur, il semblerait qu'une transition majeure (B%(..)%H) serait indicatrice d'un changement thématique alors qu'une transition mineure (H%(.)%B) fonctionnerait plutôt comme un liage anaphorique entre les deux groupes. En ce sens la transition majeure ferait plutôt office de frontière marquant une disjonction discursive. En revanche la transition mineure augmenterait la cohésion des deux phrases prosodiques qu'elle relie.

5. Pauses interphrastiques
Les résultats concernant les pauses interphrastiques sont basés sur une conférence de presse post-électorale qui a été donnée par J. Chirac au soir de sa victoire à l'élection présidentielle de 1995. La rhétorique post-électorale produite par le nouvel élu est comme il se doit riche en apostrophes à caractère consensuel (« Mes chers compatriotes (.) de métropole et

d'outre-mer, ... celles et tous ceux qui se sont reconnus dans mon projet ... le Premier ministre Edouard Balladur... »).

L'analyse auditive sous forme d'une transcription orthographique et d'une transcription des pauses est présentée en annexe. Les pauses étaient classées en trois catégories : (.) courtes, (..) moyennes et (...) longues. Les pauses ont été ensuite mesurées avec l'aide du logiciel Praat et importées dans le logiciel de statistique Excel.

Le tableau 3 montre la durée moyenne (avec écart-type) des trois catégories de pauses. On constate donc que la durée moyenne des pauses courtes est de 557 ms (écart type : 133ms), celle des pauses moyennes de 719 ms (écart type : 177 ms) et celle des pauses longues, 1217 ms (écart type : 231ms).

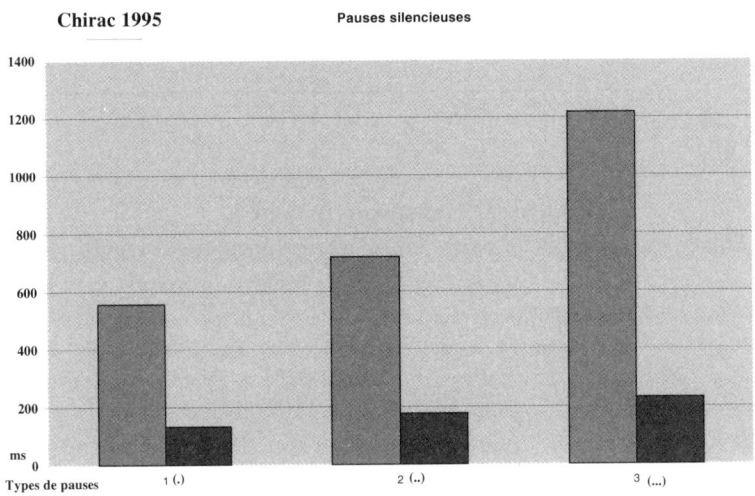

TABLEAU 3 DURÉES DES PAUSES SILENCIEUSES CHIRAC 1995
CONFÉRENCE DE PRESSE POST-ÉLECTORALE
Moyenne en clair et écart type en sombre

Dans sa monographie consacrée à la pause dans la parole politique, Duez (1991, p. 81) montre que les pauses distribuées en fin d'énoncés ont une durée moyenne de 1227 ms qui correspond à la durée des pauses longues de notre corpus. Les pauses longues permettent ainsi de segmenter le discours de Chirac en unités abritant une unité de développement thématique distincte. En ce sens ces unités se rapprochent fort de l'unité rhétorique qu'est la période dans sa modalité restreinte. On constate également que ces « périodes » sont homogénéisées par les pauses les plus longues (environ 1500ms) en quatre thèmes successifs soulevés par J. Chirac : les résultats, l'illusion socialiste, le mouvement réformateur (chiraquien) et une invitation à le rejoindre.

6. Remarques conclusives

Il est évident que la structuration prosodique d'un texte ou d'un discours se réalise à l'aide de variations globales et locales de F0. Les données présentées ici tendent à indiquer que la transition tonale entre deux phrases consécutives ainsi que la pause interphrastique jouent un rôle fonctionnel important. Dans le discours préparé à l'avance et fortement rhétorique de Chirac, de longue pauses servent à marquer prosodiquement des changements de thèmes. Il en va quelque peu différemment du dialogue entre le linguiste et la journaliste. Dans ce cas-là le locuteur a pour tâche de « linéariser » en direct à l'aide du flot phonique et prosodique des connaissances qu'il détient en mémoire en parallèle : il en résultera des structures prosodiques complexes et hiérarchiques où les deux catégories prosodiques interphrastiques (transition tonale et pause) jouent un rôle essentiel, la pause à elle seule n'étant pas suffisante. Ainsi une F0 basse à la fin d'une phrase suivie d'une pause interphrastique de durée moyenne ou longue suivie à son tour d'une attaque de F0 élevée marquerait l'achèvement d'un thème et l'amorce d'un nouveau thème. Deux hypothèses contradictoires qu'il conviendrait de tester à l'avenir sont celles de savoir si cette transition tonale et les pauses permettent de circonscrire de manière tout à fait univoque et stable soit les limites d'une unité de production discursive – paragraphe ou période – soit les limites d'une unité plutôt cognitive telle que le thème.

Paul Touati
Université de Lund
paul.touati@rom.lu.se

Note
1. J'aimerais remercier ici Jonas Granfeldt qui a réalisé le travail empirique, présenté au paragraphe 4, à l'occasion d'un cours de doctorat sur la prosodie du français parlé.

Références bibliographiques

Bissonnette, S. (1995) : *Etude du registre en fonction de la variété de français (Québec versus France)*. Mémoire de premier cycle (Ms), Université du Québec à Chicoutimi.

Bissonnette, S. (sous presse) : Le registre du lecteur de bulletins de nouvelles québécois et français : un reflet de l'idéal vocal de ces communautés linguistiques ?, in : Demers, M (éd.) : *Registre et voix sociale.*

Bruce, G. (1985) : Structure and fonction of prosody, in : Guérin, B. & R. Carré (eds.) *Proceeding of the French Seminar on Speech.* Grenoble, pp. 549-559.

Bruce, G. & P. Touati (1990) : On the Analysis of Prosody in Spontaneous Dialogue. *Working Papers,* 36, Lund, pp. 37-55.

Bruce, G. & P. Touati (1992) : On the analysis of prosody in spontaneous speech with exemplification from Swedish and French. *Speech Communication*, 11: 4-5, pp. 453–458.

Demers, M. (1999) : Register used as a sociogeographic indicator, in : *Proc. of the XIVth International Congress of Phonetic Sciences*, San Francisco, pp. 1629-1632.

Demers, M. (sous presse) : La voix du plus fort. Étude acoustique sur le registre vocal en tant qu'indicateur sociolectal et dialectal en français spontané, in : M. Demers (éd.) : *Registre et voix sociale.*

Di Cristo, A. (1997) : Contribution à l'élaboration du cadre accentuel du français, in : *Proceedings of the 16th International Congress of Linguists.* Pergamon, Oxford, Paper 0159.

Di Cristo, A. (1999) : Le cadre accentuel du français : essai de modélisation. *Langue* Vol. n° 2, pp. 3-4.

Dolbec, J. & C Fisher (1998) : Caractéristiques du registre dans le motherese des mères québécoises, in : *Proc. of the 16th International Congress of Linguists.* Pergamon, Oxford, Paper No. 0131

Douglas-Cowie, E. & R. Cowie (1997) : Macrostructures in prosody : The case of phonecalls, in : *Proceedings of an ESCA Workshop.* Athens, pp. 99-102.

Gårding, E. (1991) : Intonation parameters in Production and Perception, in : *Proc. of the XIIth International Congress of Phonetic Sciences.* Aix-en-Provence, Vol.1, pp. 300-304

Grosjean, M. (sous presse) : Sauts d'octave et changements de registre vocal dans les interactions de travail, in : M. Demers (éd) : *Registre et voix sociale.*

Hirschberg, J. (2000) : A Corpus-Based Approch to the Study of Speaking Style, in : M. Horne (ed.) : *Prosody : Theory and Experiment.* Kluwer Academic Publishers, Dordrecht / Boston / London, pp. 335-350.

Hirst, D., A. Di Cristo & R. Espesser (2000) : Levels of representation and levels of analysis for the description of intonation system, in : M. Horne (ed.) : *Prosody : Theory and Experiment.* Kluwer Academic Publishers, Dordrecht / Boston / London, pp. 51-88

Lacheret-Dujour, A. & F. Beaugendre (1999) : *La prosodie du français.* Edition du CNRS, Paris.

Martin, Ph. (1982) : Phonetic realisations of prosodic contours in French. *Speech Communication* 1, pp. 283-294.

Morel, M.-A. & L. Danon-Boileau (1998) : *La grammaire de l'intonation. L'exemple du français.* Ophrys, Paris.

Nølke, H. (1994) : *Linguistique Modulaire : de la forme au sens*. Peeteers, Louvain.
Pierrehumbert, J. (1980) : *The Phonology and Phonetics of English Intonation*. PhD dissertation, MIT, publ. 1988 par Indiana University Linguistics Club.
Rossi, M. (1999) : *L'intonation. Le système du français : description et modélisation*. Ophrys, Paris.
Tench, P. (1996) : *The Intonation Systems of English*. Cassel, London.
Touati, P. (1987) : *Structures prosodiques du suédois et du français. Profils temporels et configurations tonales*. Lund University Press, Lund.
Touati, P. (1993a.) : Overall pitch and direct quote-comment structure in French political rhetoric. *RUUL* 23, pp. 98-101.
Touati, P. (1993b) : Prosodic Aspects of Political Rhetoric. *Working Papers* 41, pp. 168-171.
Touati, P. (1995) : Pitch range and register in French political speech, in : *Proc. of the XIIIth International Congress of Phonetic Sciences* 4. Stockholm, pp. 244-248.
Touati, P. (sous presse) : Registre et expansion tonales du français. L'usage rhétorique de la voix dans les discours politiques, in : M. Demers (éd) : *Registre et voix sociale*.
Vaissière, J. (1999) Utilisation de la prosodie dans les systèmes automatiques : un problème d'intégration des différentes composantes, in : *Faits de Langues, Oral-Ecrit : Formes et théories*, n° 13, CNRS, Ophrys, pp. 9-16.
Wichmann, A. (2000) : *Intonation in Text and Discourse. Beginnings, Middles and Ends*. Longman, London.

Annexe
1. Transitions interphrastiques dans une interview :
Extrait de la transcription auditive selective des jointures mineure | vs majeure ||

Pendant près de deux siècles | le français a été reconnu | comme langue universelle |en Europe|| Malheureuseement le 20ᵉ siècle | avec ses deux guerres mondia:les | extrêmement massi:ves | et extrêmement viole:ntes | coûta très chère à la langue française | comme à la France elle-même || ......

2. Pauses interphrastiques dans la conférence de presse post-électorale Chirac 1995
Transcription auditive des pauses en trois catégories : courte (.), moyenne (..) et longue (...)

Mes chers compatriotes (.) de métropole et d'outre-mer (...)

je veux d'abord vous rendre hommage pour avoir largement participé à ce scrutin (..) heu faisant à la fois (.) entendre votre voix (..) et vivre la démocratie (...)

je remercie toutes celles et tous ceux qui se sont reconnus dans mon projet (..) et qui m'ont fait confiance pour le mener à bien (...)

je remercie aussi (..) toutes celles et tous ceux qui décideront ou qui ont décidé dès ce soir (..) de me soutenir (..) au premier rang desquels évidemment (.) le Premier ministre Edouard Balladur (...)

à tous les autres je dis que nous pouvons nous rejoindre et faire route ensemble (...)

les résultats de ce premier tour montrent (.) l'état d'inquiétude et de doute heu dans lequel se trouve un très grand nombre de français (...)

l'illusion socialiste aujourd'hui dépassée (.) la société française se réveille (.) plus dangereuse (..) plus injuste (..) moins soudée (...)

nous allons devoir rompre avec l'égoïsme (.) avec le scepticisme (..) avec l'angoisse de la solitude avec la crainte de l'avenir qui ont hélas (..) marqué ces dernières années (...)

demain (..) l'espérance populaire peut s'incarner dans un (..) puissant mouvement : réformateur (...)

j'invite (.) à me rejoindre toutes celles et tous ceux (..) qui sont animés par (..) l'esprit de liberté (..) par la soif de justice (..) par le besoin d'initiative (...)

j'invite tous les patriotes (...) qui croient aux valeurs de notre république (..) et qui aspirent (..) à un vrai (.) à un profond changement (...)

ceux qui veulent combattre le chômage et l'exclusion avec des armes nouvelles (.) ceux qui aspirent à davantage de sécurité dans leur vie quotidienne (..) ceux qui veulent renouer (.) avec les solidarités entre les générations (...)

entre les différentes parties (.) de notre territoire (...)

j'appelle (.) toutes celles et tous ceux qui veulent libérer les forces vives de notre pays (...)

ceux qui veulent retrouver l'esprit de conquête (.) dans une Europe en marche (..) ceux qui veulent la France (.) plus forte (.) et plus juste (...)

oublions (.) nos vieux réflexes (..) et aussi nos divisions partisanes (...)

tous ensemble (.) nous la construirons (.) la France pour tous ......

Le [ə] prépausal et l'interaction

par

Anita Berit Hansen et Maj-Britt Mosegaard Hansen

1. Introduction

Un phénomène phonétique nouveau dans le français parisien – l'espèce de [ə] ajouté à la fin des mots ou des groupes de mots comme dans *Bonjour-*ə *! Ce soir-*ə *? Phillip-*ə *!* – fait l'objet d'études spécialisées depuis une quinzaine d'années (Léon 1987, 1993a, 1993b ; Walter 1988 ; Fónagy 1989 ; A.B. Hansen 1991, 1997 ; Carton 1999 ; Fagyal 2000, à paraître). Associé à un cliché mélodique précis, et doté – apparemment – d'une fonction pragmatique qui contribue à sa popularité (mais qui est encore peu explorée), ce phénomène est aujourd'hui suffisamment important pour être mentionné dans les manuels de phonétique destinés à des publics plus larges (Coveney 2001, Walker 2001).

Dans son article de 1999, Carton retrace l'histoire de ce segment, en le détachant bien du « ə de détente consonantique », signalé depuis plus de cent ans comme un des traits caractéristiques du langage emphatique des acteurs ou des orateurs. L'usage moderne, récurrent, du [ə] en fin de groupe avec, le plus souvent, une intonation montante sur la syllabe accentuée et descendante lors de l'émission du [ə], aurait été, par contre, dès ses premières manifestations dans les années 1930-40, un indice du parler faubourien, traînant et nonchalant (Carton 1999, p. 36). Une généralisation se serait produite à partir des années 1970 : de moins en moins liés à un accent populaire, ces [ə] seraient devenus d'abord typiquement « jeunes », ensuite typiquement « féminins » (ibid., p. 43), ce qui semble corroboré par les études phonostylistiques et sociolinguistiques de Léon (1993a) et de A.B. Hansen (1997).

A l'heure actuelle, un certain nombre d'acquis linguistiques ont été établis à l'égard de ces [ə]. Ayant une valeur syllabique, ils ne peuvent pas être identifiés à des *euh* d'hésitation (Léon 1987, pp. 110-111). Ils ne peuvent pas non plus être identifiés à des schwas (ou e caducs) phonologiques prononcés, apparaissant également quand il n'y a aucun support étymologique (comme dans *Ce soir*-[ə]), un comportement qui a valu d'ailleurs à ce phénomène le nom de « *e* parasitaires ». D'ailleurs, les réalisations phonétiques de ces segments sont beaucoup plus variées que celles d'un schwa français ordinaire, pouvant aller de [ə], prononcé avec plus ou moins de force, à [a], ou même à une voyelle un peu nasalisée (voir Léon 1987, A.B. Hansen 1997 et Carton 1999 pour ces observations). Le français parisien n'est donc pas en train de se rapprocher du français méridional, comme on aurait pu le croire en comparant ces [ə] devant pause avec les e caducs prononcés en fin de mot dans le Midi, mais il se voit doté d'une nouvelle « fioriture » qui mérite un examen plus profond.

Où ces « *e* parasitaires » surgissent-ils dans le schéma prosodique ? Les chercheurs semblent d'accord pour les cerner en fin de groupe rythmique, devant pause (Fónagy 1989, pp. 241, 243, Walter 1988, p. 301, Léon 1987, p. 112, Carton 1999, p. 42), ce qui a amené A.B. Hansen (1997) a utiliser le terme de « [ə] prépausal » (terme repris ensuite dans d'autres travaux (Fagyal 2000, Coveney 2001)), mais quant à la préférence éventuelle entre les pauses après une intonation terminale et non-terminale, tout n'a pas été dit.

Certains autres aspects de ces [ə] prépausals restent également insuffisamment décrits. D'une part, l'influence du contexte immédiat sur l'apparition du phénomène n'a été étudiée de façon quantitative que dans une seule étude (A.B. Hansen 1997, à partir d'enregistrements à Paris en 1989). Nous n'en savons donc pas assez sur l'effet du nombre et de la nature des consonnes précédentes, ni sur l'importance de la présence d'un *e* graphique – les autres études existantes faisant état de contextes favorisants contradictoires, faute d'une méthodologie rigoureuse. D'autre part, la fonction pragmatique du phénomène dans la communication n'a rarement fait l'objet d'études systématiques. A côté des remarques qui signalent une valeur expressive, émotionelle (Carton 1999, p. 41, Léon 1993a, p. 256, Fónagy 1989, p. 241), et celles qui y voient un « profil vocal » typique (Fónagy 1989, p. 243) ou carrément un « véritable tic de langage » (Carton 1999, p. 42), on a vu proposer aussi récemment des fonctions d'adjonction qui les rapprochent des marqueurs de discours comme *là* ou *quoi* (*oh ! le type là* (Carton 1999, p. 41), *des choses comme ça, quoi* (Coveney 2001, p. 182)), également situés en fin d'énoncé, et faisant transition entre une voyelle accentuée prononcée sur un ton élevé et le silence de la pause. Le terme de « schwa-tagging » (Armstrong & Unsworth 1999, p. 135) doit également être interprété comme une façon de saisir le rôle interactionnel de ces [ə].

Nous proposons, dans cette étude, à la fois de renforcer nos connaissances des facteurs pertinents pour les [ə] prépausals dans leur contexte immédiat, et de jeter de nouvelles pistes, plus solidement ancrées dans l'analyse de la conversation et de l'interaction, pour une recherche des paramètres sémantiques et pragmatiques impliqués dans l'usage du phénomène.

2. Méthodologie

Nous avons travaillé sur des interviews de neuf Parisiens, enregistrées par A.B. Hansen en 1993 ; y figurent cinq jeunes de 16 à 23 ans et quatre adultes de 43 à 58 ans, tous sans formation d'enseignement supérieur.

Une approche variationniste quantitative, adaptée au phénomène par A.B. Hansen sur ses données de 1989 (A.B. Hansen 1997), a été choisie. Appliquer le paradigme variationniste quantitatif à ce phénomène ne va pas sans problèmes mais cela a été jugé nécessaire pour vraiment évaluer l'influence des facteurs pertinents et pour éviter les observations contradictoires des études précédentes : pour chaque type de contexte, il fallait pouvoir exprimer le nombre de [ə] apparus en pourcentage des [ə] possibles, c'est-à-dire définir une *variable linguistique*, quantifier le phénomène, et ensuite comparer les pourcentages de [ə] obtenus dans les divers contextes.

Comment d'autres linguistes ont-ils quantifié le phénomène avant nous ? Léon et Fónagy expriment en valeurs absolues le nombre de [ə] effectivement réalisés sur une durée déterminée, par exemple chez Fónagy :

> J'ai noté *19 e d'appui* dans la parole d'une jeune phonéticienne au cours d'une conversation banale de *quatre minutes*. (1989, p. 239, nous soulignons)

indiquant le nombre de [ə] sur le temps de parole, ici le temps total pour L1 et L2 dans la conversation. Fónagy frôle cependant une approche variationniste avec cette autre phrase dans le même article :

> Une orthophoniste de 23 ans fait sonner les *e* à peu près *dans chaque troisième énoncé*. (1989, p. 243, nous soulignons)

signalant ici le nombre de [ə] sur le nombre d'énoncés. Selon cette dernière définition, cela serait donc l'énoncé qui est l'unité variable (qui peut être accompagné ou non d'un [ə] à la fin), mais cette définition n'est pas complète, les [ə] pouvant apparaître non seulement en fin d'énoncé mais également après une proposition non finale, comme dans :

> j'ai fait de la danse euh classiqu-ə / puis de la danse euh... moderne aussi
> (AM-f, 10,200)

quand j'ai repris le travail-ə / et j'avais payé très cher en plus pour cette inscription (AM-f, 7,129)

Comme Fónagy et Léon sont d'accord que ces [ə] ne surgissent que devant pause, nous avons décidé de faire de la pause l'entité variable, que celle-ci soit en fin d'énoncé (marquée //) ou entre deux groupes rythmiques (marquée /). Nous avons exprimé l'usage des ces nouveaux [ə] avec un *taux d'apparition* qui désigne le nombre de pauses accompagnées d'un [ə] par rapport au nombre total de pauses. – D'où le terme de « [ə] prépausal ». Nous avons décidé de nous concentrer sur les apparitions potentielles en *contexte postconsonantique*, même si Fónagy et Carton ont remarqué l'existence de [ə] postvocaliques (avec des exemples comme *Tu es fou-ə*, *C'est lui-ə* (et que nous en avons entendu quelques-uns aussi dans nos données, comme par exemple *la réhabilitation du Marais-ə* (PR-h 5,100)), ce qui montre d'ailleurs qu'il ne s'agit justement pas d'une simple détente consonantique). Nous avons donc travaillé avec les contextes prépausals contenant une ou plusieurs consonnes finales, accompagnées ou non d'un E graphique. Cette variable – C(C)(e)/(/) – correspond à huit cas de figures différents[1] :

Ce//	Elle a pas de diplô**me** //
Ce/	quel diplôme il avait dû fai**re** / j'ai aucune idée
C//	il a surtout fait du latin et du gre**c** //
C/	disons qu'il faut faire ave**c** / mais
CCe //	j'ai trois frères et sœurs donc ça fait qua**tre** //
CCe/	il avait des propriétés de cannes à su**cre** / donc il s'en occupait
CC//	j'aimerais qu'il y ait plus de conta**ct** //
CC/	après le fi**lm** / si effectivement il y en a un qui m'intéresse

3. Analyse du contexte immédiat

L'analyse de l'enregistrement des neuf Parisiens de 1993 porte sur 421 occurrences de la variable au total, toutes trouvées dans les interviews mentionnées. Il s'agit d'une base relativement limitée, comparée à l'étude quantitative précédente de A.B. Hansen : 24 Parisiens ayant fait des études supérieures ; environ 5000 occurrences, dans trois situations différentes (conversation, interview, lecture) mais nous avons tenu à restreindre la présente enquête afin de bien pouvoir étudier aussi le contexte interactionnel.

Pour permettre une comparaison des résultats des deux études concernant le contexte immédiat, nous présentons un tableau où figurent à gauche les chiffres obtenus sur les données de 1989 (conversation et inter-

Le [ə] prépausal et l'interaction

view réunies puisqu'il n'y avait pas de différences de taux d'apparition du [ə] entre les deux situations) et à droite les chiffres de 1993 (tableau 1).

Tableau 1. Taux d'apparition du [ə] prépausal dans les données de 1989 et de 1993

	1989 (Hansen 1997) conversation + interview	1993 interview
Taux moyen*	18% (410/2291)	25% (88/359)
Taux individuels de...*	6% à 55%**	8% à 37%
No. de consonnes précédentes	**CC > C** CC : 30% (97/327) C : 18% (410/2291)	**CC > C** CC : 37% (23/62) C : 25% (88/359)
Nature phonétique de la consonne finale simple	**Sonores > Sourdes** Sonore : 23% (366/1601) Sourde : 6% (44/690)	**Sonores > Sourdes** Sonore : 29% (73/252) Sourde : 14% (15/107)
La nature de la pause *	**/ > //** / : 20% (223/1089) // : 16% (187/1202)	**/ > //** / : 29% (60/209) // : 19% (28/150)
L'influence de l'étymologie *	***e* > sans *e*** *e* : 19% (289/1509) sans *e* :15%(121/782)	***e* = sans *e*** *e* : 25% (60/236) sans *e* : 23% (28/123)

*) Après une seule consonne : C(e)/(/).
**) Les 55% ont été obtenus par une jeune femme de 23 ans, sinon le record individuel dans ce corpus est de 27%.

Les taux moyens d'apparition sont assez semblables dans les deux corpus (18% – 25%), mais les taux individuels varient énormément dans les deux cas. Nous pouvons ajouter que cette variation individuelle n'est pas structurée par les facteurs sociolinguistiques ordinaires comme l'âge ou le sexe. Par contre, ce qui ressort indiscutablement de l'analyse, vu que nous avons obtenu les mêmes résultats dans le grand corpus et dans le petit, ce sont certaines contraintes dans le contexte immédiat. Contraintes phonétiques, d'abord : les [ə] prépausals surgissent plus souvent après deux consonnes qu'après une seule, et plus souvent après une consonne finale simple sonore qu'après une consonne sourde (pour plus de détails, voir A.B. Hansen 1997 : pratiquement jamais de [ə] après les fricatives, beaucoup plus souvent après les sonantes et les occlusives).

Une contrainte prosodique apparaît également avec clarté : les [ə] prépausals se font entendre plus souvent après une unité prosodique avec intonation non finale qu'en fin d'énoncé, observation que nous allons développer dans la partie interactionnelle de cette étude. L'importance d'un e final étymologique est le seul paramètre qui a changé d'un corpus à l'autre : ce facteur joue un rôle positif, significatif d'après le test statistique utilisé (test Chi^2) dans les données de 1989, mais n'est pas significatif dans le corpus de 1993.

Nous avons donc un phénomène prépausal dont la fréquence est contrainte par le nombre et la nature des consonnes finales, ainsi que par la nature de la pause mais qui semble devenu indépendant du phonème de e caduc. Nous allons essayer maintenant de cerner le rôle joué par ce phénomène phonétiquement et prosodiquement contraint sur le plan interactionnel.

4. L'analyse interactionnelle[2]

L'analyse interactionnelle a été effectuée à l'aide d'outils développés par l'analyse conversationnelle d'origine ethnométhodologique (pour une introduction, voir Heritage 1984, ch. 8). Cette analyse nous a permis de relever quatre facteurs qui nous semblent significatifs : 1° ce que nous appellerons (faute de mieux) la « qualité » des interactions ; 2° la distribution des tours de parole ; 3° le contenu sémantique et la fonction pragmatique des énoncés qui se terminent en un [ə] prépausal ; et 4° les contours mélodiques.

Avant d'aborder la discussion de ces quatre facteurs, il convient toutefois de faire quelques réserves méthodologiques sur la nature des corpus dépouillés :

D'une part, il est important de remarquer que ceux-ci consistent en interviews sociolinguistiques ; ce qui veut dire que les normes interactionnelles en vigueur ne sont pas les mêmes que celles qui se manifestent dans une conversation à bâtons rompus où les interactants ont en principe un droit égal à la parole et peuvent librement introduire des thèmes. Dans une interview, par contre, l'interviewer a du moins le privilège d'introduire les thèmes principaux en posant des questions à l'interviewé. En revanche, c'est l'interviewé qui est censé parler le plus : on ne s'attend pas à ce que l'interviewer développe les thèmes en présentant ses propres points de vue ou en parlant de son expérience personnelle. Certaines des observations que nous ferons ci-dessous peuvent très bien être conditionnées par ce cadre interactionnel (cf. Wolfson 1976).

D'autre part, la personne qui fait l'interview : A.B. Hansen (AH dans les transcriptions), n'est pas une locutrice native, et il s'agit donc fondamentalement d'une communication interculturelle. Tout simplement, on ne peut être sûr qu'un chercheur non-natif – quel que soit le niveau de sa maîtrise de la langue française et de sa connaissance de la culture française – se comportera au niveau micro-interactionnel de la même manière qu'un locuteur natif, car certains des mécanismes dont nous allons parler se trouvent normalement à un niveau sub-conscient et ne font pas l'objet d'un apprentissage formel – contrairement au système linguistique propre et aux connaissances macro-culturelles que les locuteurs non-natifs acquièrent souvent dans l'enseignement.

Ceci dit, nous avons – à titre de comparaison – analysé un corpus (10f + 13f, cf. A.B. Hansen 1990) où la même enquêtrice parle avec deux jeunes femmes, amies de très longue date, et où le cadre interactionnel ressemble davantage à celui qui caractérise une conversation à bâtons rompus entre locuteurs natifs, d'autant plus que l'enquêtrice intervient relativement peu, laissant la plupart du temps la parole aux deux amies. Les observations faites sur la base des interviews s'avèrent en fait toutes confirmées par ce corpus de nature plus authentiquement conversationnelle.

4.1. « Qualité » des interviews.
Commençons au niveau global des interviews. Ici, il semble y avoir une tendance assez nette dans l'apparition des [ə] prépausals : plus l'interaction est « réussie », plus les interviewés ont tendance à produire de ces [ə]. Dire qu'une interaction est réussie peut sembler très subjectif et de plus assez vague, mais dans le cadre de la présente étude, cela signifie que l'interview se rapproche d'une « vraie » conversation, et pour identifier les « vraies » conversations, l'analyse conversationnelle nous offre en fait certains outils assez objectifs. Ainsi, les paramètres suivants ont été pris en compte :

1. Les changements de thème sont-ils plutôt abrupts, comme dans (1) ci-dessous, ou peut-on parler de glissements thématiques plus ou moins imperceptibles, comme dans (2), ce dernier cas de figure étant selon Sacks (1992, t.2, p. 566) un des signes d'une conversation réussie ?[3]

    (1) AT. mais, il a commencé à l'Agence France Presse euh c'était au moment de la guerre/
        AH. oui

AT. (h) et, et là il fallait <bon> il fallait beaucoup de gens parce que il y avait des il y avait des problèmes il fallait partir avec l'Agence France Presse qui partait à Vichy et tout ça/
AH. ah oui
AT. et, bon ben euh
AH. il a pu & travailler XX &&
AT. & il a pu travailler && comme § ça oui, oui, oui §§
AH. § oui oui okay §§
AT. voilà
AH. d'accord, okay, bon, je jette un coup d'œil là, sur le:s questions,, je connais pas tout par cœur,, °okay là c'est XXX° *est-ce que pendant votre scolarité vous avez eu l'occasion d'apprendre les, les langues étrangères* (AT-f, 82-93)

(2) LF. il est venu à Paris pour travailler à l'âge de dix-sept ans//
AH. oui
LF. lui il a vécu vraiment, il a été élevé en Bretagne//
AH. mm
LF. oui alors les loisirs euh/ une femme qui travaille/
AH. c'est vrai X
LF. et qui a une charge [tousse]/ de personne euh, handicapée/
AH. *elle n'habite pas chez vous votre mère* (LF-f, 171-177)

2. La personne qui fait l'interview contrôle-t-elle le développement thématique, comme dans (1) ci-dessus, ou bien les personnes interviewées proposent-elles aussi parfois des thèmes, comme dans (3) ?

(3) PR. ...quand j'ai besoin de fric/ je travaille dans une agence/
AH. c'est vrai
PR. ouais
AH. c'est votre second boulot ou comment dire
PR. oui c'est un peu ça oui [rit]
AH. oui oui c'est une agence euh immo#
PR. d'architecture, d'architecture//
AH. & XX
PR. & on dit agence ou on atelier d'architecture en France/
AH. ah bon d'accord
PR. enfin il y a, on,, [tousse] suivant euh ça <ãfp> je sais pas je sais pas euh comment b# pas je,, (h) il y a des gens qui disent euh a# o# i# on emploie trois mots//, enfin *les architectes emploient trois mots euh*/
AH. mm
PR. enfin ça vous intéresse peut-être pas
AH. oui (PR-h, 152-166)

3. Y a-t-il (comme dans [4]) des pauses assez longues à la fin de tours de parole de contenu non interrogatif ? (Si nous n'avons compté que les pauses apparaissant après des tours de parole non interrogatifs, c'est parce que nous trouvons normal que l'interviewé prenne parfois un peu de temps pour réfléchir avant de répondre à une question.)

Si l'on trouve de telles pauses avec une certaine fréquence dans une interview donnée, cela peut être interprété comme indiquant ou bien que les interlocuteurs ont du mal à trouver quelque chose à se dire, ou bien que l'épisode contient un certain nombre de tours de parole de nature « non préférée » (cf. Heritage 1984, pp. 265sq). Le manque de pauses entre les tours de parole sera en revanche signe d'une interaction facile. – Ceci dit, il ne faut pas oublier que la durée « maximale » d'une pause inter-tours (c'est-à-dire la durée au-delà de laquelle le silence sera perçu comme pénible) est culturellement variable. Sans doute cette durée maximale est-elle en général moindre pour un Français que pour un Scandinave (cf. Kerbrat-Orecchioni 1994, pp. 24sq).

> (4) AH. ...Christine Ockrent est-ce qu'elle présente toujours & un journal &&
> JB. & euh && si oui, sur sur la trois//
> AH. sur la, AH bon
> JB. oui – –
> AH. elle a changé pas mal de fois alors
> JB. ben, apparemment/
> AH. elle a été sur la Une & sur la Deux &&
> JB. & sur sur && la Cinq aussi//
> AH. mm, ah bon, oui – – mais au total... (JB-h, 152-161)

4. Les interviewés répondent-ils aux questions de manière plutôt brève et strictement factuelle, comme dans (5), ou bien ont-ils tendance à approfondir spontanément leurs réponses et à fournir des commentaires ou des évaluations de nature plus personnelle, comme dans (6) ?

> (5) AH. mais en semaine est-ce qu'il t'arrive euh comme aujourd'hui d'avoir des heures comment dire creuses euh
> JB. ben/, tous les lundis/
> AH. comme ça, ah c'est QUE les lundis
> JB. tous les lundis & euh ben/ &&
> AH. & que tu as une pause &&
> JB. oui les mercredis j'ai pas cours/, et je
> AH. pas du tout ?
> JB. pas du tout
> AH. enfin, tu es libre le mercredi
> JB. oui (JB-h, 173-183)

(6) AH. et elle a pu faire des études ou elle est allée à
LB. elle a pu faire# oui elle f# elle a été jusqu'au bac/
AH. ah bon X
LB. elle aurait pu, alle aurait pu continuer, oui quand même c'est vrai à à cette époque-là/, elle aurait pu continuer mais, donc ma grand-mère donc sa mère/, n'a pas voulu parce que, parce qu'elle voulait qu'elle travaille/, pour euh pour l'aider à payer euh
AH. oui c'est dur
LB. oui//, sinon elle aurait elle aurait pu aller plus loin parce que c'était une bonne élève//
AH. c'est vrai ?
LB. oui, en plus/
AH. oui ah bon
LB. et elle, elle a regretté// (LB-f, 86-97)

5. L'enquêtrice se borne-t-elle à poser des questions, ou bien lui arrive-t-il de parler de son expérience personnelle ou d'exprimer ses points de vue à elle (comme dans [7]) ?

(7) AM. ...il faut attendre que le bébé fait sa sieste, il faut attendre que, donc c'est pareil ça recule l'heure et c'est pas c'est jamais des journées entières quoi en fait//
AH. non mais
AM. parce que si, comme monsieur ne dort QUE dans son lit/
AH. mm
AM. donc si on <n'/Ø>est pas A la maison DANS son lit c'est une catastrophe, et lui X quand il est fatigué mais il veut PAS dormir [rit]//,, donc/ il faut, il faut s'organiser
AH. oui,, oh oui, je connais tout ça aussi (AM. [rit]) en novembre, on était chez des amis à Gif, on voulait rentrer sur Saint-Maur (AM. oui), on habitait Saint-Maur (AM. oui), alors c'était un trajet assez long... (AM-f, 240-250)

Nous avons ainsi pu, à l'aide de ces cinq paramètres, situer chacune des différentes interviews composant notre corpus quelque part sur un axe allant du plus au moins réussi d'un point de vue interactionnel, une telle réussite reflétant le degré de spontanéité de l'interaction et d'affinité personnelle entre les interactants, tel qu'il ressort du comportement verbal et paraverbal de ceux-ci.

Comme nous l'avons déjà dit, le taux d'apparition du [ə] prépausal dans une interview donnée semble avoir un rapport assez net avec la place que cette interview occupe sur l'axe mentionné :

Ainsi, le pôle du « moins réussi » est constitué par une interview (ER-f) plutôt « business-like » avec une très jeune fille. Celle-ci ne produit en effet que 9.6% des [ə] prépausals possibles (3 sur 31), le premier apparaissant à un moment assez avancé dans l'interview, où elle commence juste à exprimer quelques opinions personnelles sur les sujets discutés.

Au pôle du « plus réussi », nous trouvons une interview (AM-f) avec une jeune femme très loquace, avec qui l'enquêtrice semble avoir un certain nombre de choses en commun. Ici, par contre, 39,4% des [ə] prépausals potentiels sont effectivement réalisés (17 sur 43). – Et l'on pourra ajouter que dans le corpus 10f + 13f que nous avons mentionné ci-dessus, à savoir la conversation libre avec les deux amies d'enfance, 52,5% des [ə] prépausals potentiels (43 sur 82) sont réalisés dans l'ensemble du discours des deux locutrices natives.

Cela constitue une première indication de ce que la variable qui nous intéresse pourrait être liée à des facteurs interactionnels.

4.2. Distribution des tours de parole.
Un deuxième paramètre pertinent semble être la distribution des tours de parole. Ici, nous avons étudié la corrélation entre la (non-)apparition du [ə] prépausal et le changement ou non de locuteur après la variable.

Considérons d'abord les règles de base de distribution des tours de parole. Selon le système esquissé dans Sacks et al. (1974), chaque locuteur a, en principe, droit à une seule « unité constructionnelle de tour » (ou UCT) avant que la parole puisse passer à quelqu'un d'autre. C'est à dire que la fin d'une UCT est définie comme un « point de transition potentielle » (ou PTP).

La définition de l'UCT est un problème épineux (cf. Ford & Thompson 1996 ; Ford et al. 1996 ; Schegloff 1996), mais pour les besoins de notre étude, nous dirons qu'une telle unité consiste en un énoncé constituant un seul message contextuellement complet (voir aussi M.-B. M. Hansen 1998, pp. 123ss.). Souvent un tel message coïncidera avec une seule phrase grammaticalement complète, mais cela n'est ni une condition nécessaire, ni une condition suffisante de complétude contextuelle. C'est-à-dire que des séquences comme T2 et T6 de l'exemple (8) ci-dessous seront considérées comme constituant chacune une et une seule UCT, bien que T6 ne constitue pas une phrase grammaticalement complète. En revanche, T2 et T8 de l'exemple (9) seront considérés, l'un comme ne constituant pas une UCT complète (T2) malgré sa complétude du point de vue strictement grammatical, l'autre comme constituant plusieurs UCT (T8).

(8) T1 AH. vous avez des frères et sœurs aussi qui euh
T2 AM. *oui j'ai un frère e:t deux sœurs//*
T3 AH. ah oui ça fait beaucoup

>   T4 AM. ah oui on était quatre//
>   T5 AH. c'est comme moi d'ailleurs tiens
>   T6 AM. *un frère et deux sœurs aussi*
>   T7 AH. oui oui (AM-f, 59-64)
>
> (9)   T1 AH. mais est-ce qu'ils sont du: euh de Paris vos parents, où, est-ce qu'ils sont nés eux
>   T2 AM. [*alors mon père/, est né/*
>   T3 AH. enfin à peu près [rire]
>   T4 AM. en BREtagne je crois/]
>   T5 AH. en Bretagne oui
>   T6 AM. euh je crois
>   T7 AH. mm
>   T8 AM. [*et ma mère/, à Paris//*],, [*ma mère est née à Paris oui*] (AM-f, 1-8)

Un locuteur donné ayant atteint un premier PTP, s'ouvrent trois possibilités de poursuite de l'interaction :

1° Le locuteur actuel (L1) pourra sélectionner un nouveau locuteur (L2), par exemple en posant une question à un interlocuteur spécifique ;

2° Si la règle no. 1 n'est pas appliquée, n'importe quel L2 potentiel pourra s'auto-sélectionner ;

3° Si aucune de ces deux règles n'est appliquée, L1 pourra s'auto-sélectionner pour encore une UCT. Au PTP suivant, les trois règles seront de nouveau opérationnelles.

Il est évident que les locuteurs auront souvent besoin de plus d'une seule UCT pour transmettre leurs messages, et il existe par conséquent un certain nombre de techniques pour la négociation d'un tour de parole étendu.

Il faut remarquer que dans une interview, ces règles n'opèrent pas de manière aussi stricte que dans une conversation, car un des buts de l'interview est – comme nous l'avons déjà dit – de faire parler le plus possible l'interviewé. Toutefois, pour savoir où placer ses questions et comment développer les thèmes, celui qui fait l'interview est obligé de surveiller la production d'UCT et de s'auto-sélectionner à des moments qui lui semble propices.

Maintenant, il s'avère d'abord que la presque-totalité (85,74%, ou 361/421) des mots pouvant contenir un [ə] prépausal – que ces [ə] soient réalisés ou pas – marquent des PTP, c'est-à-dire qu'ils apparaissent à des endroits où l'enquêtrice pourrait en principe intervenir sans problème.[4] Néanmoins, une seule interview mise à part, le taux de changements de locuteur après l'apparition d'un tel [ə] est nettement plus faible que si aucun [ə] prépausal n'est réalisé (au total, il s'agit de 9,9% (11 sur 111) de changements de locuteur après apparition d'un [ə] vs. 23,5% (75 sur 310) après non-apparition d'un [ə]).

Ici, il faut remarquer que quand nous parlons de changements de locuteur, nous ne comptons pas ce qu'on appelle les régulateurs (*backchannel markers* en anglais, cf. Yngve 1970) tels que *oui, ah bon, mhm, c'est vrai, je vois* etc. : loin de constituer une véritable prise de parole, la production de régulateurs a justement pour fonction d'encourager le locuteur actuel à poursuivre son discours (cf. Kerbrat-Orecchioni 1990, pp. 186sq).

En fait, nous avons noté avec intérêt que la probabilité que l'enquêtrice émette un régulateur augmente de manière significative après un [ə] prépausal : au total, dans le cas où l'interviewé poursuit son tour après avoir produit un tel [ə], l'enquêtrice énonce un régulateur 64,6% du temps (64 cas sur 99), alors que sur les 234 cas où l'interviewé poursuit son tour sans avoir produit un [ə], seuls 102 PTP sont suivis d'un régulateur de la part de l'intervieweuse (43,6%).

A notre avis, cela constitue une deuxième indication que le [ə] prépausal pourrait bien avoir une valeur de marque discursive.

4.3. Contenus sémantiques et fonctions pragmatiques.

En troisième lieu, nous avons analysé les contenus sémantiques et les fonctions pragmatiques des énoncés contenant des [ə] prépausals et nous les avons comparés aux énoncés où un tel [ə] aurait pu apparaître, mais est resté non réalisé.

Il s'est avéré que les [ə] prépausals ont tendance à apparaître dans les contextes suivants :

1° Dans les parties d'énoncés exprimant un élément non final d'une liste quelconque :

   (10)   ...et puis après j'ai: travaillé dans une maison de diététique/, pharmaceutique/,, e:t produits de beauté// (LF-f, 77-78)

   (11)   AM. ...mais en tout cas j'étais surtout sportive <alors>
          AH. ah oui
          AM. [...] j'ai fait des arts martiaux/ [...]
              j'ai fai:t des majorettes/ [...]
              j'ai fait de la danse euh classique/
          AH. mm
          AM. puis de la danse euh: moderne aussi/, danse rythmique/, j'ai fait de la gymnastique/,, et puis c'est tout je crois (AM-f, 178-203)

2° Dans les chiffres, surtout à la première mention :

(12) ...ben pour l'instant j'ai un report euh pour études jusqu'en quatre-vingt-<u>seize</u>/, puis si je suis encore à l'école je fais encore un report quoi//,, pour l'instant j'ai un report jusqu'en quatre-vingt-seize// (LM-h, 53-55)

(13) ...euh ça f# ça fait longtemps parce que je me suis marié e:n soixante euh <u>six</u>/ (PR-h, 85-86)

3° Dans des énoncés introduisant un référent dont le locuteur n'est pas certain qu'il soit connu de l'interlocuteur :

(14) euh j'aime# il y a une émission mais je sais pas si tu connais l'émission qui s'appelle Thalassa, sur la <u>mer</u>/ (ER-f, 151-152)

(15) PR. ...j'habitais l'Ile de la Cité euh
AH. mm d'accord
PR. vers la Place <u>Dauphine</u>//
AH. oui
PR. oui voyez
AH. oui
PR. Place Dauphine là & ça vous dit &&
AH. & oui je connais &&
PR. oui voilà... (PR-h, 17-25)

4° Dans des énoncés exprimant une précision :

(16) AH. ah toi tu n'étais pas née à
LB. je suis# non je suis pas née à Paris, je suis née en# EN <u>Bretagne</u>// (LB-f, 3-4)

(17) alors <sœ> sur quatre enfants ben on est plus que deux, les deux <u>filles</u>/ (LF-F, 63)

(18) ...et moi/ j'ai été plus loin je suis [claque de la langue] j'étais à l'école [rire]/, j'ai eu le brevet//,, le brevet ça se passe en <u>troi-sième</u>//,,
AH. oui
FB. troisième/, et euh donc/, ... (FB-f, 43-46)

5° Dans des énoncés exprimant une restriction (la restriction pouvant évidemment être considérée comme un type particulier de précision) :

(19) LM. ...euh si on demande un report pour études c'est vingt-deux ans/,
AH. oui
LM. donc euh direct/, et euh/, à vingt-deux ans/, s# si on continue encore ses <u>études</u>/,
AH. mm
LM. faut ramener des papiers tous les ans... (LM-h, 62-67)

Le [ə] prépausal et l'interaction

(20) JB. ...on a une chaîne qui passe en version française et en version originale//
AH. ah bon c'est c'est laquelle
JB. oui c'est Canal Plus//
AH. ah bon
JB. mais faut payer & <de toute façon/façon> le: &&
AH. & on a: c'est-à-dire && théoriquement on on pourrait voir en version originale
JB. si on paye//
AH. si on paye
JB. oui (JB-h, 126-135)

6° Dans des répétitions et des paraphrases (qu'il s'agisse d'auto- ou d'allo-répétitions) :

(21) AH. est-ce qu'il y a un présentateur à la télé ou à la radio que tu aimes enfin
LB. que je n'aime pas ?
AH. que tu aimes
LB. que j'aime//,, ah j'en ai pas des des des préférés hein... (LB-f, 253-256)

(22) LF. ...parce que je m'occupe des services généraux/, alors je tiens la: la comptabilité/
AH. c'est ça
LF. et puis les commandes/,, et puis le# bon ben le suivi des commandes et après les# le suivi des facturations//
AH. oui c'est-à-dire que c'est pas les ce sont pas les salaires et cétéra les XXX
LF. ah non non c'est pas les salaires moi je suis pas du tout au traitement/, moi je suis au service commandes//,, oui équipement euh fonctionnement euh oui oui/, ah non non//,, pas le: je suis pas du tou:t au service des traitements du tout//
AH. oui
LF. non non moi je suis simplement au: service de:s des commandes/ (LF-f, 140-150)

7° Dans des corrections (qu'il s'agisse d'auto- ou d'allo-corrections) :

(23) FB. je suis nounou//
AH. ça s'appelle comme ça
FB. non/ pas du tout [rit]
AH. nourrice
FB. ça s'appelait// on a un beau titre on est assistante(s) maternelle(s)//
AH. ah bon ah okay (FB-f, 85-90)

(24) AH. de tai chi mais c'est pour se défendre n'est-ce pas c'est de:s enfin une espèce de
AT. m# oui mais disons que c'est c'est vraime:nt on le fait sans armes c'est surtout pour se <u>détendre/</u> & enfin voyez && c'est tout u:n
AH. & ah bon && (AT-f, 184-187)

(25) AH. ...il y a beaucoup de de chaînes là maintenant on peut
FB. on en a six/
AH. alors oui il y en a six mhm
FB. oui on est pas câblé on a pas le <u>câble//</u> (FB-f, 235-238)

(26) LB. la radio le matin/, quand je m#
AH. le matin oui
LB. le soir aussi puisque souvent on mange quand il y a des informations/
AH. oui mm
LB. quoique bon on mange assez tôt à sept heures et demie donc s# sept heures et demie à huit heures on mange/, mais de huit heures à huit heures et demie on fait la <u>vaisselle/</u> (LB-f, 243-248)

8° Dans des énoncés exprimant un commentaire ou une évaluation hautement subjective, à force plus ou moins exclamative :

(27) ça je: oui/, oui euh/, je dirai même que des fois ils prennent des gens/, pour des <u>imbéCILes/</u> (LB-f, 269)

(28) PR. je le regarde jamais euh la Un//, je trouve ça c'est vraiment une t# ça me# c'est vraiment je trouve & vraiment# &&
AH. & c'est pas bon &&
PR. trouve ça n# vraiment <u>NUL//</u>
AH. ah bon
PR. d# d# débilitant moi: je <u>trouve//</u> (PR-h, 235-240)

4.4. Intonation.

Enfin, on peut remarquer le taux élevé (49,54%, ou 55 sur 111) de contours mélodiques complexes (c'est-à-dire montant-descendant ou – plus rarement – descendant-montant) sur les mots contenant les [ə] prépausals. Par contre, dans les cas de non-apparition du [ə] prépausal, le contour intonatif est invariablement simple (c'est-à-dire simplement descendant ou montant, mais non pas, semble-t-il, continuatif). Le fait que le [ə] prépausal n'apparaît pas uniquement avec des contours mélodiques complexes nous semble en outre prouver qu'il n'est pas seulement une simple conséquence phonétique de ces contours (*pace* Fagyal 2000).

Les contours intonatifs complexes servant souvent des fins interactionnelles, il est permis de penser que le [ə] prépausal pourrait, lui aussi, jouer un tel rôle. Ceci dit, nous sommes bien conscientes que cet aspect de la variable demande un traitement beaucoup plus approfondi. Malheureusement, des considérations de temps et de place nous oblige à réserver un tel traitement pour une prochaine étude.

5. Conclusion

Sur la base de nos observations concernant le contenu des énoncés « hôtes », il paraît plausible que, si le [ə] prépausal est, à l'origine, un phénomène de détente, ce qu'indiquerait l'analyse des contraintes phonétiques, il a acquis une fonction pragmatique en français contemporain. Cette fonction semble être principalement celle d'attirer l'attention de l'interlocuteur sur un élément important du discours. Il indiquerait ainsi la mise en relief d'un énoncé ou d'un élément d'énoncé particulier. Le fait que les [ə] dans notre corpus sont très souvent suivis d'un régulateur (ou *backchannel marker*) de la part de l'enquêtrice suggère en outre qu'une fonction supplémentaire du phénomène, dérivée de la première, pourrait être celle de solliciter la compréhension et/ou l'approbation de l'interlocuteur.

Comment cette hypothèse explique-t-elle les corrélations avec la « qualité » de l'interaction, l'intonation et la prise de parole que nous avons observées ci-dessus ?

Pour ce qui est de l'intonation, il est probable que les contours mélodiques marqués fonctionnent eux aussi comme marques d'une emphase ou d'une mise en relief quelconque.

Quant à la prise de parole, on ne peut s'étonner que les interlocuteurs aient tendance à laisser parler un locuteur qui vient de marquer une partie de son discours comme particulièrement important : dans de tels cas, les thèmes traités se prêteront souvent – quoique pas nécessairement – à des approfondissements immédiats.

Le fait que notre [ə] apparaît avec prédilection dans des interactions plutôt informelles et chaleureuses s'explique si l'on prend en compte deux faits : d'une part, le [ə] prépausal est un phénomène linguistique plutôt stigmatisé en français standard, surtout par les locuteurs plus âgés (cf. Carton 1999, p. 43). – Ceci ne veut d'ailleurs pas dire qu'il ne puisse pas jouir d'un certain prestige « latent » (cf. Hudson 1980, p. 201) parmi les locuteurs plus jeunes et plus « branchés » (ce qui est également suggéré par Carton op. cit., p. 43).

D'autre part, la mise en relief constitue une stratégie de politesse dite « positive » (cf. Brown & Levinson 1987), c'est-à-dire une stratégie interactionnelle qui cherche le rapprochement entre les interlocuteurs. De plus, comme il s'agit dans ce cas précis d'une stratégie plutôt implicite, elle présuppose une certaine connivence entre les interlocuteurs, ce qui est également une marque de politesse positive.

Notre hypothèse semble être corroborée par le fait que, dans les quelques cas où nous avons relevé des tours de parole dits « collaboratifs », c'est-à-dire ceux où l'allocutaire intervient spontanément pour terminer ou pour compléter la phrase que le locuteur est en train de produire, l'élément ajouté contient un [ə] prépausal (dans la mesure où un tel [ə] est possible dans l'environnement phonétique en question, bien entendu) :

(29) AH. on se promenait chacune & [rire] XX && on était très bien dans l'eau c'était bien
AM. [rire] & avec le gros ventre// &&
AH. puis après pour reprendre
AM. c'est dur// (AM-f, 8.162-165)

Les tours de parole collaboratifs – surtout du type de (29) où l'allocutaire termine des phrases grammaticalement non complètes – sont en général la marque d'une interaction où domine la politesse positive, car ce type de tour de parole signale une assez forte connivence entre les interlocuteurs.[5]

L'hypothèse interactionniste présentée ici explique en outre l'observation faite dans la section 3 ci-dessus, selon laquelle les variations individuelles dans la fréquence d'emploi du [ə] prépausal ne sont apparemment pas structurées par des facteurs sociolinguistiques classiques. Car si la réussite d'un épisode interactionnel peut évidemment être favorisée ou défavorisée par le degré de ressemblance entre ce qu'on pourrait appeler les « profils sociologiques objectifs » des locuteurs, il est clair qu'elle ne peut pas en dépendre, et que des interactants qui se ressemblent comme deux gouttes d'eau du point de vue de l'âge, du sexe, du niveau d'éducation, de l'origine géographique, et ainsi de suite, peuvent ne pas s'entendre du tout, alors que deux personnes venant de milieux socio-culturels très différents peuvent néanmoins ressentir une affinité immédiate l'une pour l'autre.

Enfin, si notre hypothèse est correcte, il faudra en effet – comme d'autres chercheurs l'ont déjà proposé (cf. la section 1 ci-dessus) – reconnaître à cet [ə] prépausal un statut proche de celui des particules discursives (cf. M.-B. M. Hansen 1998). On pourrait peut-être même aller jusqu'à dire que le français contemporain est en train de créer un nouveau suffixe à fonction interactionnelle/modalisatrice. Mais avant de pouvoir affirmer cela avec assurance, il reste toutefois beaucoup de travail à faire.

Anita Berit Hansen et Maj-Britt Mosegaard Hansen
Université de Copenhague
berit@hum.ku.dk – maj@hum.ku.dk

Notes

1. Il va de soi que nous n'avons pas inclu des exemples comme *Bois-le,* ou le E final est accentué et toujours prononcé.
2. Suivant la présentation orale de nos résultats, A. Coveney a attiré notre attention sur une étude faite par Britain (1992), sur les énoncés déclaratifs à intonation montante dans l'anglais néo-zélandais. L'analyse faite par Britain des fonctions pragmatiques de ce contour intonatif a de nombreux points en commun avec la présente étude des fonctions du [ə] prépausal. A notre avis, cela ne peut qu'étayer la plausibilité de notre analyse, car cela indique que nous avons affaire à un faisceau de fonctions qui s'avère pertinent à travers les langues, même si différentes langues choisissent différents moyens (para)linguistiques pour l'exprimer.
3. Les conventions de transcription observées sont les suivantes :

<u>mot souligné</u>	mot qui se termine en un [ə] prépausal
italiques	séquence commentée dans le texte
#	interruption
, et ,,	pause normale plus ou moins longue
– –	pause significative
&...&& et §...§§	chevauchement de paroles
MAJUSCULES	syllabe accentuée
:	voyelle allongée
°...°	éléments prononcés sur un ton plus bas que les paroles qui les encadrent
(h)	inspiration audible
<...>	transcription incertaine
XXX	syllabes inaudibles
/	fin d'un contour mélodique non-terminatif
//	fin d'un contour mélodique terminatif

4. Les [ə] que nous étudions étant justement prépausals, le lecteur pourra se demander pourquoi les endroits potentiels d'apparition de ces [ə] ne marquent pas par définition des PTP. La réponse se trouve dans l'existence manifestement possible d'exemples comme le suivant (forgé, celui-ci), où la séquence précédant le [ə] prépausal ne constituerait pas un message contextuellement complet :
   (i) A. Et le soir, vous avez fait quoi ?
        B. Eh bien, après le film-[ə], on est allées voir Bénédicte.
5. Le lecteur se demandera peut-être si ce fait est compatible avec l'hypothèse faite ci-dessus selon laquelle la production d'un [ə] prépausal peut aider le locuteur à garder le tour de parole au-delà d'une PTP. Nous répondons que oui, pour deux raisons : d'abord, la fonction première de la variable, selon nous, est la mise en relief de l'élément précédent (ou de l'énoncé entier dans lequel apparaît cet élément). Le fait qu'une telle mise en relief d'une partie de son discours peut permettre au locuteur de garder la parole au-delà d'un PTP n'est donc qu'une fonction dérivée dont la pertinence dépendra du contexte concret d'apparition. Ensuite, les tours de parole collaboratifs représentent en fait ce que Roulet et al. (1987, pp. 60ss) appellent des discours dialogaux, mais monologiques : c'est-à-dire que bien qu'il y ait deux locuteurs, il n'y a en fait qu'un seul énonciateur, car L2 (celui qui termine

l'énoncé commencé par l'autre, L1) ne se donne pas comme parlant « pour lui-même », mais au contraire comme parlant au nom de L1. Ainsi, s'il y a bien changement de locuteur physique après l'apparition des [ə] prépausals de (29), il n'y a pas changement d'énonciateur du tout dans cet extrait. Les [ə] peuvent donc être interprétés comme signalant que AM – parlant ici au nom de AH – accepte que celle-ci garde le droit à la parole pendant encore un certain laps de temps.

Références

Armstrong, N. & S. Unsworth (1999) : Sociolinguistic variation in southern French schwa. *Linguistics*, 37,1, pp. 127-156.

Britain, D. (1992) : Linguistic change in intonation: The use of high rising terminals in New Zealand English. *Language Variation and Change*, 4, pp. 77-104.

Brown, P. & S. C. Levinson (1987) : *Politeness. Some universals of language usage.* Cambridge University Press, Cambridge.

Carton, F. (1999) : L'épithèse vocalique en français contemporain : étude phonétique. *Faits de langue*, 13, Ophrys, Paris, pp. 35-45.

Coveney, A. (2001) : *The Sounds of Contemporary French. Articulation and diversity*. Elm Bank Publications, Exeter.

Fagyal, Zs. (2000) : Le retour du *e* final en français parisien : changement phonétique conditionné par la prosodie, in : Englebert, A., M. Pierrand, L. Rosier & D. Van Raemdonck (éds.) : *Actes du XXIIe Congrès International de Linguistique et de Philologie Romanes*, tome 3, *Vivacité et diversité de la variation linguistique.* Max Niemeyer Verlag, Tübingen, pp. 151-160.

Fagyal, Zs. (à paraître) : Articulatory release and intonational phrase-final vowel epenthesis in Parisian French.

Fónagy, I. (1989) : Le français change de visage ? *Revue Romane*, 24, 2, Copenhague, pp. 225-254.

Ford, C. E. & S. A. Thompson (1996) : Interactional units in conversation: Syntactic, intonational and pragmatic resources for the management of turns, in : Ochs, E., E. A. Schegloff & S. A. Thompson (eds) : *Interaction and grammar.* Cambridge University Press, Cambridge, pp. 134-184.

Ford, C. E., B. A. Fox & S. A. Thompson (1996) : Practices in the construction of turns : the 'TCU' revisited. *Pragmatics*, 6, 3, pp. 427-454.

Hansen, A. B. (1990) : *Analyse sociolinguistique de deux évolutions linguistiques dans le français parlé à Paris : la stabilisation du 'e caduc' interconsonantique et l'apparition d'un [ə] final.* Mémoire de maîtrise non publié, Université de Copenhague.

Hansen, A. B. (1991) : The co-variation of [ə] with style in Parisian French : an empirical study of e caduc and prepausal [ə]. *Proceedings from the ESCA Workshop: "Phonetics and Phonology of Speaking Styles : Reduction and Elaboration in Speech Communication"*. Barcelona, 30 Sept-2 Oct 1991, pp. 30-1 – 30-7.

Hansen, A. B. (1997) : Le nouveau [ə] prépausal dans le français parlé à Paris, in : Perrot, J. (éd.) : *Polyphonie pour Iván Fónagy*. L'Harmattan, Paris.

Hansen, M.-B. M. (1998) : *The function of discourse particles. A study with special reference to spoken standard French*. John Benjamins, Amsterdam.
Heritage, J. (1984) : *Garfinkel and ethnomethodology*. Polity Press, Cambridge.
Hudson, R.A. (1980) : *Sociolinguistics*. Cambridge University Press, Cambridge.
Kerbrat-Orecchioni, C. (1990) : *Les interactions verbales*, tome I. Armand Colin, Paris.
Kerbrat-Orecchioni, C. (1994) : *Les interactions verbales*, tome III. Armand Colin, Paris.
Léon, P. R. (1987) : e caduc : facteurs distributionnels et prosodiques dans deux types de discours. *Proceedings XIth ICPhS*, vol. 3, Talinn, Estonia, USSR, pp. 109-112.
Léon, P. R. (1993a) : *Précis de phonostylistique*. Nathan Université, Paris.
Léon, P. R. (1993b) : *Phonétisme et prononciations du français*. Nathan Université, Paris.
Roulet, E., A. Auchlin, J. Moeschler, C. Rubattel & M. Schelling (1987) : *L'articulation du discours en français contemporain*, 2e éd. Peter Lang, Berne.
Sacks, H. (1992) : *Lectures on conversation*, tome 1-2. Blackwell, Oxford.
Sacks, H., E. A. Schegloff & G. Jefferson (1974) : A simplest systematics for the organization of turn-taking in conversation. *Language*, 59, 4, pp. 696-735.
Schegloff, E. A. (1996) : Turn organization: One intersection of grammar and interaction, in Ochs, E., E. A. Schegloff & S. A. Thompson (eds.) : *Interaction and grammar*. Cambridge University Press, Cambridge, pp. 52-133.
Walker, D. (2001) *French Sound Structure*. University of Calgary Press, Calgary.
Walter, H. (1988) : *Le français dans tous les sens*. Robert Laffont, Paris.
Wolfson, N. (1976) : Speech events and natural speech : some implications for sociolinguistic methodology. *Language in society*, 5, pp. 189-209.
Yngve, V. H. (1970) : On getting a word in edgewise. *Proceedings of the Annual Meeting of the Chicago Linguistic Society*, 6, pp. 567-578.

Le redoublement du sujet en français parlé : une approche variationniste *

par

Aidan Coveney

1. Introduction

Jusqu'il y a trente ans environ, on s'intéressait relativement peu à ces phénomènes de la syntaxe du français parlé que sont la 'dislocation', le 'détachement' ou le 'redoublement du sujet'. Mais depuis les années soixante-dix, ces structures font l'objet d'un grand nombre d'études, dans différents courants de la linguistique : que ce soit la grammaire générative transformationnelle (par ex. Larsson, 1979), la syntaxe fonctionnelle et la pragmatique (par ex. Lambrecht, 1981, 1987 ; Barnes, 1985), la linguistique diachronique (par ex. Harris, 1978), la description syntaxique de la langue parlée (par ex. les travaux du *Groupe Aixois de Recherches en Syntaxe* ; Blasco-Dulbecco, 1999) ou encore la sociolinguistique variationniste (par ex. Ashby, 1980, 1988). La complexité de ce domaine est décrite avec justesse par Blasco-Dulbecco dans son livre *Les dislocations en français contemporain* : 'Nombre d'études se sont penchées sur les dislocations. Chacune a du mal à donner une définition satisfaisante et toutes se contredisent sur la terminologie, la description ou encore les justifications attribuées au phénomène' (1999, p. 74).

Tout en reconnaissant la valeur des autres approches, nous nous efforcerons dans cet article de montrer l'intérêt d'appliquer les méthodes de la sociolinguistique variationniste à un aspect bien précis de ce domaine : le redoublement du sujet nominal. Dans la démarche variationniste, la variable sociolinguistique est le concept clé, et elle représente l'alternance (ou le choix, plus ou moins conscient) entre deux ou plusieurs variantes (des formes ou structures). En calculant les fréquences relatives des variantes, pour un locuteur ou un groupe de locuteurs, on peut dire de manière précise dans quelle mesure cet individu ou ce groupe favorise l'une ou l'autre variante. Par le biais d'une comparaison de tous les groupes d'âge dans une même communauté, on peut faire une étude en temps apparent, qui permet alors de reconnaître un changement linguistique en cours (Chambers & Trudgill, 1998, pp. 76-81). La fiabilité de cette technique a été confirmée par des études en temps réel, dans lesquelles deux échantillons ont été prélevés à plusieurs années d'écart (par ex. Trudgill, 1988, sur l'anglais de Norwich ; Thibault & Daveluy, 1989, et Blondeau, 2001, sur le français de Montréal). Mais la polémique a été vive en ce qui concerne la possibilité même de traiter des phénomènes *grammaticaux* en tant que variables sociolinguistiques, de la même manière que des alternances phonologiques, et ceci notamment en raison du critère selon lequel les variantes doivent représenter 'différentes façons de dire la même chose'. Face aux études quantitatives sur les variables grammaticales ou syntaxiques, notamment pour le français québécois (par ex. Sankoff, 1980), certains ont objecté que ces analyses ne tenaient pas compte des différences sémantiques ou pragmatiques entre les variantes. Nous avons présenté ailleurs différents arguments en faveur de l'approche variationniste au niveau de la grammaire (Coveney, 1996, 1997). Le plus important d'entre eux portait sur les changements grammaticaux, qui passent nécessairement par une étape où deux formes ou structures sont en 'concurrence', ou en variation. Cette étape suppose un certain degré d'équivalence sémantique et pragmatique entre les deux formes ou structures – non pas forcément une synonymie totale, mais tout au moins une synonymie partielle dans certains contextes.

Parmi les nombreuses études consacrées entièrement ou partiellement au redoublement du sujet, et celles qui adoptent une approche variationniste proche de la nôtre, nous citerons les suivantes : Ashby (1980, 1988), Sankoff (1982), Campion (1984), Pooley (1996). Nadasdi (2000) propose une étude variationniste sur 119 locuteurs du franco-ontarien. Nagy & Blondeau (1999) examinent le comportement linguistique de 20 anglo-montréalais, locuteurs du français langue seconde. Barnes (1985) et Auger (1998) incorporent elles aussi un élément quantitatif (avec, respectivement, quatre Françaises et quatre Montréalais), même si leurs objectifs principaux sont différents des nôtres : pragmatiques dans le premier cas, syntaxiques dans le deuxième. Pour son travail sur la dislocation, Blasco-Dulbecco a dépouillé 17 heures de transcriptions tirées des corpus du *GARS*, représentatives de types de discours variés, et a recueilli environ 1500 exemples de dislocation de tous genres (1999, p. 83). Notre corpus est d'une taille presque identique (18 heures), mais d'une nature discursive plus homogène, puisqu'il s'agit systématiquement d'entretiens informels.

Nous y avons trouvé 1761 occurrences de dislocation (tous genres compris). Toutefois nos objectifs sont plus limités que ceux de Blasco-Dulbecco, car nous nous concentrons sur un aspect de la dislocation qui semble être sujet à la stratification sociale et à la différenciation stylistique.

Dans une perspective diachronique, plusieurs chercheurs ont avancé l'hypothèse suivante : le taux apparemment très élevé du redoublement du sujet, au moins dans certaines variétés du français, signifie que les sujets clitiques sont en train de devenir des préfixes quasiment obligatoires, dont la fonction est de marquer l'accord du sujet avec le verbe (par ex. Harris, 1978 ; Auger, 1998). Selon Posner (1997, p. 378) : 'in the spoken language a lexical NP appears in subject position comparatively infrequently without some sort of extra structure (like dislocation or clefting)'. D'autres considèrent que la fréquence des sujets disloqués a été exagérée, et que cela met en doute la théorie selon laquelle l'ordre des mots en français parlé contemporain serait en train d'évoluer (Blanche-Benveniste, 1994, p. 79). L'un des buts de notre travail est de voir si ces généralisations s'avèrent justes en ce qui concerne le corpus du français parlé de Picardie. Tout en admettant l'importance des recherches antérieures qui se sont penchées sur la pragmatique et le contexte linguistique de la dislocation, nous avons décidé de nous concentrer sur les problèmes méthodologiques d'un traitement variationniste de ce domaine, ainsi que sur la distribution interpersonnelle de la variation.

2. La définition de la variable et de ses variantes

Pour certains chercheurs (par ex. Carroll, 1982 ; Roberge, 1990 ; Nadasdi, 2000), il existe une distinction très nette entre deux structures différentes :

(1) Mon frère, il chante bien. (Dislocation à Gauche, ou DG)
(2) Mon frère il chante bien. (Redoublement du Sujet, ou RS)

A l'écrit, la DG se distingue du RS par la présence d'une virgule après le Syntagme Nominal qui se trouve en tête de la phrase. Selon les chercheurs mentionnés ci-dessus, ce qui différencie ces deux structures dans la langue parlée c'est que la DG possède au moins une des trois caractéristiques suivantes : une pause silencieuse après le SN, un accent tonique sur la dernière syllabe du SN et l'absence d'un enchaînement éventuel entre la consonne finale du SN et la voyelle initiale du clitique sujet. (On peut supposer que l'absence d'un tel enchaînement serait marqué par la présence d'une occlusion glottale, comme c'est le cas pour la liaison sans enchaînement (Encrevé, 1988) : par ex. *Mon frère* [?] *il chante*. En revanche, les exemples du RS ne posséderaient aucune de ces propriétés. Cependant, Nadasdi note que des études empiriques ont démontré qu'en français québécois la plupart des cas de DG ne présentent pas de pause après le SN (Deshaies *et al.*, 1992), et par conséquent il s'appuie principalement sur les deux autres critères. Du point de vue structural, on dit qu'un SN disloqué occupe la position TOPIC et se trouve ainsi à l'extérieur de la proposition, au sens traditionnel du terme. Le SN non disloqué du RS, par contre, est considéré comme le sujet de la phrase, le clitique sujet étant interprété comme un marqueur d'accord. Dans son étude variationniste sur le français ontarien, Nadasdi exclut de la quantification tous les cas de DG pour se concentrer uniquement sur le RS. Cette décision semble impliquer que, pour les occurrences de DG, la variation n'existe pas : c'est-à-dire que le clitique sujet est obligatoirement présent. Or, dans notre corpus de français métropolitain, ceci n'est pas le cas, car nous trouvons de nombreux exemples d'un SN sujet accentué qui est accompagné d'une pause mais sans aucun sujet clitique coréférentiel. Les exemples suivants proviennent de trois locuteurs différents :

(3) parce que *les gens qui ont vingt ans maintenant* / Ø ont été baptisés [locutrice 1]

(4) *un discours politique qui va passer à la télévision* / Ø ne m'intéressera pas du tout quoi [locuteur 6]

(5) *une maman* / Ø va organiser les repas de la monitrice [locutrice 13]

(La barre oblique représente ici une pause silencieuse. Nous mettons en italique le sujet nominal, et représentons l'absence d'un sujet clitique coréférentiel par le signe 'Ø'. L'identité du locuteur est indiquée par un chiffre entre 1 et 30.) Nous en concluons que la distinction hypothétique entre la DG du sujet et le RS n'est pas pertinente pour cette étude : comme Nagy & Blondeau (1999) dans leur étude du 'double marquage' dans le français L2 des anglo-montréalais, nous ne faisons aucune distinction entre la DG du sujet et le RS, et désormais nous employons plutôt le terme RS.

Un deuxième problème dans la définition de notre variable concerne les pronoms disjonctifs, qui sont comparables à des SN lexicaux du point de vue de leur distribution syntaxique (Jones, 1996, pp. 246-49) : faudrait-il compter, comme occurrences du RS, des exemples tels que (6a) et (7a), au même titre que (8a) ?

(6) a) Moi je chante   b) Je chante
(7) a) Lui il chante   b) Lui chante   c) Il chante
(8) a) Mon frère il chante   b) Mon frère chante

Lors de nos recherches variationnistes sur la négation et l'interrogation en français (Coveney, 1996, 1997), nous avions établi une liste de cinq critères afin de nous permettre de définir des variables sociolinguistiques sur le plan grammatical. D'après ces critères, les variantes d'une variable sociolinguistique doivent :

(i)   pouvoir exprimer le même sens propositionnel (dans certains contextes) ;
(ii) avoir la même fonction communicative (dans certains contextes) ;
(iii) avoir les mêmes lexèmes ;
(iv) posséder une relation formelle entre elles (c'est-à-dire, être de la même catégorie grammaticale ou syntaxique ; mais pour certaines variables, il y a variation entre présence et absence d'une forme sémantiquement redondante) ;
(v)   montrer des indices de différenciation interpersonnnelle (sociale).

Soulignons qu'il n'est pas nécessaire que les deux variantes d'une variable grammaticale soient acceptables et équivalentes dans *tous* les contextes, comme ce serait le cas pour une synonymie totale. Lorsque le chercheur identifie un contexte dans lequel l'autre variante n'est pas possible, ou bien dans lequel elle est possible mais non équivalente, ce contexte sera classé comme 'catégorique', c'est-à-dire non variable. L'identification de telles occurrences fait partie de l'analyse variationniste, mais naturellement elles ne figureront pas dans la quantification des occurrences qui se produisent dans les contextes variables.

Or, il paraît que les cas d'alternance dans (6), (7) et (8) répondent sans difficulté aux critères (i) à (iv). En revanche, seule une étude quantitative pourra montrer de manière définitive si tel est également le cas pour le critère (v), même si nous croyons pouvoir anticiper les résultats d'une étude de ce genre.

En ce qui concerne des exemples comme (6), nous considérons néanmoins, qu'il serait erroné de les inclure avec (8) dans une même étude quantitative, et ceci pour trois raisons. Premièrement, dans (6) l'élément qui est présent dans (a) mais absent dans (b) est le pronom disjonctif (*moi*), alors que dans (8), c'est le sujet clitique (*il*), dont la présence est variable. Nous pouvons représenter cette différence à l'aide de parenthèses autour de l'élément qui est tantôt présent tantôt absent :

(9)   (Moi) je chante
(10) Mon frère (il) chante

La deuxième raison concerne la valeur socio-stylistique des variantes. Il y a une nette différence dans l'évaluation socio-stylistique des deux variantes représentées dans (10). La présence du sujet clitique *il* est jugée non standard, et caractéristique du 'français populaire', mais dans (9), en revanche, les deux alternatives sont acceptées comme standard. Dans sa

Grammaire raisonnée de la langue française, Dauzat présentait la structure *moi, je ...* de manière neutre, mais sa condamnation du RS était sans équivoque : 'Sans virgule et sans pause, le nom-sujet soudé à *elles* constituerait un vulgarisme incorrect : « *les qualités elles éclatent* » .' (1947, pp. 424-25). Cette attitude envers le RS a été transmise à la population entière par le biais de l'école : les élèves qui emploient cette structure à l'écrit et dans des exercices grammaticaux à l'oral se font corriger par leurs instituteurs (Dannequin, 1977, pp. 74-76 ; Romaine, 1984, pp. 210-12).

Ce contraste entre les deux structures est illustré dans l'extrait suivant, tiré de la transcription d'un entretien radiodiffusé avec Jean-Paul Sartre (Chancel, 1973, pp.188-89), et dans lequel nous avons mis en italique des cas similaires à (9) et à (10) :

> (11) C'est sans doute important de ne pas avoir de père. Je pense en particulier qu'*un enfant Ø subit* toujours l'influence de son père, sur le plan de la profession, de la propriété et d'une foule de choses que *ce père Ø a déjà héritées* des autres et qui lui tracent comme un destin. *Moi, je* n'ai pas eu cela. Je n'ai pas été commandé, ce qui m'a sans doute donné le sentiment de la liberté. Donc, je ne peux pas dire que *mon père Ø m'ait jamais manqué*. Pour moi, il a été une photo dans la chambre de ma mère et c'est tout.

A trois reprises dans cet extrait, Sartre se sert de la structure standard SN + verbe, sans clitique sujet : *un enfant subit* ; *ce père a déjà héritées* ; *que mon père m'ait jamais manqué*. Dans le cadre d'un entretien radiophonique, qui se prête naturellement à un style plutôt formel, on aurait du mal à imaginer ce grand écrivain utiliser la variante non standard : *un enfant ça subit* ; *ce père il a déjà héritées* ; *mon père il m'ait jamais manqué*. Par contre, le fait que Sartre emploie un *moi* disloqué à gauche (*Moi, je n'ai pas eu cela*) paraît tout à fait normal dans ce contexte et ne nous choque absolument pas. La raison en est que la présence d'un pronom disloqué à gauche s'explique essentiellement par un facteur discursif, à savoir le changement de thème ou de 'point de vue' – en anglais 'topic shift' (cf. Barnes, 1985, p. 38). Il est probable que les locuteurs de tous les milieux socio-culturels utilisent cette structure et qu'elle ne caractérise pas non plus un niveau de langue particulier. (Mais selon Blanche-Benveniste, la séquence *nous, on* est rarement employée par certains locuteurs, par exemple les hommes politiques : 1997, p. 40).

Un troisième point concerne le statut de séquences comme *moi, je ...* dans les dialectes traditionnels. Nous verrons ci-dessous que le redoublement d'un sujet nominal existait relativement peu en dehors du domaine linguistique picard, alors que la structure 'pronom disjonctif + sujet cli-

Le redoublement du sujet en français parlé 117

tique' s'entendait dans toute la langue d'oïl. Sur les cartes 12A et 12B de l'*Atlas linguistique de la France*, par exemple, pour la phrase *Moi je ne les aide pas*, on trouve partout un équivalent direct de *moi* (ou, quelquefois, de *pour moi*). Cela permet de mieux comprendre pourquoi *moi, je ...* est perçu comme assez neutre d'un point de vue socio-stylistique, et il est par conséquent probable que cette structure ne soit pas stratifiée socialement.

Nous excluons donc de notre variable les énoncés dans lesquels le pronom disjonctif disloqué à gauche correspond aux 1ère ou 2ème personnes : *moi, je ..., nous, on/nous ..., toi, tu ...* et *vous, vous ....* Quant aux pronoms disjonctifs de la 3ème personne, certains chercheurs variationnistes qui avaient exclu les deux autres personnes, ont néanmoins décidé de compter les occurrences de *elle(s), elle(s)*, de *lui, il* et de *eux, ils* (par ex. Nadasdi, 2000, p. 36). Ce qui a motivé ce choix, semble-t-il, est le fait qu'un pronom disjonctif de la 3ème personne peut se rencontrer seul en tant que sujet, sans clitique coréférentiel (par ex. 12 et 13), à la différence de *moi* et *toi* (par ex. 14 et 15) :

(12) et *eux* m'ont pas redemandé [loc. 28]
(13) *eux* sont arrivés à la saturation [loc. 11]
(14) *Moi Ø arriverai demain.
(15) *Toi Ø arriveras demain.

(*Moi seul/e* et *toi seul/e* se rencontrent pourtant occasionnellement sans sujet clitique dans la langue écrite : cf. Grevisse & Goosse, 1986, p. 1011.) Certes, dans le cas d'exemples comme (12) et (13), le même sens propositionnel peut être exprimé par des séquences commençant par *eux ils*, et par conséquent l'on pourrait penser que des alternances de ce type devraient être incluses dans la variable qui nous intéresse :

(16) *Eux ils* m'ont pas redemandé.
(17) *Eux ils* sont arrivés à la saturation.

Cependant, il nous semble que les pronoms disjonctifs de la 3ème personne s'emploient systématiquement avec un effet contrastif, ce qui les différencie des séquences avec un SN lexical. Pour illustrer ce point, il suffit d'examiner (12) et (13) dans leurs contextes respectifs :

(18) apparemment y avait un désaccord sur euh / sur un fonctionnement donc *moi* j'ai jamais (rien) – redemandé de travailler avec eux / et *eux* m'ont pas redemandé donc euh ça s'est arrêté [loc. 28]
(19) bon ben l'éducation de nos enfants on l'a fait à notre mode / et puis on estime que – la vie en communauté ça leur fait pas de mal. / alors eux – *eux* sont arrivés à la saturation avant *nous* [loc. 11]

Dans (18), le pronom *eux* en question joue un rôle contrastif par rapport à *moi* dans la proposition précédente, tandis que dans (19), *eux* contraste avec le *nous* à la fin de la proposition. Une troisième raison nous amène à exclure de la quantification les pronoms disjonctifs de la troisième personne : il s'agit de la valeur socio-stylistique des structures dans lesquelles ils se retrouvent. En effet, une séquence 'pronom disjonctif + sujet clitique' n'est généralement pas perçue comme non standard, comme c'est traditionnellement le cas pour SN + *il(s)/elle(s)*. (Nous excluons au même titre les exemples de *ça, ça ...*, bien que le deuxième *ça* ne soit pas un clitique.)

Nous arrivons donc à la définition suivante de notre variable : *la présence ou l'absence d'un sujet clitique de troisième personne, coréférentiel avec un sujet nominal précédent dans la même proposition – certains pronoms non clitiques étant admis comme sujets nominaux*. Nous représentons cette variable comme (3p), la première variante comme '3p-1' (ou le 'RS') et la deuxième comme '3p-Ø'.

3. Les structures exclues de l'étude quantitative de la variation

Dans cette section, nous passerons brièvement en revue certaines structures qui, bien que possédant un sujet clitique de 3ème personne et un SN, ne correspondent pas à la définition que nous venons de présenter.

Nous supposons que, dans la production de la parole, le choix de structure syntaxique (qui est fortement influencé par le contexte discursif) a lieu avant des choix plus 'superficiels', par exemple la présence ou l'absence d'une forme redondante, comme *ne* ou un sujet clitique coréférentiel. Une fois que le locuteur a décidé d'utiliser une inversion d'un SN sujet (20, 21, 22), il n'a plus la possibilité d'employer de sujet clitique :

(20) et puis / Ø est venue *l'époque de l'industrialisation* / [loc. 11]

(21) les ados ne savent pas quel numéro de question / euh Ø peuvent avoir *les monos.* / [loc. 4]

(22) parce que on l'a déjà fait euh là depuis dix jours // sur / une idée qui est – que les m // les endroits où Ø sont stockés // *le matériel* // euh – il faut qu'ils se déplacent / [loc. 28]

(L'inversion facultative dans les subordonnées semble provoquer assez souvent des fautes d'accord entre le verbe et son sujet postposé, comme c'est le cas dans (22).) Si on remplace le Ø dans (20), (21) et (22) par un sujet clitique, les séquences qui en résultent ne sont acceptables que si elles sont interprétées comme des dislocations à droite, accompagnées d'une courbe intonative appropriée, et dans ce cas elles ne conviendraient plus à leurs contextes discursifs originaux :

(23) #Et puis **elle** est venue *l'époque de l'industrialisation*.
(24) #(...) quel numéro de question **ils** peuvent avoir *les monos*.
(25) #(...) les endroits où **il** est stocké *le matériel*

(Le symbole # indique l'incongruité discursive ou pragmatique.)
Dans certains autres cas, où l'inversion est obligatoire, un sujet clitique est impossible :

(26) quelle que (*elle) soit *la région française* / tu as les gens de ma génération qui ne parlent plus / mais comprennent / [le patois] [loc. 14]

Dans une dislocation à droite (par ex. 27, 28), le SN se trouve après le verbe (et donc après son sujet clitique aussi), et à l'extérieur de la proposition. Le choix de cette structure empêche également la possibilité d'omettre le sujet clitique :

(27) **il** (*Ø) a vécu quelque chose d'important *le gamin* tu sais / [loc. 2]
(28) et puis euh **elle** (*Ø) va arrêter je crois *Nathalie* / [loc. 21]

(Les noms de personne disloqués peuvent bien sûr servir de terme d'adresse dans cette position, mais ce n'était pas le cas de *Nathalie* dans (28), puisque l'allocutaire était l'auteur de ces lignes.)

Les SN thématisés, quant à eux, se trouvent à l'extérieur de la proposition contenant le sujet clitique et il est évident qu'ils ne peuvent pas constituer des occurrences de la variable en question. D'ailleurs, l'omission du sujet clitique rendrait la séquence agrammaticale. Certains de ces SN sont coréférentiels avec le sujet clitique (par ex. 29, 30, 31), d'autres le sont avec le complément d'objet direct (32, 33, 34) :

(29) euh *Gérard* par exemple euh m /// euh s'**ils** (*Ø) est tout seul ... [loc. 28]
(30) *les animateurs* qu'est-ce qu'**ils** (*Ø) font ? [loc. 28]
(31) c'est sûr que *les petits Laval* / ou **ils** (*Ø) sont partis ensemble ou **ils** (*Ø) sont restés ensemble [loc. 2]

(Dans ces exemples, '*Ø' entre parenthèses signifie que l'absence du sujet clitique précédent rendrait la phrase grammaticalement inacceptable.)

(32) et *ça* on peut pas **l'**expliquer en deux heures je veux dire [loc. 28]
(33) *celui qu'on a mis en place là* effectivement on **l'**explique en deux heures [loc. 28]
(34) *le papier* je m'**en** fous – hein [loc. 28]

D'autres encore ont une fonction de complément circonstanciel (35), et l'on peut supposer qu'il y a une préposition sous-entendue : par ex. *(pendant) la troisième année* :

(35) *la troisième année* alors là **c'**était plus [ply] au même endroit [loc. 28]

Les SN thématisés les plus problématiques sont ceux pour lesquels, de prime abord, il n'est pas évident de savoir si le SN est coréférentiel avec le sujet clitique ou non. Ces exemples pourraient être analysés en termes d'une structure 'topic' + 'comment', et celui-ci inclut souvent une séquence très fréquente (ou une 'séquence pré-formée', pour reprendre le terme de Moreau, 1986), comme *c'est* (+ *pareil, pas évident*, etc.) ou *ça va* :

(36) *faire descendre les gens du nord vers le sud* **ça va** toujours. / [loc. 2]

(37) c'est comme l'anglais je comprends euh [inaudible] / je comprends un – la majeure partie des choses que – on / qu'on parle tous les jours / mais dès que ça rentre dans le technique / et *le picard* **c'est** pareil / [loc. 9]

(38) avec un enfant ça va mais *deux enfants* **c'est** plus difficile. / [loc. 30]

Dans ces cas, l'omission du sujet pronominal rendrait la séquence agrammaticale ou changerait radicalement son sens propositionnel :

(39) *Faire descendre les gens du nord vers le sud Ø va toujours.

(40) Le picard Ø est pareil. (≠ Le picard, c'est pareil.)

(41) ? Deux enfants sont plus difficiles. (≠ Deux enfants, c'est plus difficile.)

Le même genre de problème se pose pour les exemples (42) et (43), pour lesquels nous avons décidé que le SN thématisé et le sujet clitique ne sont pas tout à fait coréférentiels :

(42) bon *la première année de droit* **ils** reprennent en octobre. / [loc. 7]

(43) mais *la deuxième et la troisième année de droit* **ils** reprennent seulement en décembre. / [loc. 7]

(cf. Blasco-Dulbecco, 1999, pp. 303-04, pour des exemples de dislocation où il y a divergence d'accord entre le clitique et le nominal.)

Une autre sous-catégorie concerne quelques structures non standard dans lesquelles le sujet nominal a un lien syntaxique avec l'élément présentatif (c'est l'objet direct de *j'ai* ou *je vois*, et le complément de *y en a* ou *c'est*), mais est également coréférentiel avec le sujet clitique qui ouvre le reste de la phrase :

(44) moi **j'ai** *ma mère* **elle** est mm / **elle** est agent hospitalière et **j'ai** *mon père* **il** est – ouvrier dans une usine. [loc. 27]

(45) mais **je vois** *la formation telle qu'elle est faite* **elle** est mal fichue quoi. [loc. 4]

(46) **y en a** *d'autres* **ils** sont extrêmement durs. [loc. 26]

(47) **y en a** *beaucoup* **ils** ont pas mal de bagages [loc. 20]

(48) c'est *tout le matériel qu'on a récupéré là* c'est le matériel qui vient de la Rochelle [loc. 4]

D'un point de vue purement sémantique, les équivalents de ces phrases en français standard omettent tout simplement l'élément présentatif mais aussi le sujet clitique (*Ma mère est agent hospitalière* etc.). Dans une structure du 'français familier standard', la deuxième partie de la phrase s'ouvre avec *qui* et non pas avec un sujet clitique : ces structures ont été analysées récemment sous le nom de 'constructions relatives présentatives' par Lambrecht (2000). Il nous semble que les structures en (44) à (48) ne correspondent pas à la définition de la variable présentée ci-dessus. Puisque le SN en italique se trouve à l'intérieur d'une proposition, on peut considérer que le clitique suit immédiatement, non pas le SN, mais la première proposition entière :

(49) [[y en a [*d'autres*]] ils sont extrêmement durs]
(50) [[j'ai [*ma mère*]] elle est agent hospitalière]

La première proposition ressemble ainsi à un 'topic', et n'est pas, de toute évidence, coréférentielle avec le sujet clitique qui suit. La deuxième raison pour laquelle nous excluons ces exemples des données variables dans cette étude est l'inacceptabilité des séquences si nous omettons tout simplement le sujet clitique :

(51) *Y en a *beaucoup* Ø ont pas mal de bagages.
(52) *J'ai *ma mère* Ø est agent hospitalière

Enfin, il existe une autre catégorie qu'il est tout à fait concevable de prendre en compte dans l'étude quantitative. Il s'agit du deuxième verbe dans les syntagmes verbaux coordonnés, que la coordination soit ou non marquée par une conjonction :

(53) les animateurs font ce qu'on appelle l'inventaire de valise – Ø *comptent* le nombre de pulls de pantalons et cetera et cetera [loc. 6]

(54) et – mon père a travaillé dans la mine et ensuite Ø *est venu* euh / en Picardie [loc. 22]

(55) et nos parents / parlent et Ø *comprennent*. / [loc. 14]

Bien que la présence d'un sujet clitique dans ces exemples soit complètement acceptable, nous avons décidé de les exclure puisqu'ils ne nous semblent pas assimilables au RS, non seulement du point de vue structural, mais aussi sur le plan de l'évaluation sociolinguistique. Comme nous l'avons vu, généralement, le RS est encore perçu comme un trait familier, et dans le passé, il a même été sujet à la stigmatisation, alors qu'au contraire la présence d'un sujet clitique devant le deuxième verbe d'une structure coordonnée est simplement moins formelle que l'absence du clitique, et aussi plus caractéristique de la langue parlée (cf. Gadet, 1997, p. 132).

4. Histoire, dialectes et variétés du français contemporain

Malgré la nature synchronique de cette étude, le lien étroit entre variation et changement indique qu'il serait judicieux de tenir compte de l'histoire du RS, non seulement en français écrit, mais également, autant que faire se peut, dans le français parlé à travers les siècles, ainsi que dans les autres 'langues d'oïl' et les variétés d'outre-mer. Non seulement l'histoire peut nous aider à faire la distinction entre le RS proprement dit et d'autres structures apparentées (puisqu'ils ont évolué à des rythmes différents), mais elle nous permettra aussi de mieux interpréter la variation interpersonnelle, par exemple en termes de stabilité ou de changement en cours.

Dans des textes historiques, il n'est pas difficile d'identifier des occurrences de DG d'un sujet nominal, mais il est nettement moins aisé de préciser à quelle époque de l'histoire du français parlé le RS s'est mis à se développer. Certes, on trouve des exemples de DG d'un SN sujet en ancien français. D'après Marchello-Nizia (1998, p. 329), sur vingt-neuf dislocations nominales dans la *Chanson de Roland*, treize sont des sujets, comme dans (56) :

(56)   *Li quens Rollant*, **il** est mult irascut.

Mais Marchello-Nizia explique que cette structure avait systématiquement une valeur discursive bien particulière, celle d'introduire (ou de réintroduire) le thème du fragment de récit qui commence (cf. également, Campion, 1984, p. 185). Or, en français contemporain, cette fonction est remplie plus naturellement, non pas par le RS ou la DG, mais par une mise en relief comportant une inversion du verbe et de son sujet, comme le montre la traduction proposée par Marchello-Nizia pour la phrase (57) :

(57)   *Li niés Marsilie*, **il** est venuz avant / Sur un mulet. (vv. 860-1 = Voici que s'avance, sur un mulet, le neveu de Marsilie. ≠ Le neveu de Marsilie, il s'est avancé sur un mulet.)

Selon Priestley (1955, pp. 20-24), qui a étudié surtout le français littéraire, la reprise après un pronom disjonctif (par ex. *Moi, je* ...) s'est développée progressivement en moyen français pour atteindre déjà au 16e siècle sa fréquence actuelle. Cependant, à la même époque, le redoublement d'un SN sujet commençait seulement à se répandre (surtout avec la reprise en *ce*), et il a fallu attendre le 19e siècle avant de voir une telle expansion de *il(s)* et *elle(s)* comme pronoms de reprise. Des séquences comme *moi, je* ...

Le redoublement du sujet en français parlé 123

(mais non SN + *il/elle*) étaient donc déjà bien établies lorsque des grammairiens commençaient le processus de codification.

Pourtant, dans des sources historiques qui sont plus susceptibles de refléter le français parlé, on trouve quelques exemples qui peuvent être interprétés comme le RS. Campion a montré, à partir de divers genres, que la DG d'un sujet nominal avait commencé à se répandre en ancien français dans des textes destinés à être lus à haute voix devant le peuple (1984, pp. 190-96). Mais les premiers grammairiens du français, aux 16e et 17e siècles, portaient déjà un jugement négatif sur la reprise avec *il(s)* ou *elle(s)*, surtout lorsqu'elle avait lieu immédiatement après le SN sujet. Cette évaluation semble avoir freiné le progrès de cette structure dans le français parlé. (La reprise avec *ce*, par contre, était mieux tolérée : Blasco-Dulbecco, 1999, pp. 27-28.) En ce qui concerne le début du 17e siècle (1605-10), nous possédons le témoignage du *Journal de Jean Héroard* à propos du langage du Dauphin, alors âgé de 3 à 9 ans. L'enfant qui allait devenir Louis XIII utilisait quelquefois le RS (par ex. 58, 59), mais se faisait en même temps corriger par les adultes de son entourage (Prüssmann-Zemper, 1986) :

(58)   *ce ciseau* j son bon a coupé du papié
(59)   *ma guilery* el'e bien dure (Ernst, 1985, p. 92)

Ces deux énoncés ont été produits en 1605, lorsque l'enfant n'avait que quatre ans. Nous ne savons pas dans quelle mesure le langage du Dauphin était typique des enfants de cette époque (même ceux d'un milieu très favorisé), et, d'un point de vue sociolinguistique, on considère que c'est plutôt vers l'âge de 10-12 ans que le langage de l'individu reflète le mieux le 'vernaculaire' de son groupe de pairs (Labov, 1972, pp. 304-05).

Ce qui est curieux dans l'histoire du RS en français classique et moderne, c'est la très faible fréquence de cette structure dans certains textes qui, dans l'ensemble, représentent assez fidèlement le français populaire de l'époque. Les exemples du RS sont rares dans les Mazarinades que nous avons examinées, et qui datent de 1648-9 (Moreau, 1853), ainsi que dans les *Lettres de Montmartre* (1750), dans lesquelles Lodge a repéré seulement cinq occurrences de reprise avec *il(s)* ou *elle(s)*, dont la suivante :

(60)   *La pauvre femme* **alle** atoit apprise à être humaine aveuc sa mere. (1995, p. 454)

Dans un recueil de 'sketchs' humoristiques composés entre 1789 et 1793 (Cook, 1994), le RS n'est pas très répandu non plus. (61) en est un des rares exemples :

(61) *Les coquins* **ils** n'ont pas voulu tant seulement qu'nous allissions présenter un bouquet à not'bon roi et not'grande reine, la veille d'leux fêtes (p.79)

On peut sans doute expliquer en partie la rareté du RS dans les textes de ce genre par le désir des écrivains d'éviter une redondance stigmatisée. Pour les 19e et 20e siècles pourtant, les observateurs reconnaissent dans le RS un des traits les plus typiques du français populaire, par ex. : 'On trouve presque toujours un pronom après le nom à la troisième personne (*mon père / il a dit*)' (Gadet, 1992, p. 70) ; ou encore 'Dans la langue parlée populaire, le pronom est considéré comme faisant partie nécessairement de la forme verbale même si elle a un autre sujet.' (Grevisse & Goosse, 1986, p. 345).

Etant donné l'influence conservatrice exercée par les grammairiens à partir de l'époque classique, notamment sur la langue écrite, les historiens de la langue ont examiné également les dialectes et les variétés d'outre-mer pour trouver des indices sur la réalité de la langue parlée. Le cas du picard est primordial pour notre étude, car certains de nos informateurs possédaient une connaissance active du picard, et plusieurs autres ont indiqué que c'était la langue maternelle de leurs grands-parents. Il est donc tout à fait plausible que le dialecte ait exercé une influence sur le français parlé par ces personnes, notamment dans un style relativement informel. Cependant, il faut reconnaître que l'interprétation de documents historiques n'est pas plus facile pour le picard qu'elle ne l'est pour le français. La plupart des textes picards des siècles précédents dont nous disposons sont de nature littéraire, et il est quasiment certain que leurs auteurs connaissaient également le français (Flutre, 1970). Par conséquent, ces textes étaient probablement sujets aux mêmes pressions normatives que tout autre document publié en France à partir du 16e siècle. Ceci dit, nous n'avons trouvé aucun exemple de RS dans les textes du moyen picard des 16e et 17e siècles (Flutre, 1970), et c'est seulement au 18e siècle qu'apparaissent les premiers exemples de cette structure en picard (Auger, 1997) :

(62) *Et' Femme et ten Vidamme* y sont gentis com tout (Flutre, 1977, p. 212 ; = 'ta femme et ton vidame ils sont gentils comme tout').

Auger a réalisé une étude variationniste de ce phénomène dans des textes picards des 19e et 20e siècles et a découvert une très forte augmentation des occurrences du RS : pour certains auteurs, le taux de RS atteint plus de 90%. Auger a consulté également plusieurs grammaires du picard, rédigées entre la fin du 19e siècle et 1996, et elle y a trouvé un consensus selon lequel 'le redoublement des sujets est obligatoire en picard'. Dans sa thèse doctorale de 1960 et encore dans son manuel de 1983, Debrie présente la 'règle du double sujet' comme la principale différence syntaxique entre le picard et le français standard, et souligne que ce trait est motivé par un 'souci de précision' (1960, p. 155) :

(63)   *Ele kontwèze* **ale** *mésone* 'L'horloge n'indique pas l'heure exacte'
(64)   *Eche bwin tan* **i** *kminche* 'Le printemps commence' (1983, p. 17)

Il ajoute que cette règle s'applique non seulement aux SN lexicaux, mais aux autres pronoms sujets de toute nature, y compris les équivalents picards de *tout le monde*, *chacun* et même *celui qui*. Lorsque le sujet est un infinitif, la reprise se fait à l'aide du pronom personnel neutre :

(65)   *Brèr* **a** *n'ès fwé pwè* 'Pleurer ça ne se fait pas' (1960, p. 155)

(Dans cet exemple, 'ê' représente un 'e' nasalisé.) Debrie a joué un rôle important dans la revalorisation du picard qui a eu lieu depuis environ 1970, notamment dans la Somme : parmi les résultats concrets de ce processus, nous pouvons évoquer la fondation du *Centre d'études picardes* à l'Université d'Amiens, les cours de picard suivis par les futurs instituteurs, ainsi que la publication plusieurs fois par an d'une revue populaire rédigée entièrement en picard (*Ch'Lanchron*). L'enseignement du picard, soutenu par les grammaires de Debrie et autres, a sans doute renforcé la tendance à généraliser la 'règle du double sujet'. Dans une pièce de théâtre rédigée par des membres de l'équipe éditoriale de *Ch'Lanchron*, le RS est catégorique à 100%, même pour des quantifieurs comme *tout le monde* et *chacun* (Auger, 1997). L'influence de l'enseignement du picard s'est manifestée de manière explicite au cours de certains des entretiens qui constituent notre corpus. L'une des informatrices, qui faisait encore ses études à l'école normale, a évoqué les cours de picard suivis par les futurs instituteurs, tandis qu'une deuxième a donné l'exemple suivant d'une phrase en picard lorsque, près de la fin de l'enregistrement, le sujet de la conversation s'est tourné vers la culture régionale :

(66)   'ch bébé **il** est bien sage.' <AC : ah bon – qu'est-ce que ça veut dire ?> 'ch bébé' c'est euh – le bébé est bien sage. [loc. 1]

La nature plus ou moins catégorique du RS en picard distingue ce dialecte nettement des autres variétés d'oïl, comme le wallon, le poitevin et le gallo. Certes, la DG d'un sujet nominal est possible dans tous ces dialectes (Posner, 1997, p. 82), mais elle ne semble pas avoir évolué en RS, comme c'est le cas en picard. D'après les données de *l'Atlas linguistique de la France* (Gilliéron & Edmont, 1903-10), le pronom de reprise était systématique en Picardie, mais plutôt rare et sporadique ailleurs. Rappelons qu'Edmont avait demandé à ses informateurs de traduire oralement en patois des phrases comme les suivantes :

(67) Les pommiers COMMENCENT à fleurir (carte 33)
(68) Ma grand'mère COUSAIT à cette fenêtre (carte 332)

Pour ces deux phrases, nous trouvons également quelques points dans des départements de l'Ouest où l'informateur avait proposé une traduction comportant un sujet clitique (la Mayenne, la Vienne, l'Indre-et-Loire, l'Indre), mais c'est uniquement dans le domaine linguistique picard que *tous* les informateurs d'un département ont employé la reprise. Il n'est pas impossible que le RS soit sous-représenté dans *l'ALF*, peut-être en raison des méthodes employées pour collecter les données. Mais même si certaines grammaires dialectales ont quelquefois signalé en dehors de la Picardie une présence importante de la DG du sujet, il semble bien qu'il y a une réelle différence à cet égard entre le picard et la majeure partie du domaine d'oïl (cf. Campion, 1984, p. 216, qui mentionne des descriptions du 19e siècle faisant référence à l'emploi fréquent de la DG du sujet dans le Berry et dans les Vosges). Il est tentant de conclure que l'un des facteurs qui a suscité le développement du RS dans le français populaire de Paris est l'influence de Picards venus s'installer dans la capitale au 19e siècle. (En 1833, les Picards et les Auvergnats représentaient 68% des migrants provinciaux à Paris : Price, 1987, p. 90 ; Chevalier, 1950, p. 164). Cependant, le vernaculaire de la capitale n'a certainement pas toujours suivi l'exemple picard : par exemple, l'effacement très fréquent de la particule négative *ne* en français populaire forme un contraste saisissant avec la présence obligatoire d'*ène* en picard (Coveney, 1996, p. 62).

En ce qui concerne les variétés du français au Canada, le RS est généralement un phénomène répandu, mais variable : c'est ce qu'on trouve au Québec, en Ontario et, pour l'acadien, au Nouveau Brunswick, comme le montrent les exemples suivants :

(69) *Ma grand-mère* Ø vient du Québec, celle qui est décédée, mais *mon grand-père* il est né dans Montréal. (Montréal ; Sankoff, 1982, p. 82)
(70) Souvent pour moi c'est parce que *les enfants* Ø parlent pas assez avec leurs parents.
(71) En Ontario, *les gens* ils hésitent. (Ontario ; Nadasdi, 2000, p. 45)
(72) *Certains parents* i voyaient pas la nécessité de faire instruire une fille.
(73) Dans une dizaine d'années *les houmes* Ø vont sortir de là. (Nouveau Brunswick ; Motapanyane, 1997, p. 42)

Mais selon King & Nadasdi (1997), dans l'acadien de Nouvelle Terre, qui est plus conservateur que celui du Nouveau Brunswick, le RS proprement dit n'existe pas, et ils interprètent l'exemple dans l'extrait (74) comme une DG du sujet :

(74) Moi, j'ai couché sur la grève là pis *Willie Alan* il pêchait avec mon défunt père en bas là.

Si le RS existait déjà dans le français des premiers habitants de la 'Nouvelle-France' (le Québec), cela indiquerait qu'il était également présent dans celui de leurs régions d'origine en France. Or, nous savons que les immigrants français qui se sont installés en Nouvelle-France au 17ᵉ siècle venaient massivement de l'ouest de la France et de la région parisienne, notamment de la Normandie, de l'Ile de France, du Poitou, d'Aunis et de Saintonge (Lortie, 1914, p. 8). Cependant, Martineau a récemment dépouillé un important corpus de correspondance rédigée au 18ᵉ siècle par des habitants de la Nouvelle-France, et elle a alors constaté que le RS y était quasiment absent (2000). Le fait que le RS ait évolué depuis dans le français parlé du Québec (où l'influence du picard a été negligeable) suggère que le développement de cette structure dans le français populaire de Paris n'est pas non plus forcément attribuable à une influence picarde. Il semble probable que la DG de sujets nominaux se soit transformée en RS, à Paris comme au Québec, sous l'effet de la mise en contact de dialectes et de la koïnéisation. On peut considérer cela comme une évolution naturelle, étant donné la tendance historique du français à la perte des désinences verbales et à la cliticisation des pronoms sujets. Le même processus se retrouve dans certains créoles à base lexicale française, où le verbe a généralement une forme invariable. En seychellois, par exemple, le pronom de la 3ème personne 'reprend' un sujet nominal, en l'absence d'un autre marqueur préverbal (de temps, d'aspect ou de négation) :

(75) *Lerwa* i bet 'Le roi il (est) bête' (Corne, 1999, p. 169)
(76) Ler *Soungoula* i vini 'Lorsque Soungoula vient'

Mais il est supprimé dans l'exemple suivant, en raison de la présence du marqueur de négation, *pa* :

(77) *Son madame* Ø pa ti oulé coupé = 'Sa femme ne voulait pas couper' (NEG + PASSÉ vouloir couper)

(Nous empruntons ces deux exemples à Bollée, 1977, avec quelques modifications orthographiques.) Bien que le processus de créolisation ne soit pas entièrement comparable à la koïnéisation, certains considèrent que l'existence du RS dans un créole démontre qu'il existait déjà dans les variétés de français parlées dans les situations de contact dont le créole est issu. Nous en concluons que l'émergence du RS en tant que structure non-marquée a probablement eu lieu aux 18ᵉ et 19ᵉ siècles, en France comme au Québec.

Quant au français contemporain, il est souvent difficile de comparer la fréquence de cette structure dans les variétés où elle a été analysée d'un point de vue quantitatif, et ce, à cause de différences significatives concernant les occurrences à prendre en compte : les exemples qui comprennent un pronom disjonctif, ou bien la séquence *c'est*, sont fort nombreux, et la décision de les inclure ou de les exclure modifiera les fréquences globales de façon très importante. A titre d'exemple, citons Gadet, qui, dans un excellent survol de la dislocation, affirme : 'On ne rencontre pas plus de 10% de sujets disloqués (certains corpus peuvent aller jusqu'à 15 ou 16%, jamais au-delà)' (1997, p. 132). Evidemment, tout dépend de la manière dont on en arrive aux pourcentages, c'est-à-dire de ce qui est considéré comme occurrences, non seulement réelles mais aussi *potentielles*. Les pourcentages cités par Gadet proviennent du travail de Blanche-Benveniste (1994, pp. 86-87), qui a réalisé une quantification de *tous* les sujets, y compris les simples clitiques (qui représentent à eux seuls plus de la moitié des sujets dans ses données). En revanche, dans l'approche variationniste, la fréquence doit représenter le nombre d'occurrences réelles d'un phénomène, divisé par le nombre potentiel, ce chiffre étant ensuite transformé en pourcentage (fréquence relative). Pour nous, les énoncés dans lesquels le sujet est un clitique seul ne sont pas des occurrences potentielles de RS, puisqu'il n'y a pas de sujet nominal.

Nous présentons brièvement ici quelques résultats qui sont issus d'études mentionnées ci-dessus et qui ont adopté ce principe variationniste :

(i) Dans son étude d'un groupe de Parisiens de la moyenne bourgeoisie, Ashby (1980) a calculé que la fréquence de 3p-Ø (absence du sujet clitique, donc la variante standard) était de 79% (N = 578).

(ii) Sankoff (1982) a fait une étude pilote sur quatre Montréalais, et a trouvé une fréquence de 45% pour 3p-Ø (N = 189). (Une des locutrices a été enregistrée dans deux situations différentes, et a changé radicalement de style en passant de l'une à l'autre : pendant un de ses cours magistraux, elle a produit 95% de 3p-Ø, mais lors d'un entretien informel, seulement 38%.)

(iii) Campion (1984) a étudié la variation dans le corpus montréalais de Sankoff et Cedergren. Elle y a trouvé un taux de 3p-Ø de 62% pour le verbe *être* (N = 1,398) et de 66% pour les autres verbes (1,986). Cependant, alors que pour le verbe *être*, l'effet de la stratification sociale était minime, au contraire pour les autres verbes, les différences entre les classes étaient très fortes : 78% de 3p-Ø chez la haute bourgeoisie, mais 38% chez la classe ouvrière 'inférieure' (p. 147). Comme Sankoff, Campion a trouvé que la variation sociale se reflète dans la variation stylistique : 66% de 3p-Ø pendant les sections formelles de l'entretien, 57% au cours des passages informels. (La 'formalité' a été définie en fonction du sujet de la conversation.) L'âge n'exerçait que très peu d'influence sur la variation (3p-Ø : 56% pour les adolescents, 61% chez les 60 ans ou plus), le sexe du locuteur un petit peu plus (hommes 60%, femmes 67%).

(iv) L'étude de Barnes (1985), qui concernait plutôt la pragmatique que la sociolinguistique, a révélé un taux global de 65% de 3p-Ø pour trois Françaises, âgées de 21 à 27 ans (N = 473). Barnes a trouvé que près des trois quarts des occurrences d'un pronom de reprise étaient *ce* ou *ça*.

(v) Nadasdi (2000) a examiné le RS dans le corpus de franco-ontarien (40 adolescents) recueilli auparavant par Raymond Mougeon et ses collègues : le taux global de 3p-Ø était de 73% (N = 2615). Les résultats de Nadasdi ont révélé une stratification sociale de type 'classique' dans une des trois communautés étudiées (Hawkesbury). Quant aux deux autres, l'absence d'une telle variation sociale est attribuable au fait que le français standard n'y a pas de valeur particulière sur le 'marché linguistique' (p. 65).

(vi) Enfin, dans une étude descriptive du langage d'enfants de 5 ans, à Montréal et à Paris, Labelle (1976, p. 61) a trouvé des taux de 3p-Ø extrêmement bas : 21% chez les Parisiens, et seulement 11% chez les Montréalais. Il ajoute que les enfants en question ne venaient pas de milieux défavorisés. Il conclut : 'nous supposons que ce constituant fait partie intégrale de l'acquisition de la phrase chez l'enfant et qu'une hypercorrection n'a pas encore pu le chasser de la performance des francophones même adultes qui le retrouvent spontanément dans une situation de communication non contraignante.' (pp. 61-62). Cela revient à dire que le RS est fermement ancré comme une structure très fréquente dans le français vernaculaire de Paris et de Montréal.

5. Le corpus du français parlé de Picardie
Le corpus que nous avons enregistré et qui fournit les données de cette étude consiste en des entretiens informels avec trente adultes originaires de la Somme, qui travaillaient dans différents centres de vacances pendant l'été. Dans la plupart des cas (24/30), le tutoiement réciproque s'était établi

entre l'informateur et nous-même avant le début de l'entretien, car nous avions passé quelques jours dans chaque centre. Le style des entretiens est relativement informel, comme en témoigne le fait que le taux global de maintien de *ne* était de 18%. Vu le profil démographique du personnel d'un centre de vacances, il n'est pas surprenant que presque tous les informateurs se trouvaient dans la tranche d'âge 17-37 ans : il y a seulement trois personnes dont l'âge se situe entre 50 et 60 ans, et il s'agit de femmes pour les trois cas. Les informateurs ont été répartis en trois classes sociales, définies en termes d'occupation professionnelle : 'supérieure' (9 personnes), 'intermédiaire' (13) et 'ouvrière' (5). Trois informateurs n'ont pu être classés, car les renseignements obtenus n'étaient pas suffisamment précis (cf. Coveney, 1996, chapitre 1). Les entretiens ont été transcrits, et ensuite informatisés. Avant d'entreprendre la présente étude, nous avions étiqueté le corpus de manière approximative : chaque occurrence d'un sujet nominal sans clitique sujet a été marquée par le symbole %, et tout exemple de dislocation à gauche par # (y compris, le RS proprement dit). A l'aide d'un concordancier (le *Oxford Concordance Programme*), deux séries de concordances ont été produites, l'une pour toutes les occurrences de % et l'autre pour les cas de #, avec, bien entendu, les contextes précédent et suivant de chaque occurrence. Un travail intensif de nettoyage a été nécessaire, afin d'extraire des concordances toutes les occurrences qui ne concernent pas la variable qui nous intéresse : par ex. les pronoms disjonctifs disloqués et les SN disloqués ayant une fonction autre que celle d'un sujet.

6. Les contextes catégoriques des deux variantes

Avant de présenter des résultats quantitatifs pour les données variables, il faut préciser les contextes catégoriques, qui seront exclus du comptage ultérieur. Dans nos recherches précédentes sur la variation grammaticale, notamment sur les interrogatives directes et la négation (Coveney, 1995, 1996, 1997), nous avons cherché à identifier la part catégorique des données à l'aide de jugements d'acceptabilité et d'équivalence. C'est-à-dire que pour chaque occurrence des variantes, nous nous sommes posé la question suivante : 'L'autre variante conviendrait-elle également dans ce contexte-ci, et si oui, voudrait-elle dire la même chose ? '. Cependant, étant donné qu'en dialecte picard et en 'français populaire', le RS est acceptable dans certains contextes où il est impossible en français standard, il nous semble hasardeux de deviner si chacun de nos informateurs trouverait tel ou tel exemple potentiel de RS acceptable ou inacceptable. (Il n'est pas non plus possible de recontacter nos informateurs afin d'avoir un accès direct à leurs intuitions, pour la simple raison que nous ne connaissons ni leur adresse, ni leur nom de famille.) Par conséquent, nous avons adopté ici la

Le redoublement du sujet en français parlé 131

définition de 'catégorique' donnée par Sankoff (1988), à savoir, un contexte est traité comme 'catégorique' dès que l'on constate qu'il n'y a aucune occurrence de l'autre variante *dans le corpus* en question. Nous ne prétendons donc pas que l'addition d'un sujet clitique dans ces cas produirait toujours une séquence grammaticalement inacceptable. Les différents contextes où l'absence d'un sujet clitique est catégorique dans notre corpus sont présentés dans le Tableau 1. Pour chaque contexte, le nombre d'occurrences concernées est indiqué.

Tableau 1 : Les occurrences catégoriques de 3p-Ø	
Pronoms indéfinis ou négatifs (*tout le monde* 40, *chacun* 16, *tout* 16, *quelqu'un* 7, *qui* (= 'celui qui', 'whoever' en anglais) 1, *n'importe qui* 1, *personne* 10, *rien* 4)	95
Déterminants indéfinis, interrogatifs ou négatifs (*chaque* 23, *tout* 2, *tel* 3, *quel* 1, *aucun* 1)	30
Numéraux cardinaux	5
Noms de ville (lorsque le verbe n'est pas *être*) :	10
Certaines 'sous-phrases corrélatives' :	3
Formes figées, citations de l'écrit :	4
Total : 147	

'Sous-phrase corrélative' est le terme employé par Grevisse & Goosse (1986, pp. 1440, 1642) pour des phrases coordonnées où l'on trouve un adverbe comme *plus* ou *moins* en tête de chaque proposition :

(78) je dirais pas 'plus *la colo* Ø est grande plus *les problèmes* Ø augmentent' mail il se passe pas du tout de la même façon. / [loc. 28]
(79) plus que *les générations* Ø avancent plus que que ça / ça change [loc. 20]

Pour certains des contextes indiqués dans le Tableau 1, des exemples de RS sont attestés dans d'autres variétés du français, notamment en 'français populaire', en France comme au Canada. Après *tout le monde*, par exemple, le sujet clitique est possible en français ontarien, mais reste extrêmement marginal : Nadasdi a trouvé que c'était le contexte le moins favorable au RS (2000, p. 57). En France, Blanche-Benveniste estime que cette tournure se rencontre surtout dans la région parisienne : par ex. *Tout le monde il a fait ça dans sa vie* (1997, p. 42). Dans les corpus du GARS, Blasco-Dulbecco a trouvé plusieurs exemples de RS avec l'un ou l'autre de ces pronoms :

(80) *chacun* **il** paye la sienne
(81) *quelqu'un qui sort d'ici* **il** a rien
(82) *n'importe qui qui est en France* fût-il **il** a le droit à l'intégration
(83) *un* **il** joue du violon
(84) au pensionnat ils recevaient tous des visites et moi *personne* **il** venait (1999, p. 252).

Par contre, il semble que le RS soit exclu de certains de ces contextes dans toutes les variétés du français contemporain : par ex. *tout* (pronom) et *qui* (= '*celui qui*'). La seule occurrence de celui-ci dans notre corpus est la suivante :

(85) et *qui dit colonie* Ø dit vie de société vie dans le groupe / [loc. 15]

(Cette structure est caractéristique des proverbes et dictons, qui sont réputés pour leur syntaxe conservatrice ou archaïsante : par ex. *Qui donne aux pauvres prête à Dieu* ; *Qui va à la chasse perd sa place* ; *Qui vole un œuf vole un bœuf*.) Des occurrences de 3p-Ø dans les formes figées et les citations d'un texte écrit ne sont pas variables non plus :

(86) j'ai jamais quitté la France. / non / et pourtant *Dieu* Ø (*il) sait ! vous savez ? euh j'irais certainement en Angleterre [loc. 21]
(87) 'promenons-nous dans les bois pendant que *le loup* Ø n'y *est* pas ... ' [loc. 15]
(88) c'est la présentation du centre tu sais ça fait un peu / euh Club Méditerranée tu vois '*Le centre* Ø se situe et cetera et cetera' bon / ça on en a un peu rien à secouer mais euh. / [loc. 4]

A la différence des pronoms et déterminants indiqués dans le Tableau 1, nous traitons certains autres comme variables : *certain(e)s, d'autres, celui + -là/qui* (et les formes apparentées), *certain(e)s* + N, *tout* + déterminant + N. Même si ces formes tendent à favoriser l'absence d'un sujet clitique, nous en trouvons néanmoins quelques exemples dans le corpus d'occurrences de 3p-1, comme dans (89-93), et c'est pourquoi ces contextes sont considérés comme variables dans cette étude.

(89) mais – *certains* tout simplement **ils** voulaient – continuer quelque chose qu'ils avaient bien vécu qui leur avait fait plaisir de l'autre côté de la barrière. /
(90) *d'autres* **ils** se sentent mieux /

Le redoublement du sujet en français parlé 133

(91) ici *ceux-là* **ils** viennent euh pfeuh une bonne partie de Paris / et une bonne partie de Nancy /

(92) *ceux qui sont trop vissés* en général **ils** ont tendance à exploser

(93) *certaines personnes dans le village qui parlent picard* / quand ils me voient – comme ils savent que je suis institutrice ils me – ils me – **ils** se font des efforts pour bien parler français /

Quant aux contextes catégoriques de RS (3p-1), de très loin le plus significatif dans notre corpus est celui qui comprend *c'/ce* + une forme du verbe *être* (306 occurrences). Barnes (1985) a établi que le RS est quasiment obligatoire dans ce contexte, et dans l'étude de Campion (1984), les dislocations avec *être* ne manifestaient pas du tout la même stratification sociale que celles observées avec un autre verbe. De plus, la dislocation avec *c'est* n'a pas en général une valeur non standard. Mais dans notre corpus, SN + *ce* + *être* n'est pas strictement un contexte catégorique, car dans 23 (7%) des occurrences potentielles de cette structure, le clitique *ce* est absent. Cependant, puisque nous voulons au terme de cette étude voir clairement quelle est la distribution interpersonnelle de la variation, nous avons décidé d'exclure du comptage ultérieur toutes les occurrences de *ce* + *être*, réelles et potentielles. (Rappelons que cette décision n'englobe pas *ça* + verbe.) Deux autres contextes de 3p-1 ont également été exclus de la quantification de la variable. Le premier concerne seulement quatre exemples dans le corpus, tous fournis d'ailleurs par le même locuteur, un jeune homme de dix-neuf ans. Il s'agit de *y en a* utilisé comme équivalent à *certains*, par exemple :

(94) *y en a* **ils** devraient pas être là *y en a* **ils** devraient être dans des / dans des camps d'adolescents [loc. 25]

Comme Blanche-Benveniste (1994, p. 84), nous pensons qu'il est raisonnable de traiter de tels cas de *y en a* comme des formes figées qui jouent le même rôle syntaxique et sémantique qu'un pronom indéfini. Enfin, dans trois autres cas, la distance entre le verbe conjugué et le substantif en tête du SN sujet est grande et il semble que l'omission du sujet clitique aurait sérieusement compromis la compréhensibilité de l'énoncé :

(95) *Marianne* dont je te parlais là que j'avais eue quand elle était gamine **elle** est du Mans normalement [loc. 2]

Certes, juger que 3p-Ø serait quasiment impossible dans ce genre de contexte est une décision relativement subjective, et il serait difficile de préciser la distance maximale tolérable entre le substantif et le verbe. Souvent dans de tels cas, il semble probable qu'une pause silencieuse juste avant le verbe faciliterait la compréhension de l'énoncé, comme dans (96) :

(96) donc – à partir de ce moment-là *les enfants* euh sais pas exactement vers euh / quatre ans peut-être je je ne vois pas exactement personnellement euh – Ø sont contents d'avoir un petit peu d'argent. / [loc. 6]

7. L'analyse des données variables

Maintenant que les occurrences catégoriques ont été séparées des données variables, nous sommes en mesure d'examiner la variation proprement dite. Nous nous concentrerons sur la dimension interpersonnnelle de la variable (3p), mais examinons tout d'abord l'influence éventuelle de deux éléments du contexte linguistique. Si les sujets clitiques du français contemporain se comportent en préfixes, comme certains l'ont prétendu, l'on pourrait s'attendre à ce que la présence de *ne* ou d'un objet clitique (*me, le, leur, y, en* etc.) défavorise l'emploi de la variante 3p-1, puisque l'objet clitique ou *ne* interrompt en quelque sorte ce qui serait en train de devenir une forme figée. Les résultats de Campion (1984) pour le français de Montréal et de Nadasdi (2000) pour le franco-ontarien semblent confirmer cette hypothèse. Pourtant, l'examen quantitatif des occurrences variables dans notre corpus a donné le résultat inverse : lorsqu'un objet clitique est présent, le taux de 3p-Ø est de 52% (34/65), nettement au-dessous de la moyenne globale (76%). C'est-à-dire que, dans ces données, la présence d'un objet clitique semble favoriser le RS. Cette différence entre le français canadien et le français métropolitain est curieuse et nous n'avons actuellement aucune explication à proposer. En revanche, la présence de la particule négative semble exercer l'influence à laquelle on pouvait s'attendre. La présence de *ne* amplifie l'emploi de 3p-Ø de manière considérable : jusqu'à 87%. Il nous semble que ceci résulte d'un phénomène de cooccurrence stylistique, à savoir que *ne* et 3p-Ø sont toutes deux des variantes standard, et associées à un style relativement formel. Nous ne considérons donc pas la présence ou l'absence de *ne* comme un facteur exerçant une influence sur le choix entre 3p-1 et 3p-Ø.

Pour la dernière étape de ce travail, nous avons pris les occurrences variables (c'est-à-dire, celles qui restent après l'exclusion des différents contextes catégoriques mentionnés ci-dessus), et nous avons calculé pour chaque informateur la fréquence relative de la variante standard, l'absence du sujet clitique, (3p-Ø). Ensuite, nous avons calculé le pourcentage moyen des différents sous-groupes de locuteurs. Trois individus ont finalement été exclus de ce dernier processus en raison d'un trop faible nombre d'occurrences (< 15) : un homme de 32 ans (classe 'supérieure'), une jeune femme de 22 ans (classe 'intermédiaire') et une femme d'une cinquantaine d'années (classe 'intermédiaire'). Par conséquent, la moyenne pour les femmes de 50-60 ans est basée sur seulement deux informatrices. Ceci mis à part, nous ne pensons pas que ces exclusions aient influencé les résultats globaux, qui sont présentés dans le Tableau 2.

Tableau 2	Les fréquences relatives de 3p-Ø (et comparaison avec le maintien de *ne*)	
	3p-Ø	*ne* retenus
Moyenne globale	76%	17%
Femmes (17-37 ans)	78.3%	14.8%
Hommes (17-37 ans)	74.1%	16.1%
17-22 ans	68.6%	8.4%
24-37 ans	83.5%	23.9%
Femmes 50-60 ans	79%	28.8%
Classe sociale :		
supérieure	82.5%	19.3%
intermédiaire	80.4%	16.4%
ouvrière	58.2%	9.2%

Le premier commentaire à faire sur le Tableau 2 est que le redoublement du sujet est de loin la variante minoritaire d'un point de vue quantitatif (24%). Si ces chiffres sont à peu près typiques du 'français ordinaire' (cf. Gadet, 1997), on est très loin ici d'une règle du double sujet *obligatoire*, comme cela a été prétendu par certains. En ce qui concerne la différenciation sociale (ou interpersonnelle), les pourcentages de 3p-Ø dans le Tableau 2 sont supérieurs à ceux obtenus par Campion (1984) dans son étude quantitative sur le français de Montréal, mais il existe plusieurs ressemblances entre ses résultats et les nôtres. La différence la plus forte dans le Tableau 2 se trouve entre le 'score' des locuteurs de la classe ouvrière d'une part et celui des deux autres classes d'autre part, et elle reflète bien le statut relatif des deux variantes sur le plan de l'évaluation sociostylistique : le RS est encore considéré comme non standard, et (ou plutôt, parce que) il est utilisé davantage par la classe ouvrière. (Cependant, il faudrait ajouter que le score de la classe ouvrière est calculé ici à partir de cinq personnes seulement, dont quatre ont entre 17 et 22 ans. De plus, la moyenne de ce groupe est fortement influencée par deux scores individuels très bas, l'un de 33% et l'autre de 39%.) La ressemblance entre les moyennes des classes supérieure et intermédiaire ne doit pas nous étonner, car les occupations de la majorité des individus dans ces deux groupes étaient relativement similaires. La plupart d'entre eux travaillaient dans l'enseignement, et, selon le système de classification sociale que nous avons adopté (Marceau, 1977, pp. 6-9 ; Coveney, 1996, pp. 18-20), les instituteurs sont classés dans la catégorie 'intermédiaire', alors que les professeurs de collège ou de lycée se trouvent dans le groupe 'supérieur'. Si on plaçait les différentes occupations sur un continuum (par ex. selon leur prestige relatif), il est certain que les instituteurs et les professeurs seraient des voisins très proches, et, étant donné la nature relativement similaire de leur travail, l'on peut s'attendre à ce qu'il y ait peu de différences dans leurs manières d'employer les variables sociolinguistiques. Quant aux fréquences moyennes des femmes et des hommes, l'écart entre les deux est très faible (4.2%), comme c'est le cas aussi pour le maintien de *ne*, mais cette fois-ci la différence pourrait néanmoins refléter également le fait que 3p-Ø est perçu comme la variante de prestige (ou standard). En effet, bien des études sociolinguistiques ont montré que, dans les cas de variation stable (par opposition au changement en cours), les femmes ont tendance à employer davantage la variante standard (Chambers & Trudgill, 1998, pp. 61-63). Enfin, la différence entre les groupes d'âge est de l'ordre de 15%, ce qui est presque identique à ce que nous avons trouvé pour la variable (ne). Cela aussi est compatible avec le statut plutôt standard de la variante 3p-Ø, et, comme pour (ne), il nous semble probable que cette différence soit due au fait que les adultes ont tendance à adopter un parler plus standardisé à mesure qu'ils avancent dans leur vie professionnelle et qu'ils laissent derrière eux les réseaux sociaux de leur jeunesse (cf. Chambers & Trudgill, 1998, pp. 78-79). Tout comme les autres études variationnistes sur ce sujet, nous n'avons pas trouvé d'indice d'un changement en cours.

Les moyennes de groupe présentées dans le Tableau 2 cachent une certaine hétérogénéité en ce qui concerne les scores individuels. Par exemple, pour les trois classes sociales, les éventails sont les suivants : supérieure 65-94%, intermédiaire 63-100%, ouvrière 33-76%. D'un point de vue impressionniste, certains des scores les plus élevés sont attribuables au fait que les informateurs en question ont parlé dans un style plus formel. C'est le cas notamment d'un jeune homme de 19 ans de la classe intermédiaire (informateur 5) qui a réalisé un pourcentage de 97% pour la variante standard, 3p-Ø. Pour la variable (ne), c'est lui aussi qui avait obtenu le taux le plus élevé du maintien de *ne* (56%). Entre autres facteurs, nous attribuons son comportement linguistique à l'année qu'il venait de passer dans l'enseignement primaire et à son désir de donner une certaine image de la colonie de vacances dont il était déjà directeur adjoint (Coveney, 1996, pp. 83-85). L'informatrice 1 (34 ans, classe intermédiaire), qui a employé 3p-Ø de façon catégorique au cours de son entretien, travaillait, elle aussi, dans l'enseignement primaire. Elle était certainement très consciente de la valeur sociolinguistique du RS, puisque c'est elle qui a donné comme exemple d'une phrase en picard '*ch bébé* **il** est bien sage'. Un troisième membre de la classe intermédiaire à avoir un emploi presque catégorique de 3p-Ø (95%) est une étudiante de 19 ans, qui suivait une formation d'institutrice, et qui a également retenu plutôt souvent la particule négative (28% de maintien). Il est probable qu'elle était bien consciente des connotations picarde et populaire de la 'règle du double sujet', car elle avait suivi quelques cours sur le picard dans le cadre de ses études à l'école normale. De plus, elle affirmait que son frère jumeau parlait souvent patois, mais que, pour elle, cela n'aurait pas été 'naturel' de le faire. Pour ces trois individus, on peut dire que la maîtrise du français standard est primordiale dans leur vie professionnelle, et ceci est l'un des éléments qui a motivé l'évitement du RS pendant l'entretien.

En revanche, pour l'informatrice 21, l'emploi du français standard a une importance bien moindre dans sa vie professionnelle, puisqu'elle est cuisinière de centre de vacances. C'est une femme d'une cinquantaine d'années qui se distingue de tous les autres informateurs par son taux d'usage très élevé de *nous* (71%), au lieu de *on* (cf. Coveney, 2000, pour une analyse détaillée de cette variable, et un commentaire plus long sur cette informatrice). Son pourcentage de maintien de *ne* (45%) confirme qu'elle a adopté un style relativement formel au cours de l'enregistrement. Au premier abord, on peut donc s'étonner que la fréquence avec laquelle elle a utilisé 3p-Ø soit de seulement 63%, ce qui est même le score le plus bas de tous les membres de la classe intermédiaire. Qu'est-ce qui peut expliquer cette apparente anomalie dans le profil sociolinguistique de cette informatrice ? La réponse se trouve premièrement dans sa 'biographie' linguistique, et deuxièmement dans le statut des trois variables sociolinguistiques en question (*ne, nous/on*, 3p). L'informatrice 21 a en effet révélé au cours de l'entretien qu'elle parlait couramment le picard, surtout quand elle rentrait dans son village d'origine. Elle raconte que, dans son village :

(97) y a des personnes / qui ont tellement euh – été habitués à parler patois si on ne parle pas patois avec eux ils ne comprennent pas / <AC : *ah bon ?* > alors moi je parle patois avec eux. / il le faut d'ailleurs. / c'est une nécessité. / les gens ils seraient vraiment surpris de / de nous voir parler français parce que c'est / c'est ils sont habitués et c'est tout /

Nous avons vu ci-dessus que la règle du double sujet (à savoir, 3p-1) est un des traits grammaticaux les plus caractéristiques du picard : elle le distingue non seulement du français standard mais aussi des autres dialectes traditionnels. Ceci n'est pas du tout le cas pour l'omission de *ne* ou pour l'emploi de *on* à la place de *nous*, car le dialecte tend à maintenir l'équivalent de *ne* (*ène*), et possède *o(z)* comme sujet clitique de la 1ère personne du pluriel. Nous proposons donc l'interprétation suivante du comportement de l'informatrice 21 vis-à-vis de ces trois variables sociolinguistiques. Au cours de son entretien, elle a parlé dans un style assez formel (accompagné du vouvoiement), ce qui l'a amenée à obtenir des scores élevés pour *ne* et pour *nous*. Mais elle emploie simultanément une proportion assez importante de 3p-1 (37%), à cause de l'influence du picard. Ayant quitté l'école à 14 ans, et exerçant un métier dans lequel l'emploi systématique de la grammaire standard n'est pas indispensable, elle est probablement moins consciente de la valeur sociolinguistique du RS que les informateurs qui sont plus marqués par l'école et par l'enseignement du français standard.

Tableau 3	Changement de style dans les deux parties de l'entretien (locuteur 28)	
	1ère partie	2ème partie
maintien de *ne*	50%	11.4%
taux de 3p-Ø	95%	82%

Nous avons vu ci-dessus que, dans leurs études sur le français de Montréal, Sankoff (1982) et Campion (1984) ont démontré que la variable (3p) est un marqueur sociolinguistique, c'est-à-dire qu'elle est sujette non seulement à la stratification sociale, mais aussi au changement stylistique. D'un point de vue intuitif, nous savons que cela est vrai également pour le français de France. Nos données ne nous permettent pas d'explorer en profondeur la dimension intrapersonnelle de la variation, puisqu'elles proviennent uniquement d'entretiens et qu'il nous paraît difficilement envisageable de diviser ces entretiens en sections formelles et informelles. Cependant, au cours de notre étude sur l'omission variable de *ne* (Coveney, 1996), nous avons trouvé un exemple frappant de changement de style. Il s'agit de l'informateur 28, un homme de 37 ans, qui était directeur de colonie de vacances, et dont l'entretien s'est déroulé en deux parties. La première partie a eu lieu un soir, à l'intérieur de la colonie et en présence du directeur adjoint, qui nous écoutait en silence. Après 20 minutes, il a fallu interrompre l'enregistrement pour que le directeur puisse animer la réunion quotidienne du personnel. Nous avons pu reprendre l'entretien de bonne heure le lendemain matin, en nous promenant à travers le parc qui entourait la colonie, et cette fois-ci le directeur adjoint n'était pas présent. Peut-être en raison du cadre un peu plus informel, mais aussi puisque les sujets de conversation étaient plus anecdotiques que ceux de la veille, l'informateur a fortement diminué son utilisation de la particule négative :

la veille au soir, son taux de maintien de *ne* était très élevé (50%), alors que le lendemain matin, il n'était que de 11,4%. Or, si la variable (3p) fonctionne de la même manière, on pourrait s'attendre à voir un changement de style comparable dans les deux parties de l'entretien avec le locuteur 28. Le Tableau 3 montre que les chiffres pour la variable (3p) vont dans le même sens que (ne) : il y a effectivement un changement de style dans la direction attendue, mais il est moins important (13%) que celui qui a été observé pour *ne* (39%).

8. Conclusion

Selon la typologie de variables grammaticales que nous avons présentée auparavant (Coveney, 1996, 1997), la variable (3p) et l'omission variable de *ne* sont classées comme des variables du même genre, puisque toutes les deux impliquent une alternance entre la présence et l'absence d'une forme grammaticale qui est redondante d'un point de vue sémantique. Cependant, une différence entre les deux est que, pour (3p), c'est *l'absence* de cette forme qui est perçue comme standard, tandis que pour (ne), c'est *la présence* de la particule qui est obligatoire dans la langue normative. Dans le cas de (3p), la variante non standard correspond à la règle (quasiment obligatoire) du double sujet en picard, alors que l'omission de la particule négative est traditionnellement associée avec le français populaire, mais pas du tout avec le picard. Nous avons vu que cette différence peut aider à expliquer certains aspects de la variation interpersonnelle. De façon plus générale, (3p) s'est avérée une variable sociolinguistique beaucoup plus compliquée à plusieurs égards que l'omission variable de *ne*. D'autres chercheurs ont démontré que des facteurs pragmatiques peuvent exercer une influence forte sur la présence ou l'absence d'un sujet clitique, ce qui n'est probablement plus le cas pour (ne). Nous sommes d'accord avec Champion (1984) et Nadasdi (2000), entre autres, pour dire que la variable (3p) est un marqueur sociolinguistique stable, non pas un changement en cours. Le RS est un phénomène statistiquement minoritaire dans notre corpus pris dans son ensemble, mais deux de nos jeunes informateurs d'origine populaire l'emploient comme variante majoritaire. Il est certain que, d'un point de vue variationniste, le RS est extrêmement répandu dans le français vernaculaire, même s'il ne représente nullement une innovation.

Aidan Coveney
Université d'Exeter
a.b.coveney@exeter.ac.uk

Note
* Je remercie tous les collègues qui ont eu la gentillesse de répondre à mes questions sur ce sujet, en particulier Julie Auger et Jean-Michel Eloy, et aussi les locuteurs natifs qui ont partagé avec moi leurs intuitions grammaticales sur certains exemples inventés.

Références bibliographiques

Ashby, W. (1980) : Prefixed conjugation in Parisian French, in : Izzo, H. (ed.) : *Italic and Romance Linguistic Studies in Honor of E. Pulgram*. Benjamins, Amsterdam, pp. 195-207.

Ashby, W. (1988) : The syntax, pragmatics and sociolinguistics of left and right dislocations in French. *Lingua*, 75, pp. 203-229.

Asselin, C. & A. McLaughlin (1994) : Les immigrants en Nouvelle-France au XVIIe siècle parlaient-ils français ?, in : Mougeon, R. & Beniak, E. (éds.) : *Les origines du français québécois*. Presses de l'Université Laval, Québec, pp. 101-130.

Auger, J. (1997) : Variation synchronique et changement linguistique : la grammaticalisation des pronoms sujets en picard. Communication à NWAV 26, Université Laval, Québec.

Auger, J. (1998) : Le redoublement des sujets en français informel québécois : une approche variationniste. *Revue canadienne de linguistique*, 43, 1, pp. 37-63.

Barnes, B. (1985) : *The Pragmatics of Left-detachment in Spoken Standard French*. Benjamins, Amsterdam.

Blanche-Benveniste, C. (1994) : Quelques caractéristiques grammaticales des « sujets » employés dans le français parlé des conversations, in : Yaguello, M. (ed.) : *Subjecthood and Subjectivity : the status of the subject in linguistic theory*. Ophrys, Paris, pp. 77-107.

Blanche-Benveniste, C. (1997) : *Approches de la langue parlée en français*. Ophrys, Paris.

Blasco-Dulbecco, M. (1999) : *Les dislocations en français contemporain*. Champion, Paris.

Blondeau, H. (2001) : Real-time changes in the paradigm of personal pronouns in Montreal French. *Journal of Sociolinguistics*, 5, 4, pp. 453-474.

Bollée, A. (1977) : *Le créole français des Seychelles*. Niemeyer, Tübingen.

Campion, E. (1984) : *Left Dislocation in Montreal French*. PhD thesis, University of Pennsylvania.

Carroll, S. (1982) : Redoublement et dislocations en français populaire, in : Lefebvre, C. (éd.) : *La syntaxe comparée du français standard et populaire : approches formelle et fonctionnelle*, tome 1. Office de la langue française, Québec, pp. 291-357 (cité par Nadasdi).

Chambers, J. K. & Trudgill, P. (1998) : *Dialectology* (2nd edition). Cambridge University Press, Cambridge.

Chancel, J. (1973) : *Radioscopie, vol. 1*. Laffont, Paris.

Chevalier, L. (1950) : *La formation de la population parisienne au 19ᵉ siècle*. Presses Universitaires de France, Paris (cité par Price, 1987).

Cook, M. (éd.) (1994) : *Dialogues révolutionnaires*. University of Exeter Press, Exeter.

Corne, C. (1999) : *From French to Creole : the development of new vernaculars in the French colonial world*. University of Westminster Press, London.

Coveney, A. (1995) : The use of the QU-final interrogative structure in spoken French. *Journal of French Language Studies*, 5, 2, pp. 143-171.

Coveney, A. (1996) : *Variability in Spoken French : a sociolinguistic study of interrogation and negation*. Elm Bank Publications, Exeter.

Coveney, A. (1997) : L'approche variationniste et la description de la grammaire du français : le cas des interrogatives. *Langue française*, 115, pp. 88-100.

Coveney, A. (2000) : Vestiges of *nous* and the 1ˢᵗ person plural verb in informal spoken French. *Language Sciences*, 22, pp. 447-481.

Dannequin, C. (1977) : *Les enfants bâillonnés*. Nathan, Paris.

Dauzat, A. (1947) : *Grammaire raisonnée de la langue française*. Editions IAC (Imprimerie artistique en couleurs), Lyon.

Debrie, R. (1960) : *Etude linguistique du patois de l'Amiénois*. Thèse de Doctorat, Université de Paris.

Debrie, R. (1983) : *Eche pikar bèl é rade*. Omnivox, Paris.

Deshaies, D., C. Guilbault & C. Paradis (1992) : Prosodie et dislocation à gauche par anaphore en français québécois spontané, in : Crochetière, A., J.-C. Boulanger & C. Ouellon (éds.) : *Actes du XVᵉ Congrès International de Linguistique*. Presses de l'Université Laval, Québec, pp. 31-34 (cité par Nadasdi, 2000).

Encrevé, P. (1988) : *La liaison avec et sans enchaînement*. Seuil, Paris.

Ernst, G. (1985) : *Gesprochenes Französisch zu beginn des 17 Jahrhunderts. Direkte Rede in Jean Héroards 'Histoire particulière de Louis XIII' (1605-1610)*. Niemeyer, Tübingen.

Flutre, L-F. (1970) : *Le moyen picard d'après les textes littéraires du temps (1560-1660)*. Musée de la Picardie, Amiens.

Flutre, L-F. (1977) : *Du moyen picard au picard moderne*. Musée de la Picardie, Amiens.

Gadet, F. (1992) : *Le français populaire*. Presses Universitaires de France, Paris.

Gadet, F. (1997) : *Le français ordinaire* (2ᵉ édition). Colin, Paris.

Gilliéron, J. & Edmont, E. (1903-10) : *Atlas linguistique de la France*. Honoré Champion, Paris.

Grevisse, M. & A. Goosse (1986) : *Le bon usage* (12ᵉ édition). Duculot, Gembloux.

Harris, M. B. (1978) : *The Evolution of French Syntax*. Longman, London.

Jones, M. A. (1996) : *Foundations of French Syntax*. Cambridge University Press, Cambridge.

King, R. & Nadasdi, T. (1997) : Left dislocation, number marking and Canadian French. *Probus*, 9, pp. 267-284.

Labelle, G. (1976) : La langue des enfants de Montréal et de Paris. *Langue française*, 31, pp. 55-73.
Labov, W. (1972) : *Sociolinguistic Patterns.* University of Pennsylvania Press, Philadelphia.
Lambrecht, K. (1981) : *Topic, Antitopic and Verb Agreement in Non-standard French.* Benjamins, Amsterdam.
Lambrecht, K. (1987) : On the status of SVO sentences in French discourse, in : Tomlin, R. (ed.) : *Coherence and Grounding in Discourse.* Benjamins, Amsterdam, pp. 217-261.
Lambrecht, K. (2000) : Prédication seconde et structure informationnelle : la relative de perception comme construction présentative. *Langue française*, 127, pp. 49-66.
Larsson, E. (1979) : *La dislocation en français. Etude de syntaxe générative.* Gleerup, Lund.
Lodge, R. A. (1995) : *Les Lettres de Montmartre* et l'idéologie normative. *Revue de linguistique romane*, 59, pp. 439-65.
Lortie, S-A. (1914) : Origines des premiers colons canadiens-français, in : *Actes du premier congrès de la langue française au Canada. Mémoires.* L'action sociale, Québec (cité par Asselin & McLaughlin, 1994).
Marceau, J. (1977) : *Class and Status in France : economic change and social immobility 1945-1975.* Oxford University Press, Oxford.
Marchello-Nizia, C. (1998) : Dislocation en diachronie : archéologie d'un phénomène du « français oral », in : Bilger, M., K. van den Eynde & F. Gadet (éds) : *Analyse linguistique et approches de l'oral.* Peeters, Leuven & Paris, pp. 327-337.
Martineau, F. (2000) : Remarques sur l'établissement et l'analyse d'un corpus du français de la Nouvelle-France. Communication au Colloque de l'Association for French Language Studies, Université Laval, Québec.
Moreau, C. (éd.) (1853) : *Choix de Mazarinades, tome 1er.* Paris : Société de l'histoire de France.
Moreau, M-L. (1986) : Les séquences préformées : entre les combinaisons libres et les idiomatismes. Le cas de la négation avec ou sans *ne. Le français moderne*, 54, pp. 137-160.
Motapanyane, V. (with D. Jory) (1997) : *Acadian French.* Lincom Europa, Munich.
Nadasdi, T. (1995) : Subject NP doubling, matching and minority French. *Language Variation and Change*, 7, pp. 1-14.
Nadasdi, T. (2000) : *Variation grammaticale et langue minoritaire.* Lincom Europa, Munich.
Nagy, N. & H. Blondeau (1999) : Double subject marking in L2 Montreal French. *Penn Working Papers in Linguistics*, 6, 2, pp. 93-108.
Pooley, T. (1996) : *Chtimi : the urban vernaculars of northern France.* Multilingual Matters, Clevedon.
Posner, R. (1997) : *Linguistic Change in French.* Clarendon Press, Oxford.

Price, R. (1987) : *A Social History of Nineteenth-century France*. Hutchinson, London.

Priestley, L. (1955) : Reprise constructions in French. *Archivum Linguisticum*, 7, 1, pp. 1-28.

Prüssmann-Zemper, H. (1986) : *Entwicklungstendenzen und Sprachwandel im Neufranzösischen. Das Zeugnis des Héroard und die Genese des gesprochenen Französisch*. Dissertation, Universität zu Bonn (cité par Gadet, 1997).

Roberge, Y. (1990) : *The Syntactic Recoverability of Null Arguments*. McGill-Queen's University Press, Montreal (cité par Nadasdi, 2000).

Romaine, S. (1984) : *The Language of Children and Adolescents : the acquisition of communicative competence*. Blackwell, Oxford.

Sankoff, D. (1988) : Sociolinguistics and syntactic variation, in : Newmeyer, F. (ed.) : *Linguistics : the Cambridge survey, vol. 4 : Language : the socio-cultural context*. Cambridge University Press, Cambridge, pp. 140-161.

Sankoff, G. (1980) : *The Social Life of Language*. University of Pennsylvania Press, Philadelphia.

Sankoff, G. (1982) : Usage linguistique et grammaticalisation : les clitiques sujets en français, in : Dittmar, N. & B. Schlieben-Lange (éds) : *La sociolinguistique dans les pays de langue romane*. Narr, Tübingen, pp. 81-85.

Thibault, P. & M. Daveluy (1989) : Quelques traces du passage du temps dans le parler des Montréalais. *Language Variation and Change*, 1, 1, pp. 19-45.

Trudgill, P. (1988) : Norwich revisited : recent linguistic changes in an English urban dialect. *English World-Wide*, 9, pp. 33-49.

Etude de la stratégie de sollicitation chez des apprenants suédophones de français

par

Christine Bozier

1. Introduction

Quiconque a essayé de « communiquer dans la langue de l'autre » (Noyau & Porquier, 1984), sait combien il s'agit d'un exercice fastidieux et éreintant aussi bien sur le plan linguistique, pragmatique que même social. Lorsque la compétence fait défaut, faire appel à l'interlocuteur (*solliciter*) peut alors constituer pour le locuteur non natif (LNN) une stratégie pour pallier ses lacunes linguistiques et permettre ainsi à la communication de progresser, tout en lui permettant d'obtenir des échantillons de la langue cible (LC) qu'il peut à son gré transformer en objets d'apprentissage.

De Pietro, Matthey & Py (1989) ont ainsi constaté que dans la sollicitation même prenaient naissance des séquences qui pouvaient s'avérer favorables à l'apprentissage linguistique : non seulement le LNN prend l'initiative de signaler et résoudre ses problèmes, mais il y a également déviation momentanée de la focalisation sur le contenu du message au profit du code (Bange, 1987).

Dans son étude des initiatives prises par deux informantes non guidées du projet ESF, Vasseur (1991) en arrive néanmoins à la conclusion qu'il ne suffit pas de solliciter pour apprendre[1]. L'auteur a en effet pu observer chez deux locutrices hispanophones des différences quant au suivi attribué aux données de langue sollicitées. Cette variabilité, que l'auteur attribue d'une part au locuteur et d'autre part à la fonction attribuée aux données mêmes, est en fait ce qui a aiguisé notre curiosité et nous a amené à nous pencher de plus près sur la stratégie de sollicitation : qu'est-ce que solliciter et qu'est-ce que cela implique au niveau de l'interaction ?

Notre objectif à travers cet article consistera donc à faire une présentation de l'activité de sollicitation d'apprenants suédophones de français en interaction avec des locuteurs natifs (LN) français. Après avoir présenté l'activité de sollicitation sur le plan théorique (*section 2*), nous poursuivrons par la présentation de notre corpus (*section 3*), pour ensuite nous consacrer aux résultats auxquels nous sommes parvenus en ce qui concerne les caractéristiques formelles des stratégies de sollicitation de nos apprenants (*section 4.1*), et les développements (ou séquences) engendrés par le recours à la stratégie de sollicitation (*section 4.2*). Préalablement à la présentation des résultats de chacune de ces recherches, il sera effectué une présentation des catégories d'analyse utilisées. Enfin, dans le cadre de notre dernière partie (*section 5*), nous essaierons de faire le lien entre nos observations et les traits de <± *Collaboration*> et de <± *Didactisation*> énoncés par Py (1990). Nous essaierons en l'occurrence d'établir ce qui, dans les différentes séquences observées d'une part, et dans l'activité de chacun des interlocuteurs natif et non natif d'autre part, pourrait constituer des indices des traits distingués.

2. Cadre théorique

Solliciter est une stratégie qui, bien que souvent mentionnée dans les travaux portant sur l'interaction exolingue, n'a soulevé que peu l'intérêt des chercheurs aussi bien sur le plan théorique qu'empirique. Des quelques travaux disponibles à ce sujet, il ressort néanmoins que solliciter constitue une stratégie (*section 2.1*) dont quelques-unes des caractéristiques formelles ont déjà été observées (*section 2.2*), la plus intéressante étant notamment qu'elle constitue la base de séquences considérées comme favorables au processus acquisitionnel (*section 2.3*).

2.1. La sollicitation en tant que stratégie.

Solliciter le partenaire plus « expert » à l'apparition d'un problème linguistique est considéré comme une stratégie dont la nature semble varier selon la typologie des stratégies référée.

En effet, pour un certain nombre de chercheurs (Tarone, 1977 ; Faerch & Kasper, 1983 ; Rubin, 1987 ; Kellerman & Bialystok, 1997) solliciter (*appeal for assistance*) constitue une stratégie de communication (*communication strategy*), du fait qu'elle viserait plus la participation même à la conversation et la diffusion du message que l'acquisition linguistique.

Pour d'autres chercheurs (Oxford, 1990 ; O´Malley & Chamot, 1990), solliciter (*getting help*) constituerait plutôt une stratégie d'apprentissage (*learning strategy*). Dans ce cas-là, il s'agirait d'une action bien spécifique entreprise par l'apprenant en vue de stimuler son apprentissage de la LC :

> One commonly used technical definition says that learning strategies are operations employed by the learner to aid the acquisition, storage, retrieval,

> and use of information. This definition, while helpful, does not fully convey the excitement or richness of learning strategies. It is useful to expand this definition by saying that learning strategies are specific actions taken by the learner to make learning easier, faster, more enjoyable, more self-directed, more effective, and more transferable to new situations. (Oxford 1990, p. 8)

Plus récemment, certains chercheurs ont adopté une position intermédiaire en considérant notamment que dans certaines situations la stratégie de sollicitation peut constituer un « pont entre communication et apprentissage » (Gajo & Mondada, 2000, p. 152). Ainsi, pour Berthoud & Py (1993, p. 82), les sollicitations formeraient précisément l'un des lieux où convergent stratégies de communication et stratégies d'apprentissage :

> Si ces stratégies visent à atteindre un but communicatif (pour comprendre et se faire comprendre de l'autre), elles sont en même temps, et dans certains cas, un moyen d'acquérir l'unité ou structure sollicitée. (Berthoud & Py, 1993, p. 82)

Dans sa typologie des stratégies de résolution des problèmes de communication, Bange (1992) établit la distinction entre trois types de stratégies : *abandon* versus *poursuite des buts de communication*, et *substitution*. Pour Bange, la stratégie de sollicitation (ou *appel à autorité*) constituerait, au même titre que le recours à la langue maternelle (L1) et à la gestualité/mimique, une stratégie intermédiaire dite *de substitution* caractérisée par le fait qu'elle peut pencher d'un côté ou de l'autre (voir la Figure 1) :

> L'appel à autorité ou le recours à la gestualité peuvent incliner vers des formes de demande d'achèvement interactif ; elles peuvent avoir un effet négatif proche des stratégies d'évitement ; elles peuvent avoir un effet positif, s'il y a glissement des stratégies de substitution aux stratégies d'élargissement. (Bange, 1992, p. 62)

Ces stratégies peuvent selon Bange (1992, p. 62) revêtir des formes complexes. Elles se situent également sur un axe continu qui va « du moins favorable » à l'interaction avec le LN au « plus favorable » à l'interaction, et de la plus faible innovation dans les activités cognitives du LNN à la plus forte.

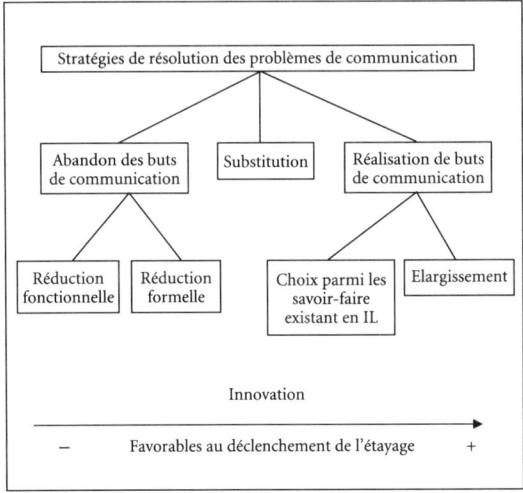

Figure 1 : *Typologie des stratégies de résolution des problèmes de communication (Bange 1992, p. 60)* [2]

2.2. Aspects formels de la sollicitation.
Les quelques études dans lesquelles il a été fait mention de l'activité de sollicitation (Vasseur, 1991 ; Bartning, 1992 ; De Araújo e Sá, 1994 ; Hammarberg, 1998) ont permis d'avoir une idée plutôt générale des formes que peut prendre l'activité de sollicitation [3]. Il ressort en l'occurrence que solliciter peut se faire tantôt *explicitement* (voir ex. 1), c.-à-d. à l'aide d'un questionnement direct du type *comment tu dis ... ?* ou *qu'est-ce que c'est ... en français ?*, tantôt *implicitement* (voir ex. 2) c-à-d marqué entre autres à l'aide d'hésitations et/ou d'une intonation montante (Vasseur, 1991 ; Bartning, 1992).

(1) Sollicitation explicite (Bartning, 1992, p. 127)

1	E(étudiant) :	(SOUPIR) je ne sais pas exactement / je trouve que / non la femme euh / la femme française la femme suédoise / sont / peut-être / dans les grandes villes je veux dire
2	I(interv.) :	mhm
3	E :	**il y a plus euh / euh/ qu'est-ce qu'on dit ? reconnaissance non ?**
4	I :	ressemblance
5	E :	ressemblance oui
6	I :	mm
		[...]
		(Marie Inter 2, p. 5)

(2) Sollicitation implicite (Bartning, 1992, p. 127)
    1   I :   qu'est-ce qui ne marche pas bien ?
    2   E :   le français/non parce que je voulais travailler comme traductrice /ou des choses comme ça maintenant je trouve que j'ai trop de difficulté(s) et peut-être dans le temps peut-être **je recommence/avec/plus de des ? ferveurs ou plus de non (a)**
    3   I :   enthousiasme ? (b)
    4   E :   enthousiasme © ou des choses comme ça peut-être ça ira mais (I :mm) maintenant je ne sais pas exactement
          (Yvonne Inter 3, p. 4)

Vasseur (1991, p. 51) observera en l'occurrence que les différents procédés utilisés par le LNN peuvent donner lieu à différents schémas d'utilisation (voir ex. 3 à 5) :

– signalisation du problème + sollicitation de données (souvent en L1)

(3)
    1   N : et maintenant M. Comment ça va ?
    2   P : ça va : eh **como** eh ça va eh **ahora no se como como se dice ahora**
    3   N : ça va maintenant maintenant ça va ? (PA 15 A)

– signalisation du problème et/ou sollicitation + essai de formulation

(4)
    1   P : (se) très comment (se di se) + très + **la distancia** (se) **très petite** non ?
    2   N : c'est pas loin hm (PA36A)

– des propositions associées à des sollicitations d'aide en général implicite (indiquées par l'intonation)

(5)
    1   P : eh **empiezo en septiembre** (septembre septembre) ?
    2   N : c'est/oui
    3   P : (septembre) ?
    4   N : oui (PA 15A)

Comme nous le verrons dans la partie 4 de cet article (*Analyse*), l'étude que nous avons réalisée nous a en fait permis de compléter les observations présentées ci-dessus.

2.3. *La relation entre sollicitation et acquisition.*
Aucune étude n'a en fait établi un lien direct entre stratégie de sollicitation et acquisition. Les observations réalisées par différents chercheurs ont en fait plus souligné la valeur interactionnelle qu'acquisitionnelle de cette stratégie.

Ainsi, il a été observé par De Pietro, Matthey & Py (1989) que la sollicitation de données métalinguistiques engendre une *séquence* interactionnelle prototypique qu'ils qualifient de *potentiellement acquisitionnelle* (SPA), du fait que s'y concentrent « les divers processus centraux de l'acquisition ».

Cette séquence présente trois caractéristiques que nous allons brièvement décrire, à savoir (1) une *structure ternaire*, (2) un phénomène de *bifocalisation* et (3) la présence *d'un contrat didactique* entre les interactants :

1) Une structure ternaire
   Cette structure est constituée des trois mouvements suivants :
   – d'un *mouvement d'autostructuration*, par lequel le LNN produit des énoncés à partir de ses connaissances interlangagières ;
   – d'un *mouvement d'hétérostructuration*, par lequel le LN intervient sur la production de l'apprenant ;
   – d'un *mouvement double d'interprétation*, qui va orienter d'une part les interventions hétérostructurantes du LN, d'autre part leur prise en charge éventuelle par le LNN.

Ainsi, dans l'exemple que donnent les auteurs (voir ex. 6), dans les mouvements 1 à 3, A passe à l'aide de ses connaissances interlangagières de *j'entre* à *j'ai entré* (mouvement autostructurant). En 4, N2 refuse la production de *j'ai entré* en proposant une autre construction *je suis rentrée* (mouvement hétérostructurant). Enfin en 5, A ratifie la construction de N2 en la reprenant de façon échoïque (*je suis rentrée*).

(6)

	A	N1	N2
1	J'entre		
2		mhm	
3	J'ai entré		
4			Je suis rentrée
5	Je suis rentrée		

2) Un phénomène de bifocalisation
   Ces séquences sont également caractérisées par un va-et-vient entre focalisation de l'échange sur le contenu des messages d'une part et sur la forme de ceux-ci d'autre part (Bange, 1987).
   Ainsi dans l'exemple 7 (tiré de Krafft & Dausendschön-Gay, 1994), nous constatons qu'en (1) le discours d'Irma est ponctué d'hésitations,

La stratégie de sollicitation chez des apprenants suédophones 151

signe d'un problème à venir, en l'occurrence un problème lexical dans ce cas ; en (2) Irma suspend ponctuellement son énoncé pour solliciter explicitement l'intervention de son interlocutrice (la Mère) ; à l'aide d'un énoncé définitoire, elle guide son interlocutrice dans la recherche du mot manquant ; sitôt le lexème fourni (*je cours*), (4) Irma peut en le reprenant de façon échoïque poursuivre la narration de son histoire. Notons que dans cet exemple la focalisation sur le code relève d'une requête de la part d'Irma.

(7) Irma : lycéenne allemande, Mère : mère de sa correspondante

    1 Irma :   Il m'a dit ah : maintenant c'est bon, . c'est une fille, .. et
    2 Irma :   Je ehm. Que c'est' ne MARche mais mais très vite,
    3 Mère :   vite'. Je cours,
    4 Irma :   Je cours (en riant) beaucoup beaucoup +

3) Présence d'un contrat didactique
Ces séquences témoignent d'une définition commune de la situation par les interactants :

> L'asymétrie de la situation est acceptée et la complémentarité des rôles reconnue : le natif peut et doit enseigner sa langue, l'alloglotte doit donner des quittances du savoir qu'il reçoit, sous forme généralement d'une répétition de la proposition du natif. (De Pietro, Matthey & Py, 1989)

Cette définition commune de la situation constitue pour les auteurs la condition nécessaire à l'établissement d'un contrat didactique dont la présence et la forme peut varier d'une situation à l'autre (Vasseur, 1989/90, p. 77), et qui en fait constitue « le plus » dont les interlocuteurs ont besoin pour passer du stade de la « tutelle pour communiquer » à la « tutelle pour apprendre » (Dausendschön-Gay & Krafft, 1994, p. 144), comme il est possible de le voir dans l'exemple 8 ci-dessous :

(8)

    A   **N**
    il travaille dans
    sur une ferme
    un ferme'
                                  une ferme
    une ferme.et.
    et elle a dit que [...]

                                                        (Py, 1990, p. 83)

Dans cet exemple, l'incertitude du locuteur A se traduit par la présentation de plusieurs formes concurrentes (et de nature différente) : tout d'abord les prépositions *dans* et *sur* sur lesquelles A ne s'arrêtera d'ailleurs pas, puis les articles indéfinis *une* et *un*, qui sont sollicités implicitement par une accentuation sur *un* puis à l'aide d'une intonation montante (symbolisée par le signe ') après *ferme*. Le LN (N), interpellé par ces signaux, intervient en reprenant le syntagme nominal (*une ferme*), en mettant en valeur (accentuation) l'article indéfini adéquat (*une*).

Selon De Pietro, Matthey & Py (1989), ce sont les places énonciatives qu'occupent les différents interlocuteurs qui permettront de déterminer s'il y a contrat didactique. Ainsi dans le cas de l'exemple 8, la présence d'un contrat didactique est d'une part perceptible à travers l'intervention de LN (N) faite sur la demande de A, et d'autre part à travers la reprise par A de l'élément morphologique sollicité (*une*).

3. Corpus
Ce travail s'appuie sur un corpus de données orales recueillies dans le cadre d'un projet plus large (projet FIFI) par Suzanne Schlyter, professeur à l'Institut d'Etudes Romanes de Lund (Suède), et en partie par l'auteur de cet article[4]. Une partie seulement du corpus total est exploitée ici ; en voici les principales caractéristiques.

3.1. Les informants.
Les données orales ont été recueillies auprès de deux groupes d'apprenants suédophones de français : un groupe d'apprenants guidés (AG) et un groupe d'apprenants non guidés (ANG).

Le groupe des apprenants guidés (AG) est constitué de trois apprenantes suédophones (Sama, Nina, Lisa) qui ont appris le français six ans (soit 500 heures environ) dans le cadre d'un enseignement formel (collège + lycée) selon une méthodologie traditionnelle (emphase sur les tâches écrites telles que lecture, traduction, grammaire). Elles sont âgées de 18 à 22 ans, et effectuent au moment des enregistrements leur premier semestre d'études du français à temps complet à l'Institut d'Etudes Romanes de l'Université de Lund. Leur séjour en France a toujours consisté en un séjour touristique d'une durée maximale d'une semaine. Ces trois informantes ont appris l'anglais comme première langue étrangère.

Le groupe des apprenants non guidés (ANG) est constitué de quatre apprenants suédophones (Petra, Martin, Johan et Karl) qui ont appris le français de façon informelle c.-à-d. durant leur séjour en France et par l'intermédiaire de leurs activités sociales (étude de la musique, des Beaux-Arts etc.). Ils sont âgés de 19 à 39 ans et séjournent en France depuis environ 6 à 9 mois au moment des enregistrements. Trois de ces informants ont suivi un enseignement limité de français : quelques heures en ce qui concerne Johan et Petra, contre quelques semaines pour Karl, mais ceci plusieurs années (> 5 ans) avant les enregistrements. Ces quatre informants ont également appris l'anglais comme première langue étrangère.

3.2. Les locuteurs natifs.
Au nombre de deux :
- chargée d'interviewer les apprenants guidés, une locutrice française avec des connaissances limitées de la langue suédoise au début des enregistrements.
- chargée d'interviewer les apprenants non guidés, une locutrice bilingue (suédois-français).

3.3. Les tâches.
Les tâches requises étaient de nature différente :
- conversation dans le cadre d'un entretien semi-dirigé, ce qui sous-entend que les rôles étaient implicitement définis : le LN initie l'ensemble des questions (sauf dans le cas des sollicitations de l'apprenant), auxquelles le LNN se doit de répondre ;
- récit du Petit Chaperon Rouge ;
- description d'une série d'images sans parole ;
- traduction en français d'un texte court relatant l'histoire d'un petit garçon nommé Nicolas.

Il est important de préciser que bien que les enregistrements des deux groupes d'apprenants aient été réalisés à des moments différents, chaque groupe a été soumis à des tâches identiques.

3.4. Les enregistrements.
- audio ;
- durée : 30/45 min ;
- effectués chaque mois pour les apprenants guidés ;
- effectués tous les deux mois pour les apprenants non guidés.

3.5. Les transcriptions.
Les transcriptions ont été effectuées sur CHILDES et dBase III Plus.

4. Analyse
Comme nous l'avons déjà précisé en introduction, les observations que nous avons faites portent tout d'abord sur l'activité de sollicitation même (*section 4.1*), puis sur les développements engendrés par le recours à cette stratégie (*section 4.2*).

4.1. L'activité de sollicitation.
Etudier l'activité de sollicitation nécessite de disposer de critères d'analyse. Compte tenu de l'insuffisance des critères observés dans les études antérieures (voir section 2.2 ci-dessus), il nous a fallu élaborer notre propre catégorisation que nous présentons dans les lignes qui suivent.

L'étude détaillée des sollicitations présentes dans notre corpus nous a permis de constater que l'activité de sollicitation recouvrait trois paramètres différents que nous avons résumés dans le Tableau 1, et illustrés dans les exemples 9 à 14 ci-dessous.

Tableau 1 : *Caractéristiques de la sollicitation*

Modalité	explicite
	implicite
Valeur	demande d'évaluation
	demande d'information
Nature	1 – formulation cumulative
	2 – formulation provisoire
	3 – formulation floue
	4 – dénomination indéterminée
	5 – formulation inachevée
	6 – formulation transcodique
	7 – formulation par néocodage
	8 – énoncé définitoire
	9 – non verbal
	10 – onomatopée
	11 – combinaison de procédés

– la MODALITÉ selon laquelle la sollicitation est exprimée, à savoir *implicite* (ex. 9) versus *explicite* (ex. 10). Cette distinction repose sur les définitions de Bartning (1992) présentées dans la *section 2.2*.

(9)
1   *SAM :   et comme ça , pour sa grand-mère . et dans la forêt , il y a une # un +// ,
2   *LN :   un loup .
3   *SAM :   un loup et hm # je je ne con- pas ,
    <S2pcr>

(10)
1   *NIN :   il a # il a vu que # le nouveau glace avec eh tz un # pas goût mais comment « smak » ? (⇑)
2   *LN :   parfum ?

3   *NIN :   un parfum de banane et orange eh était venu .
4   *LN :   mh .
5   *NIN :   il eh tz # il eh # il n'a pas # songé ? <#> longtemps ,
6   *LN :   < mh . >
        <N5t>

– la VALEUR des sollicitations, à savoir si l'acte langagier exprimé dans la sollicitation consiste en une *demande d'information* (ex. 11 et 12) ou une *demande d'évaluation* (ex. 13 et 14). La principale différence que nous établissons entre *information* et *évaluation* est que dans le premier cas (*information*), le LNN sollicite quelque chose qui semble être absent de son interlangue au moment de l'interaction. Dans le second cas (*évaluation*), le LNN fait un effort en direction de la LC, puisqu'à partir de ses connaissances interlangagières il fait une proposition dont il veut vérifier la validité.

(11)   S3cv   c'est heu heu # « cartoon « [?] qu'est-ce que c'est en +/ ?
(12)   M3t   vad säger man här ? funderar ?
(13)   L2pcr   eh c'est parce que # je # eh # vois # voir ? Vois ?
(14)   N5t   il a # tz # il a aperçu . on peut dire ça ?

– la NATURE de la sollicitation, c.-à-d. le procédé utilisé par le LNN pour signaler ses difficultés linguistiques. Onze procédés ont été distingués (voir Tableau 1 ci-dessus), basés sur les techniques d'encodage décrites par Lüdi (1987).

Nous nous contenterons dans le cadre de cet article de ne présenter que quelques-uns de ces procédés : la formulation provisoire (ex. 15), inachevée (ex. 16) et transcodique (ex.17) ; l'énoncé définitoire (ex. 18) ; le recours au non verbal (ex. 19) et à l'onomatopée (ex. 20).

(15)   Formulation provisoire
       L5t   le pièce de l'arbre eh non * non non l'arbre eh # # mm prenne calme eh calme eh « säkert « c c ça, **sûr** ? s- säkert ? **sûr** ?
(16)   Formulation inachevée
       N5t   il est t descendu de la # # tz +// on ne dit pas plage **? c'est une** +//.
(17)   Formulation transcodique
       L1pn   e # il (la donne) # quelque chose # dans sa valise eh, dans sa chambre # il e # il est sorti mais la mère # a # faire la # cuisine, avec le le pain, du pain, « **kakor** » ?
(18)   Enoncé définitoire (recherche de *loup*)
       Nina 2   et # derrière un un arbre # il y a un # un # *jensais pas* **pas un chien mais un** +/

(19) Non verbal
    P1pcr   ehm oui eh elle est très courieux **elle #. (geste de frapper)**
(20) Onomatopée (recherche de *tire*)
    P1pcr   un garde eh et il frappe au au porte aussi, je crois, parce que il elle il écoute eh # la petit eh fille # **et il eh pof !**

L'étude des trois paramètres distingués ci-dessus (*modalité*, *valeur* et *nature*) nous a ensuite permis de faire les observations suivantes :

1) *Moins de sollicitations en conversation que dans les autres tâches (description d'images, récit, traduction).*

    Ce résultat ne nous surprend guère (voir Tableau 2 pour une répartition des sollicitations par apprenant et par tâche[5]), car il confirme en fait nos hypothèses de départ (a, b et c ci-dessous) en ce qui concerne le rôle du format des tâches sur l'activité de sollicitation.

    a. La conversation est une tâche qui se construit à deux : elle est par conséquent astreinte à une certaine dynamique temporelle, à la différence des autres activités qui sont plutôt des tâches individuelles. Comme l'a d'ailleurs fait remarquer Giacobbe (1992, p. 97), une séquence de sollicitation constitue une rupture du discours, le LNN ne peut donc, pour des raisons de figuration, se permettre d'interrompre constamment son discours pour requérir du vocabulaire ;

    b. En conversation, le LNN a la possibilité de sélectionner les mots ou expressions qu'il veut utiliser, alors que dans les autres tâches, aussi bien le lexique que les formes, et dans une certaine mesure la structure syntaxique, lui sont plus ou moins imposées, ce qui risque de provoquer une plus grande insécurité, et par là-même contribuer à un plus grand recours au LN ;

    c. Compte tenu du fait que les tâches de description d'images, de récit et de traduction sont réalisées en présence d'un LN, les informants ne devraient pas hésiter à faire appel à la collaboration du LN lors de la réalisation des tâches monologiques (description d'images, récit, traduction). Ceci est une observation que Bange & Kern (1996) avaient déjà réalisée dans leur étude des processus d'auto- et d'hétérorégulation : les auteurs avaient en l'occurrence observé que la tâche monologique à laquelle leurs apprenants étaient soumis (tâche de narration en allemand de « *Frog where are you ?* ») avait donné lieu à des séquences de collaboration entre d'une part les LNN et d'autre part l'expérimentateur, alors considéré comme collaborateur dans l'activité de narration. Les auteurs avaient par conséquent pu

La stratégie de sollicitation chez des apprenants suédophones 157

observer un certain nombre de sollicitations de modalité principalement implicite.

Tableau 2 : *Nombre de sollicitations par 1000 mots*

	Sollicitations				Moy.
	Conv.	*Desc.*	*Récit*	*Trad.*	4 tâches
Lisa	17	20	20	26	19
Nina	6	-	11	41	14
Sama	10	23	16	33	20
Moyenne	11	14	15	33	18
Johan	6	41	38	14	25
Karl	11	26	17	22	19
Martin	-	33	/	21	22
Petra	5	31	35	19	22
Moyenne	5	33	27	19	21

Légende : Conv. = conversation ; Desc. = description d'images ; Trad. = Traduction ; Moy. = moyenne.

2) *Une prépondérance de la sollicitation implicite dans les deux groupes d'apprenants.*
  Ce résultat (64% chez les apprenants guidés contre 73% chez les apprenants non guidés) nous semble principalement lié au format des tâches, et pourrait être expliqué à l'aide des arguments suivants :
  – trois tâches sur quatre (description d'images, récit et traduction) sont censées être réalisées de façon autonome, nous pensons par conséquent que solliciter implicitement constitue pour le LNN une manière plus dissimulée d'amener le LN à collaborer tout en évitant un problème de figuration.
  – dans trois tâches sur quatre (description d'images, récit et traduction), les interactants disposent du script de ce qui doit être dit, que cela soit sous forme d'images (la description d'images), d'un texte (la traduction), ou de la connaissance préalable du récit (récit du Petit Chaperon rouge). Ceci est une caractéristique capitale car déterminante non seulement pour l'interaction mais également pour la forme que peuvent prendre les sollicitations. Dans un tel contexte, le LN connaît d'avance ce que le LNN a à dire, ce qui est loin d'être le cas dans le cadre de la conversation. Dans un tel contexte, une simple interruption de la part du LNN suffit par conséquent à signaler au LN

non seulement la présence d'un problème linguistique mais également la nature du problème linguistique.

3) *Une très légère tendance dans les deux groupes à effectuer plus de demandes d'évaluation que de demandes d'information.*
Chez les apprenants guidés, 55% des sollicitations sont des demandes d'évaluation contre 51% chez les apprenants non guidés. Comme nous l'avons déjà évoqué auparavant, le fait de suggérer une réponse tout en sollicitant démontre à notre avis la motivation et la volonté qu'a le LNN de faire « un pas vers le système linguistique de l'autre » (Vasseur, 1991) ainsi que le désir de « sauvegarder et [de] constituer [sa] face « positive », c'est-à-dire « [de] s'attribuer un rôle de locuteur autonome et aussi recevable que le natif » (Vasseur, 1991).

4) *Préférence des deux groupes d'apprenants pour certaines stratégies.*
Dans le large éventail de stratégies de sollicitation employées par les LNN pour signaler leurs problèmes linguistiques, un certain nombre de celles-ci gagnent toutefois la faveur des LNN et ceci quelque soit le groupe d'apprenants concerné. Il s'agit de la formulation provisoire, de la formulation inachevée et enfin de la formulation transcodique (voir respectivement les exemples 15, 16 et 17 ci-dessus).

Tout comme Vasseur (1991) l'avait déjà observé, les procédés auxquels recourent les LNN peuvent être employés de façon complémentaire et dans des combinaisons diverses. Dans les exemples 15 et 16, nous pouvons en l'occurrence observer d'une part la combinaison entre *formulation provisoire* et *formulation transcodique* (ex. 15 ci-dessus) et d'autre part la combinaison entre *formulation provisoire* et *formulation inachevée* (ex. 16 ci-dessus).

L'exemple 21 constitue également un exemple de combinaison dans lequel la LNN (Sama) sollicite implicitement la collaboration de son interlocuteur natif en définissant tout d'abord l'élément recherché (*c'est pas une montagne*), puis à l'aide d'une auto-interruption marquée d'une hésitation (*c'est heu +...*), ce qui a en fait comme conséquence de céder la parole à l'interlocuteur (voir Gülich, 1986, sur les séquences d'achèvement interactif).

(21) Recherche de *colline*
    S5t : et là je peux heu montrier le # « backe # [?] je ne sais pas , [rires] **c'est pas une montagne , c'est heu +... ,**

4.2. Les développements en séquence engendrés par la stratégie de sollicitation.
L'activité de sollicitation à laquelle recourent les informants lorsqu'ils font face à un problème linguistique peut donner lieu à des séquences de déve-

loppement varié. Ce développement varie selon la présence et la forme de l'intervention réactive du LN, et du suivi attribué par le LNN à l'information fournie (par l'activité de prise).

Au même titre que les actes de langage tels que remercier, saluer etc., *solliciter* constitue un acte de langage (Kerbrat-Orecchioni 1990, p. 229) qui induit un échange à structure ternaire : l'intervention initiative (*la sollicitation*) du LNN engendre une intervention réactive de la part du LN (*la donnée*) qui nécessite du LNN une intervention évaluative ou « suivi » (*la prise*) de l'information fournie.

Le développement en structure ternaire n'est néanmoins pas systématique. Celui-ci dépend en l'occurrence de la présence ou non d'une intervention réactive de la part du LN et de la forme (vocale versus verbale) de son intervention réactive (voir Figure 2 ci-dessous).

Figure 2 : *Schématisation simplifiée d'une séquence de sollicitation*

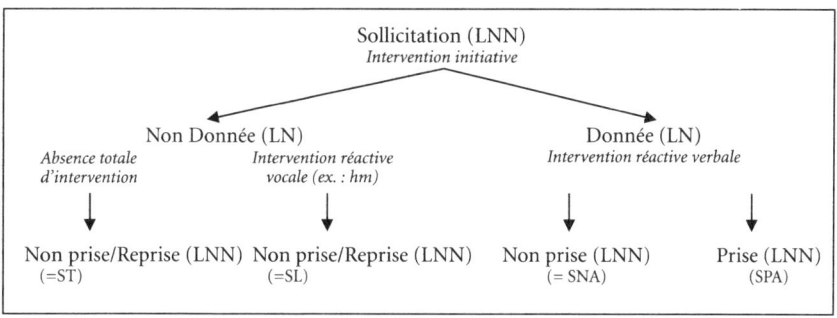

Légende :
LNN: Locuteur Non Natif   LN : Locuteur Natif
ST : Séquence Tronquée   SL : Séquence Limitée
SNA : Séquence Non Achevée   SPA : Séquence Potentiellement Acquisitionnelle

Comme nous pouvons le voir dans la Figure 2, quatre développements peuvent être envisagés. Nous allons maintenant les présenter en commençant par les développements (ou séquences) engendrés suite à une *absence de données verbales* (il s'agit des séquences tronquées (ST) et des séquences limitées (SL)), pour ensuite poursuivre par les développements engendrés par la présence d'une donnée (il s'agit des séquences non achevées (SNA) et des séquences potentiellement acquisitionnelles (SPA)).

4.2.1. Séquences engendrées par l'absence de donnée(s).
➤ *Séquence Tronquée (ST)*

L'absence totale de réponse du LN à la sollicitation du LNN donne lieu à un échange à intervention unique (voir ex. 22 et 23). Nous avons qualifié ce type de *séquence tronquée (ST)*[6].

(22)
    1 *LIS :   e # il (la donne) # quelque chose # dans sa valise eh , dans sa chambre # il e # il est sorti mais la mère # a # faire la # cuisine , avec le le pain , du pain , « kakor » ?
    2 *LN :   ø
    3 *LIS :   et il a # changé ? il change et il décidE à # (monter) # encore ou comment on dit ? montrer encore ?
    <L3pn>

(23)
    1 *KAR :   la rivière vient de les montagnes et il avait des de l'eau propre. eh # il ne pren-dE pas non [//] il +... ta det med sig [%suédois]- ?
    2 *LN :   ø
    3 *KAR :   il # amenE pas de [/] de(s) ordures ou déchettes.
    <K4t>

Sur l'ensemble de notre corpus, ce type de séquence est en fait très peu représenté. Quel que soit le groupe d'apprenants considéré, les séquences tronquées (ST) ne représentent que 4% de l'ensemble des séquences. Cette constatation laisse supposer par conséquent que solliciter est une stratégie efficace, si nous considérons sa propension à motiver le LN à intervenir.

Une étude plus approfondie des quelques séquences tronquées de notre corpus (11 sur un total de 304 séquences) nous a également permis d'observer que ces séquences sont produites en Traduction. Il est toutefois à noter que cette absence de réponse en Traduction est d'une certaine manière « acceptée » par le LNN puisque à aucun moment remise en question. Intuitivement, nous sommes encline à penser qu'en conversation « ordinaire », l'absence de réponse aux sollicitations exprimées dans les exemples 22 et 23 auraient constitué une véritable atteinte à la face du LNN, car l'inhibant dans sa capacité à poursuivre l'énoncé débuté. En revanche, dans le cadre de la Traduction, la possibilité qu'il puisse y avoir absence de collaboration de la part du LN semble faire partie des règles partagées par les partenaires de l'interaction, peut-être parce que tous les deux sont conscients :

- qu'il s'agit d'une tâche censée être réalisée individuellement ;
- que la réalisation de cette tâche vise l'évaluation de la compétence linguistique du LNN et non celle du LN ;

La stratégie de sollicitation chez des apprenants suédophones 161

- que l'absence de réponse ne freine en rien la compréhension du message par le LN (celui-ci disposant du texte sous les yeux peut facilement deviner l'élément manquant sans qu'il lui soit explicitement fourni) ;
- et enfin que l'absence de réponse ne bloque en rien la production du LNN à qui il suffit d'abandonner l'énoncé débuté pour enchaîner sur une nouvelle image ou un nouvel énoncé.

> *Séquence Limitée (SL)*

Les Séquences limitées (SL) se distinguent des séquences tronquées (ST) de par la nature de l'intervention réactive du LN, à savoir soit voco-verbale[7] c.-à-d. réalisée à l'aide d'un régulateur tel que *hm* (ex. 24), soit réalisée à l'aide d'une question ou d'un commentaire dont le référent est distinct de la sollicitation émise (ex. 25). Nous avons qualifié ce type de séquence de *Séquence Limitée (SL)*.

(24)
1 *LIS : c'est une autre eh fille suédoise eh # eh # , qui m'accamp k m'accampagne ?
2 *LN : **mh .**
3 *LIS : eh # mais eh je ne parle eh avec eh lui [sic !] .
<L3cv>

(25)
1 *SAM : oui . le loi ## essayE à +/
2 *LN : mhm .
3 *SAM : ### heu je ne sais pas le mot .
4 *LN : **quoi donc ? quand elle entre dans la maison elle ?**
5 *SAM : non , le loi est est # dans le lit et # (essaye) à hm ## .
6 *LN : elle le voit dans le lit et +// .
7 *SAM : je voudrais dire que # que il # il dit à la fille , que que il * est la grand-mère .
8 *LN : ah . il se fait passer pour la grand-mère .
<S2pcr>

En ce qui concerne l'intervention du LN réalisée à l'aide du signe voco-verbal *hm* (ex. 24), nous avons pu constater que son interprétation demeure à maintes reprises difficile pour les LNN et cela malgré sa fréquente occurrence : en effet, s'agit-il d'un « *oui, c'est OK, ce que tu viens de dire est correcte/compréhensible* », ou bien d'un « *oui, c'est bon, je te suis dans ton récit* » (et donc sans aucune allusion à la forme) ?

Face à ce type de réponse du LN, il est à noter que les informants adoptent deux stratégies différentes :

- soit ils poursuivent le récit (ex. 24 ci-dessus) ;
- soit ils sollicitent à nouveau l'information (ex. 26).

(26)
1 *KAR : on a trouvé des [///] un autre tz groupe. groupe- ?
2 *LN : mm.
3 *KAR : **c'est un mot fran(çais)** [= ! rire] ?
4 *LN : un groupe oui.
5 *KAR : un autre groupe qui avait essayé que mettre la tente # <sur la> non [///] dur, la tempête.
   <K3cv>

En (26), Karl sollicite à nouveau, et fort agilement, l'information désirée ; le LN, contraint de répondre par cette interrogation directe, lui confirme alors la validité du lexème choisi (4), que Karl reprend en vue de poursuivre l'énoncé débuté. Il est intéressant de constater que cette séquence latérale n'a pas entravé la bonne poursuite de l'énoncé débuté (parties 1 et 5 de la séquence) :

[*on a trouvé des [///] un autre tz groupe*
                  /séquence/
    un autre groupe qui avait essayé que mettre la tente...].

Sur le plan quantitatif, les séquences limitées constituent entre 27 et 29% (apprenants guidés vs apprenants non guidés) de l'ensemble des séquences de sollicitation. Il est intéressant de constater que ce type de séquence, au même titre que la séquence tronquée (ST) présentée précédemment, est une séquence qui est souvent engendrée par une sollicitation implicite et à valeur de demande d'évaluation : 76% des séquences limitées sont engendrées par des sollicitations implicites (73% chez les apprenants guidés contre 79% chez les apprenants non guidés) et 85% sont issues de sollicitations à valeur de demande d'évaluation (89% chez les apprenants guidés contre 81% chez les apprenants non guidés). Voici deux exemples supplémentaires de sollicitation implicite, à valeur de demande d'évaluation (exx. 27 et 28) :

(27)
1 *KAR : et puis il continuE, heureux et # heureux- ?
2 *LN : hm.
3 *KAR : heureux et # tz contente.
   <K4t>

(28)
1 *LIS : aussi nous s eh # dansons ?
2 *LN : hm .
3 *LIS : c'est très drôle .
   < L3cv>

Ce résultat est peu surprenant, si l'on considère qu'une sollicitation implicite est caractérisée principalement par une intonation montante (voir la définition de Bartning, 1992), peut-être moins perceptible et contraignante qu'une expression métalinguistique du type *comment on dit*....

Il faut également prendre en considération le fait que la seule manière en français de marquer de façon implicite l'interrogation consiste à ponctuer une phrase de forme déclarative par une intonation montante. Un tel procédé suppose donc qu'« en l'absence de toute marque syntaxique, c'est l'intonation à elle seule qui est significative » (Carton, 1974, p. 95). Or l'interrogation sous forme déclarative n'existe pas en suédois. Nous sommes alors tentée de postuler que les apprenants suédois peuvent éprouver des difficultés à marquer suffisamment l'intonation montante, qui peut alors ne pas être perçue par le LN. Dans son étude des initiatives d'apprenantes hispanophones, Vasseur (1991, p. 51) avait également relevé que l'intonation pouvait parfois poser des problèmes d'interprétation.

D'autre part, il se peut que la forme proposée par le LNN soit proche ou corresponde à la forme de la LC. Dans ce cas, le LN peut considérer que la forme proposée par le LNN est peu éloignée de la forme correcte et ne nécessite donc pas de faire l'objet d'une correction, peut-être par respect de la face positive de son interlocuteur.

4.2.2. Séquences engendrées par la présence de donnée(s).
➢ *Séquence Non Achevée (SNA)*
Ce type de séquence se distingue du type de séquence précédent par le fait qu'il y a bien donnée verbale de la part du LN, mais que cette donnée ne donne pas lieu à prise de la part du LNN[8]. Il s'agit par conséquent d'un échange à structure binaire que nous avons qualifié de *séquence non achevée (SNA)*. En voici quelques exemples :

(29)
  1 *SAM : c'est heu heu # « cartoon « [?] qu'est-ce que c'est en +/ . ?
  2 *LN :   ah des dessins animés .
  3 *SAM : **oui (!) oui** .
    <S3cv>

(30)
  1 *PTR : eh elle promenE dans la forêt # eh eh elle raconte ?
  2 *LN :   elle rencontre oui.
  3 *PTR : **un maison.**
    <P1pcr>

(31)
1 *KAR : et après [/] après un certain temps il [/] il vient à le tunnel. là il [?] était # tout noir - ? (re) [//]somber ?
2 *LN : mm sombre ou noir ça va très bien aussi.
3 *KAR : il a [/] il avait peur.
<K4t>

Dans les exemples 29 à 31, les LNN (Sama, Petra et Karl) ne reprennent pas l'information donnée par le LN, et cela bien qu'ils l'aient sollicitée :
– dans l'exemple (30), Petra sollicite en fait (1) le LN pour vérifier la validité du lexème qu'elle propose (« *racontre* »). Elle semble en effet confondre le verbe « raconter » avec « rencontrer ». En (2), le LN lui confirme la validité du lexème (« oui »), mais tout en en corrigeant la prononciation de celui-ci. Petra n'a-t-elle pas fait la discrimination entre les deux lexèmes, ou a-t-elle simplement préféré poursuivre sur l'énoncé débuté ?
– une situation similaire est observable dans l'exemple (31), où Karl vérifie en (1) la validité de ses propositions (« *tout noir - ? (re) [///] somber* ») avec le LN. Tout comme Petra (ex. 29, ligne 3), Karl ne reprend pas l'information ratifiée et corrigée par le LN.

Sur le plan quantitatif, les séquences non achevées sont aussi peu nombreuses que les séquences tronquées (14 séquences sur 304, soit à peine 5%), ce qui laisse entendre qu'à partir du moment où le LN a fourni l'information sollicitée (séquences SNA et SPA), il y a prise de cette information par le LNN dans 93% des cas. Sur les 14 séquences où il n'y pas de prise de la part de l'apprenant, 3 seulement ne contiennent que la forme sollicitée par le LNN (exemples 32, 33 et 34).[9]

(32)
1* PTR : eh et eh raconte non un maison ?
2* LN : < une maison >[>] ?
3* PTR : < non >[<]. mais et elle elle vêtement est rouge.
<P1pcr>

(33)
1 *SAM : et heu #### je sais pas, non aussi d'argent ,
2 *LN : et pas d'argent ou +//. .
3 *SAM : oui .
4 *LN : mhm .
5 *SAM : heu quoi faire ?
<S5t>

(34)
1 *LIS :   c'est une , une autre personne , qui c'est un homme , il eh , il eh il est quelque chose avec des animaux , je crois . il est – .
2 *LN :   chasseur ?
3 *LIS :   ye , je crois ça .
4 *LN :   chasseur .
5 *LIS :   il # rescue ?
<L2pcr>

Dans le cas des séquences non achevées, il est difficile de définir précisément ce qui a entravé l'activité de prise, mais voici néanmoins quelques-unes de nos hypothèses à ce sujet.

L'absence de prise pourrait être liée aux faits que
– l'élément sollicité est peu saillant dans la chaîne sonore (ex. 35) ;
– l'unité sollicitée est trop complexe à segmenter (ex. 36 et 37) ;
– la recherche de l'élément sollicité par le LN donne lieu à une séquence trop longue (> quatre tours de parole) (ex. 38),
– les interlocuteurs se trouvent à différents niveaux dans l'interaction (message versus code) (ex. 39).

(35)
1 *PTR :   un garde eh et il frappe au au porte aussi, je crois, parce que il elle il écoute eh # la petit eh fille # et il eh pof !
2 *LN :   **oui il tire avec un fusil.**
3 *PTR :   oui et après eh hmhm +...
<P1pcr>

(36)
1 *LN :   oui , il ne transportait pas , oui c'est bien .
2 *SAM :   « smuts avfall « ? .
3 *LN :   **heu des saletés ou des déchets ? non ?**
4 *SAM :   ah bon # oui il est propre , on peut ## on peut se transporter il a pensé [...]
<S5t>

(37)
1 *SAM :   c'est heu heu # « cartoon « [?] qu'est-ce que c'est en +/ ?
2 *LN :   **ah des dessins animés .**
3 *SAM :   oui (!) oui .
4 *LN :   ah ah .
5 *SAM :   et heu c'est une tradition
<S3cv>

(38)
1 *SAM :   qu'est-ce que c'est ? le scien non le science non ? 2*LN : science ? science quoi ?
3 *SAM :   je ne sais pas < je ne sais pas > (>) le mot .

```
 4 *LN :    < biologie > (<) .
 5 *SAM :   non heu +/.
 6 *LN :    s ciences et techniques ?
 7 *SAM :   je crois science ce n'est n'est pas le vrai nom hm mot . les mathé-
            matiques et # physique et +//.
 8 *LN :    mais ça c'est +/.
 9 *SAM :   c'est difficile , parce que les termes eh +,
10*LN :     sont différents pas équivalents . mais ça ce sont des matières que tu as
            choisies [...]
    <S3cv>
```

(39)
```
 1 *LN :    longue , jusqu'en bas , ou ?
 2 *LIS :   oui , # avec eh # seulement un +//. (geste)
 3 *LN :    une petite bretelle ?
 4 *LIS :   oui , ja , c'est eh la nouiture la nourriture < # > , c'est aussi bien
    <L3cv>
```

➤ *Séquence Potentiellement Acquisitionnelle (SPA)*
Les SPA sont des séquences caractérisées par une intervention réactive du LN de type verbal (c-à-d réalisée à l'aide d'un lexème ou d'un énoncé) donnant lieu à prise de la part du LNN. Il s'agit par conséquent d'une structure ternaire, comme nous pouvons le voir à travers les exemples 40 à 42.

(40)
```
 1 *SAM :   et il y avait ou il il a fait tout heu , non il y avait je ne sais pas [ ?] [...]
            je me souviens pas mörkt, c'est +...
 2 *LN :    sombre ?
 3 *SAM :   sombre et il y a fait tout sombre ou +//.
    <ST5>
```

(41)
```
 1 *NIN :   et # derrière un un arbre # il y a un # un # jensaispas pas un chien
            mais un +//.
 2 *LN :    ah un loup ?
 3 *NIN :   loup oui . et il eh elle regarde . et # tz # il eh # il eh # marche ehm il
            demande # [...]
    <N2pcr>
```

(42)
```
 1 *KAR :   et sa mère commence que faire la cuisine, faire des petits pains <qui>
            # oh là là tz [/] qui luktar ?
 2 *LN :    qui sentent.
 3 *KAR :   qui sentent [/] qui sentent très bien. alors lorsque le Nicolas descend
            de la escalier il sentir le sente [//] le [/] le bonne sente et il ch(ange)
            [//] il se change il eh revient à sa chambre et il laisser ses choses
    <K2pn>
```

Dans l'exemple (40) Sama (SAM), locutrice non native de français, prend conscience qu'un mot lui fait défaut (1) et en vient à solliciter l'aide de son interlocuteur natif. Celui-ci lui fournit alors la traduction de l'élément lexical manquant *sombre* (2) que Sama répète tout d'abord de façon échoïque avant de l'intégrer dans l'énoncé qu'elle avait débuté auparavant (3).

En (41), Nina sollicite dans son récit du Petit Chaperon rouge (1) l'aide du LN en signalant tout d'abord son incapacité (*jensais pas*) à trouver le lexème voulu *loup* ; puis à l'aide d'un énoncé définitoire (Lüdi 1987) *pas un chien mais*, elle donne au LN un élément de recherche, à qui elle confère, par son auto-interruption (+//.), l'autorisation d'une part de prendre le prochain tour de parole et d'autre part de compléter son énoncé par l'élément manquant (*un ...*). En (2), le LN lui fournit le lexème souhaité (*un loup*), suivi d'un marqueur interrogatif. Ceci constitue à notre avis une manière pour le LN de vérifier sa bonne interprétation de l'élément sollicité tout en sauvant la face du LNN en faisant en sorte de lui conférer d'une part le devoir d'évaluer l'information donnée, et d'autre part de lui redonner le tour de parole. En (3), Nina reprend le terme sollicité *loup*, qu'elle ratifie d'un *oui* pour ensuite poursuivre son récit.[10]

Dans l'exemple (42), Karl signale (1) tout d'abord ses difficultés à l'aide de l'interjection *oh là là* pour ensuite solliciter implicitement le lexème *sentent* en le remplaçant par son équivalent suédois *luktar* et en le faisant suivre d'une interrogation. En (2), le LN interpellé lui fournit l'équivalent français *qui sentent*, en reprenant le pronom relatif *qui*, ce qui constitue à notre avis une manière d'adoucir la formulation de la donnée en endossant (et par conséquent en se reconnaissant) un rôle didactique. Reprendre une partie des paroles du LNN permet ainsi au LN de s'effacer de la situation ; tel un miroir, il « réfléchit » le lexème recherché ou la formulation améliorée requise par le LNN.

Comme nous l'avons déjà précisé auparavant, les séquences SPA constituent sur le plan quantitatif la majorité des séquences dans lesquelles il y a donnée du LN (90% chez les apprenants guidés contre 96% chez les apprenants non guidés). Le rapport entre les différentes séquences montre qu'à la différence des séquences tronquées et limitées, les SPA sont des séquences principalement engendrées par des sollicitations explicites et à valeur de demande d'information.

Un tel résultat est en fait peu surprenant : la présence d'une question concrète (*comment s'appelle... ? ; quel est le nom en français... ? comment on dit... ?*) fait que le LN ne peut pas ne pas remarquer que son interlocuteur fait face à un problème. Par conséquent, le LN ne peut pas se tromper sur les intentions de son interlocuteur ; très clairement il comprend que celui-ci fait face à un problème qu'il ne peut pas résoudre seul et dont il aimerait partager la responsabilité avec son partenaire qu'il considère plus compétent. Son aide est d'autant plus requise, qu'une telle question le place en situation d'expert ou de juge en la matière, selon la situation envisagée. Le LN se trouve donc dans une situation qui le contraint doublement de répondre : d'une part la présence d'une question qui lui est adressée directement et d'autre part, le fait que cette situation le place dans une tâche didactisante qu'il ne peut éviter sans risquer de blesser la face de son interlocuteur. Notons par ailleurs que la combinaison explicite/demande d'information fait que l'élément recherché est particulièrement bien circonscrit et sans ambiguïté, ce qui facilite la tâche de donnée du LN, et donc la prise par le LNN.

5. *Collaboration* et *didactisation* dans les séquences sollicitées

L'étude des développements engendrés par la stratégie de sollicitation nous a permis de constater que les traits de *collaboration* et de *didactisation* auxquels réfère Py (1990, p. 86) constituent un point de départ tout à fait pertinent pour qui souhaite distinguer les séquences les unes par rapport aux autres. Voici comment ces traits sont définis :

> Il y a collaboration lorsque les deux interlocuteurs s'efforcent ensemble de surmonter les obstacles qui s'opposent à la transmission des messages [...]. Ils [les moyens] ne portent sur la forme des énoncés que dans la mesure où celle-ci affecte leur contenu. La relation se voit attribuer de manière complémentaire le trait [± didactisation] lorsque sollicitations et données focalisent la forme pour elle-même, indépendamment des difficultés éventuelles liées à la transmission même du message [...]. (Py, 1990, p. 86)

Dans le cadre de notre corpus, nous avons pu constater que la majorité des sollicitations exprimées par les apprenants est liée à la prise de conscience d'une difficulté linguistique dans l'élaboration du message. Selon la définition des traits de *collaboration* et de *didactisation* donnée ci-dessus, la résolution de ces problèmes linguistiques ne serait alors que le reflet d'un effort de *collaboration* de la part des interactants. Pourtant, il nous semble qu'un certain nombre de séquences de notre corpus présente des indices d'un effort qui se situe au-delà de la simple collaboration. Dans ces séquences, les interactants semblent en effet en faire plus que ce que nécessite la situation.

C'est pourquoi nous considérons que le concept de *collaboration* devrait plutôt recouvrir l'idée de travail en commun (ce qui irait dans le sens d'une approche socio-interactionniste de l'apprentissage linguistique), alors que le concept de *didactisation* devraient en fait référer au *plus* dont

La stratégie de sollicitation chez des apprenants suédophones 169

parlent Krafft & Dausendschön-Gay (1994, p. 146), à savoir un effort particulier fourni en vue de l'apprentissage de la LC.

Une telle définition fait qu'il est impossible d'établir un continuum sur lequel nous pourrions placer toutes les séquences observées. C'est pourquoi nous avons tenté, à la lumière des caractéristiques des différentes séquences observées, de résumer dans deux tableaux distincts les indices qui, à notre avis, témoignent de la présence tout d'abord d'un travail collaboratif entre les interactants (Tableau 3), et ensuite d'un travail didactique de leur part (Tableau 4).

Tableau 3 : *Indices de collaboration*

	LNN	LN	Commentaires
ST	+ collaboration	collaboration nulle	LN ne répond pas à la sollicitation de LNN
SL	+ collaboration	– collaboration	LN répond à la sollicitation à l'aide d'un régulateur (*hm*)
SNA	+ collaboration	+ collaboration	LN fournit l'information sollicitée
SPA	+ collaboration	+ collaboration	LN fournit l'information sollicitée

Légende :
LNN : Locuteur Non Natif   LN : Locuteur Natif
ST : Séquence Tronquée   SL : Séquence Limitée
SNA : Séquence Non Achevée   SPA : Séquence Potentiellement Acquisitionnelle

Tableau 4 : *Indices de didactisation*

		– didactisation	+ didactisation
LNN	Sollicitation	- demande d'information	- demande d'évaluation - attention à la forme
	Prise	- prise écho	- prise extraction et/ou usage - reprise ultérieure dans l'interaction (si possible)
LN	*Donnée*	- donnée verbale - donnée constituée de l'élément sollicité ?	

Légende :
LNN : Locuteur Non Natif
LN : Locuteur Natif

Etudes Romanes 54 2003

Précisons que les indices auxquels nous renvoyons dans ces tableaux ne prennent en compte que le contexte des séquences étudiées. Il serait nécessaire de compléter ces indices avec des indices observés dans le contexte plus général de l'interaction.

Quelques commentaires en ce qui concerne les Tableaux 3 et 4 :

Tableau 3
– nous avons considéré que compte tenu du fait que dans notre étude c'est le LNN qui initie les sollicitations, ceci constitue alors un indice du souhait de collaboration. C'est pourquoi nous l'avons étiqueté comme <+ *collaboration*> ;
– nous avons indiqué <– *collaboration*> en ce qui concerne l'activité de collaboration du LN dans les séquences SL en raison de la difficulté à analyser la fonction du régulateur *hm*. Nous avons considéré par conséquent qu'une réponse de ce type constituait l'indice d'un effort moins important de collaboration de la part du LN par rapport à une donnée verbale de l'information sollicitée. Il serait néanmoins nécessaire d'approfondir l'étude de ces régulateurs, car intuitivement nous pensons qu'ils ne se situent pas tous à un même niveau ;

Tableau 4
– nous avons considéré qu'une demande d'évaluation constituait un indice de didactisation plus poussée (<+ *didactisation*>) qu'une demande d'information. Ce choix repose en fait sur la typologie des stratégies de Bange (voir Figure 1) dans laquelle l'auteur considère que la présence d'un essai de formulation dans la sollicitation constitue un signe particulier du travail cognitif du LNN et de son souhait de réaliser son but de communication.
– compte tenu de la multifonctionnalité de la prise échoïque (ou répétition) sur le plan interactionnel et acquisitionnel (Vion & Mittner, 1986 ; Broeder & Vasseur, 1988 ; Faraco, 1995), nous avons considéré qu'elle ne constituait pas un indice suffisamment fort de didactisation, d'où son classement en tant qu'indice de <– *didactisation*>. En effet, et comme Matthey (1996, p. 182) l'a déjà fait remarquer, les différents types de prises renvoient à des opérations cognitives différentes : alors que l'extraction et la prise en usage requièrent une compétence métalinguistique, la répétition échoïque ne nécessite que la faculté d'imiter.
– en ce qui concerne le LN, il est difficile d'établir quels sont les indices + ou – de *didactisation*. L'étude que nous avons menée sur les interventions du LN a en fait plus révélé ce qui favorisait l'activité de didactisation du LNN. Nous avons ainsi pu constater qu'à partir du moment

où le LN répondait à la sollicitation du LNN, il y avait prise de l'information par celui-ci dans 93% des cas (c-à-d dans 294 séquences sur 308). Il serait intéressant d'approfondir ceci et d'étudier de plus près la forme des données verbales du LN ; il se pourrait qu'un facteur supplémentaire à l'activité de didactisation soit le fait pour le LN de fournir une donnée conforme (c-à-d sans ajout supplémentaire d'informations) à l'élément sollicitée par le LNN. Cette idée n'est malheureusement qu'à un stade d'hypothèse et n'a par conséquent pas encore fait l'objet d'une vérification.

6. Conclusion

L'étude de l'activité de sollicitation et des développements que cette stratégie peut générer nous semble particulièrement intéressante et instructive pour qui se prédestine à enseigner une langue étrangère. A travers l'étude que nous avons conduite, nous avons voulu montrer que la stratégie de sollicitation ne se résumait pas à une simple demande de la part du LNN. Nous avons en effet montré que l'activité de sollicitation recouvre trois paramètres différents (*modalité*, *valeur*, *nature*) et que ces trois paramètres sont exploités de façon similaire dans les deux groupes d'apprenants étudiés. Il a ainsi été observé une prépondérance de la *sollicitation implicite*, de la *demande d'évaluation* et de certaines stratégies (*formulation provisoire*, *formulation inachevée* et *formulation transcodique*). Cette similitude entre les deux groupes pourrait être liée aux formats des tâches à réaliser (conversation, récit, description d'images et traduction). En effet, le fait que ces tâches (à l'exception de la conversation) soient des tâches monologiques réalisées en situation de face-à-face peut avoir influencé la situation d'interaction de par notamment la représentation que s'en font les interlocuteurs. Nous avons vu en l'occurrence que l'activité de traduction est la tâche dans laquelle apparaissent les séquences tronquées (absence de réponse de LN).

Cette étude a également confirmé le fait que la stratégie de sollicitation engendre des séquences dont le développement peut varier. Quatre types de séquences ont été distinguées : les *séquences tronquées (ST)*, *limitées (SL)*, *non-achevées (SNA)* et enfin les *séquences potentiellement acquisitionnelles (SPA)*. Ces séquences sont engendrées, en ce qui concerne les deux premières, par une absence totale ou partielle (régulateur *hm*) de réponse du LN, et par la présence d'une réponse verbale en ce qui concerne les deux dernières. Un rapport a par ailleurs été établi entre la valeur (information/évaluation) des sollicitations et le type de réponse fourni par le LN : alors que les séquences ST et SL sont engendrées par des sollicitations à valeur d'évaluation, les séquences SNA et SPA sont engendrées par des sollicitations à valeur d'information. Il a également été constaté que l'activité de prise était particulièrement élevée dans les séquences où il y avait donnée verbale du LN. Soulignons que pour Py (1989, p. 96) l'activité de prise constitue « le moment le plus central du point de vue de l'articulation entre acquisition et interaction ».

Enfin, dans le cadre de cette étude, nous avons tenté d'appliquer les traits de *collaboration* et de *didactisation* respectivement aux différentes séquences distinguées et à l'activité des interlocuteurs. Il est apparu que toutes les séquences, à l'exception des séquences tronquées, présentaient des indices de collaboration. En ce qui concerne les indices de didactisation, ceux-ci nous semblaient plus apparents dans l'activité du LNN que du LN, et ceci aussi bien dans l'activité de sollicitation que de prise.

Nous conclurons enfin sur les implications de la prise en considération des séquences de sollicitation. Etre à l'écoute des sollicitations des apprenants permettrait aux enseignants de prendre conscience non seulement du but visé par les apprenants (contenu versus forme) mais également de leur développement : ainsi l'étude de la *valeur* (information vs évaluation) des sollicitations, de la *nature de l'élément sollicité* (lexique, morphosyntaxe, phonétique) mais également de la *nature des stratégies* employées pour solliciter (certaines stratégies telles que *le non verbal* ou *les onomatopées* nous semblent par exemple relever d'une compétence moins avancée que la *formulation provisoire*) pourrait permettre aux enseignants d'évaluer les besoins de leurs apprenants ainsi que le développement de chacun par rapport à la compétence initiale. La mise en valeur de la stratégie de sollicitation et des séquences qui en découlent constitue à notre avis une manière de souligner que les connaissances linguistiques se construisent à deux et que le dialogue est un des moyens, si ce n'est LE moyen, dans la construction des connaissances (en référence à une approche socio-interactionniste de l'apprentissage linguistique). Comme nous avons pu le voir dans les séquences étudiées, le LN est tout aussi responsable des connaissances à acquérir que le LNN. Nous espérons par conséquent que cette étude constituera un encouragement à quiconque désireux d'enseigner ou d'approfondir le domaine.

Christine Bozier
Université de Lund, Suède
Christine.Bozier@rom.lu.se

Notes
1. ESF = European Science Foundation : pour une présentation du projet, voir Perdue (1984 ; 1993), Pujol & Véronique (1991, p. 38), Véronique (1995, p. 143).

2. Cette figure est une version simplifiée de la figure originale réalisée par Bange (1992).
3. A ces études doivent être ajoutés des travaux d'étudiants de maîtrise portant exclusivement sur la stratégie de sollicitation (Casserborg 2000) ou ayant fait mention de la stratégie de sollicitation (Berg, 1996 ; Liedberg, 1996).
4. Pour de plus amples informations sur le projet FIFI, voir Schlyter (2000) et Granfeldt (2000).
5. Afin de neutraliser les différences de longueur entre les productions, le nombre de sollicitations a été calculé sur 1000 mots.
6. Séquence *tronquée* est inspirée de la terminologie de Kerbrat-Orecchioni (1990, p. 235)
7. Pour plus d'informations sur les régulateurs voco-verbaux, voir Colletta (1991).
8. Il nous semble important de préciser que l'absence de prise ne signifie pas nécessairement absence de suivi. Le LNN peut fort bien réaliser une prise « intériorisée ».
9. Dans notre étude des séquences de sollicitation, nous avons pu observer que l'intervention réactive du LN pouvait être structurée de différentes façons : elle peut soit être constituée uniquement de l'information sollicitée par le LNN (ex. 29), soit être constituée, en plus de l'information sollicitée, d'informations (commentaire, question, développement etc.) situées tantôt antérieurement tantôt postérieurement à l'information sollicitée. Ces informations peuvent également encadrer l'information sollicitée. Pour plus de détails, voir Bozier (2001).
10. Il est intéressant de constater que Nina ne reprend que le lexème qui lui faisait défaut, à savoir le substantif et non l'article « un ».

Bibliographie

Bange, P. (1987) : La régulation de l'intercompréhension dans la communication exolingue. Contribution à la *Table ronde du Réseau européen de laboratoires sur l'acquisition des langues*. La Baume les Aix, nov. 1987.

Bange, P. (1992) : A propos de la communication et de l'apprentissage en L2. *AILE,* n°2, pp. 53-85.

Bange, P. & S. Kern (1996) : La régulation du discours en L1 et en L2. *Etudes Romanes,* n°35, pp. 69-103.

Bartning, I. (1992) : L'activité interactionnelle dans une étude longitudinale de l'acquisition du français langue étrangère in : Bouchard, r. & al., op. cit., pp. 123-136.

Berg, C. (1996) : *Demander, Imiter, Essayer.* Mémoire de maîtrise. Institut d'Etudes Romanes, Lund.

Berthoud, A.-C. & B. Py (1993) : *Des linguistes et des enseignants.* Lang, Bern.

Bouchard, R., J. Billiez, J.-M. Colletta, V. de Nuchèze & A. Millet (1992) : *Acquisition et enseignement/apprentissage des langues.* Actes du VIIIᵉ Colloque International FOCAL « Acquisition d'une langue étrangère : perspectives et recherches », Grenoble, mai 1991. LIDILEM, Grenoble.

Bozier, C. (2001) : Etude des sollicitations, données et prises d'apprenants suédophones de français. Mémoire de Licentiat, *PERLES*, n°11, Institut d'Etudes Romanes, Lund.

Broeder, P. & Vasseur, M.-T. (1988) : The learner's reprise of the TLS' words, in : Bremer, K., P. Broeder, C. Roberts, M. Simonot & M.-T. Vasseur (eds.) : *Ways of achieving understanding : communicating to learn in a second language*. Final report to the Steering Committee of the European Science Foundation Additional activity « Second Language Acquisition by Adult Immigrants ». Strasbourg, pp. 164-281.

Carton, F. (1974) : *Introduction à la phonétique du français*. Bordas, Paris.

Casserborg, C. (2000) : *Tentatives lexicales acquisitionnelles*. Mémoire de 80 points. Université de Stockholm.

Colletta, J.-M. (1991) : La conversation « exolingue » : quel objet ? quelles spécificités ? Quelles compétences en jeu ?, in : Russier, C. et al. (éds.) : op. cit., pp. 95-106.

Dausendschön-Gay, U. & Krafft, U. (1994). L'acquisition d'une langue seconde. Quelques développements récents. *Bulletin Suisse de Linguistique Appliquée*, n°59, pp. 127-158.

De Araújo e M.-H. Sá (1994) : Les échanges pédagogiques sollicités par les apprenants dans des situations pédagogiques guidées, in : Pochard, J.-C h (éd.) : op. cit., pp. 251-269.

De Pietro, J.F., M. Matthey & B. Py (1989) : Acquisition et contrat didactique : les séquences potentiellement acquisitionnelles dans la conversation exolingue. *Actes du IIIe colloque régional de linguistique*. Université des Sciences Humaines, Strasbourg, pp. 99-124.

Faerch, C. & G. Kasper : *Strategies in Interlanguage Communication*. Longman, Londres et New-York.

Faraco, M. (1995) : La répétition dans la communication exolingue en classe de FLE. *IRAL*, n°33, pp. 217-250.

Gajo, L. & L. Mondada (2000) : *Acquisitions et interactions en contexte*. Editions Universitaires, Fribourg.

Giacobbe, J. (1992) : *Acquisition d'une langue étrangère : cognition et interaction*. CNRS éditions, Paris.

Granfeldt, J. (2000) : Le développement morphosyntaxique du syntagme nominal chez des enfants et des adultes – approche générativiste. Mémoire de Licentiat, *PERLES*, n°9, Institut d'Etudes Romanes, Lund.

Gülich, E. (1986) : L'organisation conversationnelle des énoncés inachevés et de leur achèvement interactif en « situation de contact ». *DRLAV*, n°34/35, pp. 161-182.

Hammarberg, B. (1998) : The learner's word acquisition attempts in conversation, in : Albrechtsen, D., B. Henriksen & I. M. Mees (eds) *Perspectives on foreign and second language pedagogy. Essays presented to Kirsten Haastrup on the occasion of her 60th birthday*. Odense University Press, Odense, pp. 176-190.

Kasper, G. & E. Kellerman (1997) : *Communication strategies : psycholinguistic and sociolinguistic perspectives*. Longman, London.

Kellerman, E. & Bialystock, E. (1997) : On psychological plausibility in the study of communication strategies, in : Kasper G. & E. Kellerman (eds) : op. cit., pp. 31-48.

Kerbrat-Orecchioni, C. (1990) : *Les interactions verbales*. vol. 1, Armand Colin, Paris.

Krafft, U. & U. Dausendschön-Gay, (1994) : *Analyse conversationnelle et recherche sur l'acquisition*. Contribution au livre du RELA. Lyon-l'Arbresle.

Liedberg, S. (1996) : *SPA : le pas vers la compétence en L2. Une étude sur l'obstacle initial déclenchant une SPA chez un Suédois apprenant le français en milieu naturel*. Mémoire de maîtrise, Institut d'Etudes Romanes, Lund.

Lüdi, G. (1987) : Travail lexical explicite en situation exolingue, in : Lüdi, G. (ed.) : *Romania Ingeniosa : Festschrift für Gerolt Hilty zum 60. Geburtstag*. Lang, Bern, pp. 463-491.

Matthey, M. (1996) : *Apprentissage d'une langue et interaction verbale*. Peter Lang, Bern.

Noyau, C. & R. Porquier (1984) : *Communiquer dans la langue de l'autre*. Presses Universitaires de Vincennes, Paris.

O'Malley, J. & A. Chamot (1990) : *Learning strategies in second language acquisition*. Cambridge University Press, Cambridge.

Oxford, R.L. (1990) : *Language Learning Strategies : What every teacher should know*. Newbury House Publishers, New York.

Perdue, C. (1984) : *Second language acquisition by adult immigrants. A field manual*. Newbury House, Rowley.

Perdue, C. (1993) : *Adult language acquisition : Cross linguistic perspectives*. Cambridge University Press, Cambridge.

Pochard, J.-Ch. (1994) : Profils d'apprenants. Actes du IXème Colloque International « Acquisition d'une langue étrangère : perspectives et recherches », Saint-Etienne, mai 1993. Presses Universitaires de St-Etienne, Saint-Etienne.

Pujol, M. & D. Véronique (1991) : *L'acquisition d'une langue étrangère : recherches et perspectives*. Université de Genève, Cahiers de la section des Sciences de l'éducation n°63, Genève.

Py, B. (1989) : L'acquisition vue dans la perspective de l'interaction. *DLRAV*, n°41, pp. 83-100.

Py, B. (1990) : Les stratégies d'acquisition en situation d'interaction. *Le français dans le monde. Recherches et applications*, février-mars 1990, pp. 81-88.

Rubin, J. (1987) : Learner strategies : theoretical assumptions, research history and typology. Dans Wenden, A. & J. Rubin (eds.) : *Learner strategies in language learning*. Englewood Cliffs, Prentice Hall, New York.

Russier, C., Stoffel, H. & Véronique, D. (1991) : *Interactions en langue étrangère*. Actes du VIIème Colloque International « Acquisition d'une langue étrangère :

perspectives et recherches », La Baume-lès-Aix, automne 1989. Publications de l'Université de Provence, Aix-en-Provence.

Schlyter, S. (2000) : Acquisition du francais parlé. Une comparaison entre apprenants formels et informels, in : Andersen, H. L. & A. B. Hansen (éds.) : *Le français parlé : corpus et résultats. Actes du colloque international.* Université de Copenhague, 29-30 octobre 1998. *Etudes Romanes*, n°47, Museum Tusculanum Press, Copenhague, pp. 179-193.

Tarone, E. (1977) : Conscious communication strategies in interlanguage : a progress report, in : Brown, H., C. Yorio & R. Crymes (eds.) : *On TESOL '77*, TESOL, Washington D.C.

Vasseur, M.-Th. (1989/90) : Observables et réalité de l'acquisition d'une langue étrangère. Séquences de négociation et processus d'acquisition. *Langage et Société*, n°50-51, pp. 67-85.

Vasseur, M.-Th. (1991) : Solliciter n'est pas apprendre, (initiative, sollicitation et acquisition d'une langue étrangère), in : Russier, C. et al. (éds) : op. cit., pp. 49-59.

Véronique, D. (1995) : L'altérité dans l'interaction verbale : à propos d'une enquête longitudinale sur l'acquisition des L2 (projet ESF), in : Véronique, D. & R. Vion, (éds) : op. cit., pp. 143-157.

Véronique, D. & R. Vion (1995) : *Des savoir-faire communicationnels*. Paris, PUP.

Vion, R. & Mittner, M. (1986) : Activités de reprise et gestion des interactions en communication exolingue. *Langages*, n°84, pp. 25-42.

Textualité en conversation exolingue
– le cas du récit oral

par

Eva Westin

1. Introduction

Au cours de cette communication, nous avons l'intention d'aborder la problématique posée par la co-construction du message – la textualité – en conversation ; le cas qui nous intéresse plus particulièrement est celui de la production de récits dans deux genres de conversation, à savoir dans les conversations exolingues (entre un locuteur natif du français (LN) et un locuteur non-natif suédophone (LNN)) et dans les conversations endolingues (entre natifs du français et entre natifs du suédois). Nous aimerions préciser également que le cadre théorique que nous allons adopter pour mener à bien notre analyse des récits conversationnels sera relativement hétérogène dans la mesure où il fera usage de concepts empruntés tant aux modélisations des interactions (entre autres Kerbrat-Orecchioni, 1990 ; Traverso, 1996) qu'aux typologies des textes (Bronckart, 1994 et 1996 ; Adam, 1999 et 2001). L'effort qui est le nôtre ici vise plutôt à montrer par un certain nombre d'exemples la diversité des formes, des types et des fonctions de récits conversationnels. Ainsi après avoir brièvement présenté le corpus d'où sont extraits ces exemples, nous nous proposons d'avancer une esquisse de notre cadre théorique et de donner quelques exemples de récits susceptibles en dernier lieu d'illustrer d'une part leur contribution centrale au dynamisme de la conversation et d'autre part leur capacité à permettre le dévoilement de soi – la révélation identitaire – de chacun des participants.

2. Corpus Westin

Les interactions du Corpus Westin se caractérisent par une tonalité fortement conversationnelle. Le degré de familiarité entre les participants, qui ont des statuts sociaux similaires, est élevé. A chaque interaction les locuteurs sont au nombre de deux, les conversations sont donc de nature dialogale. La majorité des interactions sont exolingues (vingt conversations exolingues qui forment les conversations de base de notre travail de thèse). Nous avons également enregistré à titre de « contrôle » un certain nombre de conversations endolingues (huit conversations endolingues suédoises et trois conversations endolingues françaises).

Les conversations exolingues se déroulent entre des étudiants suédois (étudiants en français au niveau universitaire) et des étudiants français natifs. Les étudiants suédophones ont été sélectionnés parmi les quatre niveaux d'enseignement du français qui sont dispensés à l'Institut d'études romanes de l'Université de Lund. Les informateurs francophones ont été choisis parmi des étudiants venus suivre des études pendant un ou deux semestres à cette même université. Les locuteurs suédophones et francophones se composent du même nombre de femmes que d'hommes. Ils couvrent une tranche d'âge située entre dix-neuf et vingt-huit ans.

Avant les enregistrements les informateurs étaient censés avoir lu trois articles en français (tirés du Nouvel Observateur) sur divers sujets d'actualité. Les conversations pouvaient porter soit sur les sujets traités par les articles, soit sur des sujets librement introduits par les interlocuteurs. Chaque conversation, qui a duré entre trente et quarante minutes a été enregistrée au laboratoire de phonétique à l'aide de la technique DAT (Digital Audio Tape).

3. Orientation théorique

Notre cadre théorique s'inspire des perspectives interactionnistes mises en place entre autres par Kerbrat-Orecchioni et Traverso auxquelles s'ajoute la perspective de la typologie des textes telle qu'elle est représentée par Adam et Bronckart. Il est de notoriété publique que le récit est un type de texte qui intéresse tant la linguistique que la littérature, et nous n'avons donc pas hésité à nous inspirer des réflexions de Genette sur le récit (Genette 1966).

La conversation est une situation de communication qui ne manque pas d'une certaine complexité. Il s'agit tout d'abord d'une situation bilatérale où une personne essaye de transmettre un message ou d'expliquer un point de vue, ce qui oblige l'autre personne à réagir pour laisser entendre que le message a été bien reçu, bien compris. Comme le dit si bien Goffman : « un individu qui adresse une prière a besoin d'une réponse pour savoir s'il a été entendu » (1973, p. 121). Pour qu'il y ait une interaction verbale, il ne suffit donc pas que les interlocuteurs échangent mécaniquement des tours de parole mais il faut surtout que tout en se parlant ils fassent preuve d'un certain engagement. Au cours de ce contact réel et direct, les questions de face (ou figuration) acquièrent une importance particulière (la face est définie comme « la valeur sociale positive qu'une personne revendique effectivement à travers la ligne d'action que les autres supposent qu'elle a adoptée au cours d'un contact particulier » (Goffman 1974, p. 9)) ; ce qui signifie que tout participant d'une interaction se comporte selon certains attributs sociaux admis : il s'agit donc de ne pas perdre sa propre face, son image de soi, tout en essayant de ne pas mettre en péril celle de son interlocuteur.

Dans cette même visée interactionniste, Kerbrat-Orecchioni met en évidence l'importance de la distinction entre interactions verbales finalisées (avec un but fixé) et celles non finalisées comme la conversation où « on parle pour parler » (Kerbrat-Orecchioni 1990, p. 80). La conversation qui a pour but privilégié de maintenir une relation, pousse ses participants à se présenter mutuellement. L'interaction verbale, finalisée ou non, est toujours sensible à des prises de position de la part des interlocuteurs, à un changement de ton, à un geste imprévu etc. et « c'est pourquoi » dit Goffman « de même qu'il n'est aucune conversation qui ne puisse engendrer, intentionnellement ou non, une impression défavorable, il n'en est aucune, si banale soit-elle, qui ne contraigne chaque participant à se soucier sérieusement de la façon dont il se tient et dont il traite les autres » (1974, p. 32). Le Corpus Westin est composé de dialogues à caractère informel et non finalisé, bref de conversations.

Dans le cadre des conversations exolingues un autre aspect du travail de face se met également en place : il s'agit de ce que l'on appelle le contrat didactique. Ce contrat didactique, qui s'installe toujours plus ou moins explicitement entre les participants dans une conversation exolingue, a été qualifié par Matthey (1996) de situation où « le natif peut, et même doit, transmettre ses connaissances linguistiques » et où « l'alloglotte [le locuteur non natif] quant à lui doit manifester qu'il prend en compte les connaissances que le natif lui transmet ». Cette définition du contrat didactique, qui désigne la transmission de connaissances linguistiques dans une direction (du LN au LNN) s'applique dans les conversations exolingues. Cependant, afin de rendre compte de tous les échanges d'information possibles dans un cas de conversation entre deux participants avec des savoirs aussi bien linguistiques que culturels si différents, nous devons apporter deux modifications. Il est clair que le LN doit transmettre ses connaissances d'expert en français si le LNN le demande mais le cas peut également s'inverser. Le LNN, expert à son tour, pourvoit le LN en informations sur le suédois et sur la Suède. Pour le LNN il s'agit surtout de transmettre des connaissances encyclopédiques sur la culture et la société qui sont les siennes, en relation avec le thème traité. Pareillement, le LN peut transmettre des connaissances sur la culture française à propos du thème en question. Cette forme de contrat, très répandue dans la conversation exolingue ne pourra pas être qualifiée de didactique mais plutôt de conversationnelle en faisant partie du travail de face. Le fait de partager des connaissances encyclopédiques est décisif pour le jeu conversationnel. En conséquence aussi bien le contrat plutôt didactique (où les interlocuteurs échangent des mots et formes grammaticales) que le contrat dit conversationnel (qui consiste en un partage d'expériences et de connaissances encyclopédiques) existent dans les conversations exolingues. Les cas les plus fréquents de contrat didactique autant que conversationnel sont ceux où le LN transmet de l'information linguistique. Ce fait est sans doute dû à la situation exolingue où le fait de parler français confère de facto un avantage au LN, qui peut parler de sa culture dans sa langue maternelle et orienter la conversation vers une composante plutôt française du thème traité.

Une question que nous aimerions aborder maintenant est celle du traitement thématique dans la conversation et plus particulièrement de la mise en place locale du thème. Nous devons à Traverso (1996) une excellente modélisation de la structuration du traitement des thèmes dans la conversation familière. Nous en reprendrons ici la démarche. Selon elle, un thème est tout d'abord introduit explicitement ou implicitement. Si ce thème est accepté, ce qu'il est normalement puisqu'un refus peut mettre en péril la face de celui qui a fait l'introduction, il est ratifié explicitement ou implicitement par l'interlocuteur. Les locuteurs entrent ensuite dans la partie du développement du thème proposé et ratifié en ayant recours à ce que Traverso qualifie de partie d'amplification. En amplifiant le thème les locuteurs font avancer la conversation et progressent en introduisant éventuellement des sous-thèmes. A la fin d'une telle séquence d'amplification un autre thème peut être proposé ; dans ce cas-là les locuteurs reprennent la procédure en redémarrant la partie d'introduction d'un thème. Une autre possibilité est bien sûr celle d'abandonner la conversation. Pour obtenir une amplification thématique, il y a selon Traverso différentes manières de procéder : le locuteur peut produire des enchaînements maximaux de type soit interactif, soit sémantique, soit discursif. Nous sommes pourtant convaincue qu'il faudrait ajouter la possibilité d'amplifier le tissu textuel en produisant des *types* de textes bien précis comme une description ou un récit.

Textualité en conversation exolingue – le cas du récit oral 181

Nous aimerions aborder ici la question de la production du récit que nous considérons comme étant sans nul doute un processus essentiel au développement thématique en conversation. Depuis longtemps, le récit a fait l'objet de préoccupations et d'études en particulier dans le domaine des typologies de textes, dans le domaine de la littérature ainsi qu'au sein de la tradition rhétorique et philosophique (voir par exemple Ricœur 1986). Plus récemment le récit a été traité en psychologie cognitive (voir par exemple Fayol 1985). Actuellement le récit est devenu un objet d'étude privilégié des interactionnistes.

Adam fait du récit un prototype séquentiel (la séquence narrative). Comme toute séquence, la séquence narrative « assure le lien des propositions ainsi que leur empaquetage sous forme de macro-propositions, [elle est] elle-même constitutive d'un texte » (Adam 1997/2001, p. 45). Se basant sur la recherche de Bremond (1966 et 1973), Adam définit le récit à l'aide de six constituants qui sont nécessairement présents :

1) Succession d'événements
« Pour qu'il y ait récit, il faut une succession minimale d'événements survenant en un temps t + n. » (Adam 2001 p. 46)

> « Tout ce qu'on raconte arrive dans le temps, prend du temps, se déroule temporellement ; et ce qui se déroule dans le temps peut être raconté. » (Ricœur 1986, p. 12)
>
> « Antériorité des événements rapportés par rapport au temps de l'énonciation » (Gülich & Quasthoff repris dans Laforest & Vincent 1996, p. 17)

2) Unité thématique
« La présence d'(au moins) un acteur est indispensable, mais ce critère ne devient pertinent que mis en rapport avec les autres composantes : avec la succession temporelle [...] et avec des prédicats caractérisant ce sujet [...]. » (Adam 2001, p. 47)

> « Présence d'un protagoniste généralement humain ou agissant comme tel [...]. Dans la narration orale, le narrateur est généralement le héros ou du moins l'un des protagonistes. » (Laforest & Vincent 1996, p. 18)

3) Des prédicats transformés
« [...] on peut simplement se contenter de l'idée de prédicats d'*être*, d'*avoir* ou de *faire* définissant le sujet d'état S en l'instant t – début de la séquence – puis en l'instant t + n – fin de la séquence. » (Adam 2001, p. 48)

> « Les événements et les actions racontés aboutissent à une transformation ou un changement. [...] Notre expérience de la narration orale nous porte à croire que le contexte, l'ensemble d'une conversation peuvent éventuellement

permettre d'interpréter comme narration une suite d'actions qui n'obéit pas à ce critère. » (Laforest & Vincent 1996, p. 18)

4) Un procès
« [...] pour qu'il y ait récit, il faut une transformation des prédicats [...] au cours d'un procès. La notion de procès permet de préciser la composante temporelle [...] en abandonnant l'idée de simple succession temporelle d'événements . » (Adam 2001, p. 49)

> « La mise en intrigue consiste principalement dans la sélection et dans l'arrangement des événements et des actions racontés, qui font de la fable une histoire 'complète et entière', ayant commencement, milieu et fin. » (Ricœur 1986, p. 13)
> « La tension dramatique s'accroît au fur et à mesure que le renversement de la situation approche. Cette tension est obtenue habituellement par la préparation de ce renversement. » (Tomachevski 1965, p. 274)
> « Organisation autour d'un événement unique, prenant place à un moment et dans un lieu particuliers. [...] il est surtout valide pour la narration en conversation de même que pour les récits courts. Il n'est pas valide pour le récit de vie ou le récit littéraire long. » (Laforest & Vincent 1996, p. 17-18)
> « La narration doit contenir au moins un élément inattendu, qui sorte de l'ordinaire (*reportable*), qui en assure la 'racontabilité'. Il s'agit encore une fois d'un critère plus utile à l'oral qu'à l'écrit, du moins si l'on entend par 'élément' un événement et non une manière de le raconter, car le récit écrit en général et littéraire en particulier a ce pouvoir de donner, par une mise en discours appropriée, un caractère extraordinaire à la situation la plus banale. » (Laforest & Vincent 1996, p. 18-19)

5) La causalité d'une mise en intrigue
« L'opération de mise en intrigue repose sur ce [scansion d'événements] dispositif élémentaire qui débouche, bien sûr, sur des possibilités de combinaison des séquences en textes selon trois modes [...] : coordonner linéairement des séquences, les enchâsser-insérer les unes dans les autres ou les monter en parallèle. » (Adam 2001, p. 55)

6) Une évaluation finale
« Une fin [...] est ce qui vient naturellement après autre chose, par nécessité ou dans la plupart des cas, et après quoi il n'y a rien. [...] Ainsi les histoires bien agencées ne doivent ni commencer au hasard, ni s'achever au hasard. » (Aristote cité dans Adam 2001, p. 49)

> Cependant une situation finale n'est pas toujours suffisante. « Pour Lessing, l'unité de l'ensemble provient de l'accord de toutes les parties en vue d'une seule fin : 'la fin de la fable, ce pourquoi on l'invente, c'est le principe moral'. » (Adam 2001, p. 56)

« En clôturant des unités thématiques, les généralisations servent donc à encadrer des unités narratives. » (Drescher 1996, p. 148)

La morale est facultative.

Ces constituants sont modélisés de la manière suivante (Adam 1997, p. 57) :

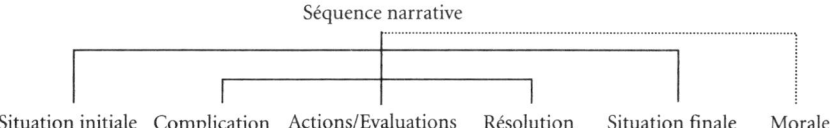

Situation initiale   Complication   Actions/Evaluations   Résolution   Situation finale   Morale

Une autre manière de définir la séquence narrative ou le récit est celle avancée par Bronckart dans *Le fonctionnement des discours* (1994) : il propose une typologie des différents types de textes élaborée à partir d'indices morphologiques, syntaxiques et lexicaux. Les indices vont des pronoms et formes verbales aux marques d'emphases, anaphores et organisateurs temporels et argumentatifs. Ce qui selon Bronckart distingue le récit (écrit et oral) des autres types de textes, c'est surtout la très grande fréquence des pronoms et des adjectifs à la première personne, l'emploi courant de verbes à l'imparfait et les nombreuses anaphores pronominales. Laforest & Vincent proposent des indices micro-linguistiques similaires même si ceux-ci concernent essentiellement le récit oral ; ces chercheurs affirment ainsi que « sur le plan formel, les traits suivants apparaissent : temps verbaux particuliers (imparfait, passé simple et passé composé, présent historique), discours direct, un certain degré de détail, etc. » (Laforest & Vincent 1996, p. 19). Un autre paramètre qui s'avère important pour caractériser le récit est celui de la densité verbale spécifiée comme le rapport entre le nombre de verbes et le nombre de mots. Selon Bronckart (1996, p. 176), le récit interactif (« type de discours en principe monologué, qui se déclenche dans une situation d'interaction qui peut être réelle (et originellement orale), ou mise en scène dans le cadre d'un genre écrit ») présente une densité verbale élevée plus proche de celle du discours interactif que de celle du discours théorique.

Il convient de préciser que les indices et résultats présentés ci-dessus sont basés sur des corpus presque entièrement écrits. En effet, les corpus servant de base aux études en typologie des textes, sont composés majoritairement de textes écrits. Comme l'admet Bronckart ; « Malgré ce souci d'exhaustivité et de contrôle, [...], notre corpus ne peut prétendre fournir une représentation équilibrée de l'ensemble des sortes de textes du français contemporain. Il nous faut admettre que les textes oraux y restent assez minoritaires (pour les raisons techniques bien connues de lourdeur de leurs conditions de recueil et de transcription), et que les textes écrits relevant des genres conventionnels y demeurent vraisemblablement surreprésentés » (Bronckart 1996, p. 82). Les corpus oraux comme le corpus Westin mettent également en relief « ... la difficulté que représente parfois l'identification des bornes de la narration, difficulté qui montre à quel point, dans la conversation, la narration est liée, dans la structure globale de l'intervention du locuteur, à ce qui la précède et la suit. » (Laforest & Vincent 1996, p. 22).

Toujours selon Bronckart, les caractéristiques du récit interactif impliquent en réalité que le récit interactif est disjoint du monde de l'interaction verbale, disjonction qui peut être marquée par une origine temporelle explicite. Maingueneau souligne encore cette disjonction du monde de l'interaction verbale en disant que le récit est un énoncé « qui efface les marques de la présence de l'énonciateur, du co-énonciateur, du moment et du lieu de l'énonciation » (Maingueneau 1991, p. 124). Le récit reste néanmoins impliqué aux paramètres de l'interaction verbale par de nombreuses unités linguistiques qui renvoient aux personnes de cette interaction et « diverses autres unités [qui] explicitent le rapport entre le cadre spatio-temporel des événements racontés et celui de l'interaction verbale mise en scène » (Bronckart 1996, p. 165). Le récit interactif, dit Bronckart, est en principe un type de discours monologué, mais il reconnaît également que des récits dialogués existent ce que nous allons montrer dans les exemples qui suivent. Le récit interactif peut être réalisé dans une situation d'interaction réelle ou mise en scène. Le caractère monologué du récit se traduit, selon Bronckart, par l'absence de toute phrase non déclarative. Le caractère disjoint des mondes discursifs et ordinaires ainsi que l'implication à l'acte de production sont marqués par la dominance de verbes au passé composé et à l'imparfait, la présence d'organisateurs temporels et celle de pronoms et d'adjectifs à la 1ère et à la 2ème personne, qui renvoient aux participants de l'interaction. Une séquence de type récit peut être de longueur et de complexité très variées.

Plus orienté vers l'analyse littéraire, Genette propose que « tout récit comporte en effet, quoique intimement mêlées et en proportions très variables, d'une part des représentations d'actions et d'événements, qui constituent la narration proprement dite, et d'autre part des représentations d'objets ou de personnages, qui sont le fait de ce que l'on nomme aujourd'hui la *description* » (Genette 1966, p. 156). A ce propos il est nécessaire de faire la distinction entre la description et le récit. La narration peut se produire sans descriptions, mais le plus souvent le récit comporte une partie descriptive qui mise sur la représentation d'objets et de personnages. Genette constate que « la différence la plus significative [entre la narration et la description] serait peut-être que la narration restitue, dans la succession temporelle de son discours, la succession également temporelle des événements, tandis que la description doit moduler dans le successif la représentation d'objets simultanés et juxtaposés dans l'espace : le langage narratif se distinguerait ainsi par une sorte de coïncidence temporelle avec son objet, dont le langage descriptif serait au contraire irrémédiablement privé » (Genette 1966, p. 158). Nous pouvons constater que Genette, comme d'ailleurs Adam et Bronckart, accorde une grande importance à la temporalité en distinguant le récit d'autres types de textes. Plus spécifiquement, Genette emprunte à E. Benveniste les traits distinctifs du récit indiquant la fréquence du pronom « je », de certains démonstratifs et adverbes comme « ici, maintenant, hier » et de formes verbales comme le passé simple (à l'écrit) et le plus-que-parfait. Les temps verbaux comme le présent, le passé composé et le futur sont plutôt réservés au discours, ce qui se vérifie dans notre corpus où les récits se trouvent intégrés dans le discours.

Labov est un des premiers à s'intéresser au récit oral (une certaine diversité de notion existe à ce propos ; certains chercheurs utilisent la notion du récit oral, d'autres la notion du récit conversationnel ou interactif) ; il rend compte de la surface du texte telle qu'elle est entendue par l'allocutaire de la conversation à l'encontre des « 'grammairiens du texte', qui semblent parfois plus préoccupés de mettre au jour ce qu'ils appellent la structure profonde du texte » (Laforest & Vincent 1996, p. 20). Pour Labov (1972/1978), toute relation temporellement ordonnée d'événements passés constitue un récit, qui fonctionne par conséquent, comme une façon parmi d'autres, en récapitulant l'expérience vécue. Labov & Waletsky (1967) proposent six éléments récurrents (auxquels correspondent les caractéristiques proposées par Adam), sous forme de questions, qui caractérisent le récit oral (ici résumés dans Laforest & Vincent 1996, pp. 20-21) :

De quoi s'agit-il ?	(Une ou deux propositions qui résument toute l'histoire.)
Qui ? Quand ? Quoi ? Où ?	(Eléments d'information précisant la situation, les personnages, le lieu et le moment de l'histoire.)
Pourquoi ?	(Indications sur l'intérêt de l'histoire, sur sa raison d'être.)
Et après, que s'est-il passé ?	(Séquences des événements et actions qui forment le corps de la narration.)

Comment cela s'est-il terminé ?	(Le résultat suit souvent le foyer d'évaluation, c'est-à-dire le principal passage évaluatif du récit.)
Coda (ou chute)	(Procédé par lequel le narrateur signale que son récit est terminé.)

S'inspirant des théories de Labov & Waletsky et d'Adam mais appliquées aux domaines de l'interaction verbale et particulièrement de l'oral spontané Bres propose que ce qui caractérise la textualité narrative, « ce qui fait d'un récit un récit », est l'effort de « (re)produire [dans le récit] l'ordre (supposé) des événements dans la réalité » (1999, p. 108). Bres argumente en faveur de la production de trois catégories de récits possibles, chacun étant caractérisé par l'emploi d'un temps verbal (propositions narratives au passé composé, au présent, au passé composé et présent). Par conséquent « le temps verbal est un marqueur qui permet à la textualité narrative de s'actualiser dans tel ou tel genre de discours » (1999, p. 108). A partir du statut donné à ces temps verbaux, Bres distingue trois types de récit qui peuvent tous apparaître dans une conversation :

Témoignage	– propositions narratives au passé composé – le narrateur raconte fidèlement à la réalité un événement qui a eu lieu
Blague	– propositions narratives au présent – le narrateur raconte pour divertir (récit posé comme étant fictif)
Récit conversationnel	– alternance entre passé composé et présent dans les propositions narratives – genre hétérogène et intermédiaire des deux autres

Qu'est-ce qui distingue le récit conversationnel des deux autres types de récit ? Selon Bres on trouvera la réponse dans le marquage temporel des propositions non narratives, les propositions non narratives étant celles qui ne font pas progresser « la mise en ascendance du récit parce qu'elles ne présentent pas le procès dans son incidence au temps » (1999, p. 115). L'auteur est pourtant convaincu du fait que les trois genres ne s'opposent pas l'un à l'autre, mais que, pour rendre compte de l'hétérogénéité du récit conversationnel, il existe une distinction essentielle entre d'une part le récit conversationnel et la blague et, d'autre part, entre le récit conversationnel et le témoignage. Ces deux comparaisons aboutissent à une distinction entre un « récit présupposant la réalité de l'événement [et un] récit présupposant la fictivité de l'événement » (1999, p. 129)

L'hétérogénéité dans la conversation est incontournable. Genette, comme d'ailleurs Maingueneau, y voit là une « opposition entre l'objectivité du récit et la subjectivité du discours » (Genette 1966, p. 160) tout en admettant que ni le récit ni le discours « ne se trouvent jamais à l'état pur dans aucun texte : il y a presque toujours une certaine proportion de récit dans le discours, une certaine dose de discours dans le récit » (Genette 1966, p. 161), ce qui est bien le cas dans notre corpus.

A partir de ce rapide tour d'horizon, nous aimerions tirer quelques conclusions qui peuvent nous servir d'hypothèses :

- Premièrement que le récit existe aussi bien à l'oral qu'à l'écrit.
- Deuxièmement que la conversation est un genre hétérogène où le récit n'existe pas à l'état pur. Par conséquent les récits oraux peuvent prendre des formes et des types différents.
- Troisièmement qu'il est probable que le récit oral contienne les séquences décrites par Labov et Waletsky ainsi que par Adam et que les indices linguistiques proposés par Bronckart et d'autres peuvent y être détectés.
- Quatrièmement que le récit oral produit dans une conversation spontanée remplit des fonctions diverses.

Nous allons par la suite donner quelques exemples de récits oraux tirés du Corpus Westin. A partir de ces exemples nous proposerons quelques formes et types de récits oraux ainsi que quelques fonctions possibles du récit en situation de conversation.

4. Le récit en situation de conversation

Pour ce qui est des séquences narratives orales, elles sont donc moins « typiques » que les récits écrits. Nous trouvons par exemple beaucoup de verbes au passé composé mélangés avec des verbes à l'imparfait. Nous sommes également confrontée à des répétitions fréquentes qui compliquent la quantification.

Dans ce qui suit, nous montrerons un exemple de récit oral fréquent. Dans le texte sont indiqués en gras les indices proposés par Bronckart. Nous nous proposons d'extraire les caractéristiques de la séquence narrative telles qu'elles ont été avancées par Adam ainsi que, à la suite de l'analyse de Bronckart, quelques quantifications sur le nombre de pronoms et d'adjectifs à la première personne, le nombre de verbes à l'imparfait et au passé composé, le nombre d'anaphores pronominales et la densité verbale.

Exemple 1 – Conversation endolingue française
(FLO = Florence, locutrice native, 21 ans de Marseille
FRA = Françoise, locutrice native, 23 ans d'Apt
ENS = ensemble)
(en gras = pronoms et adjectif en 1ère personne, verbes à l'imparfait et au passé composé, anaphores pronominales
** ... ** = limites du récit)

*FLO (bruit de bouche) **surtout que en en plus j'sais pas si tu sais mais euh j'ai des origines arméniennes et **ma** grand-mère **elle a elle** a fui la Turquie avec ses parents / euh quand **elle avait** 13 ans j'sais plus **c'était** au milieu des années 20 j'crois / et euh **elle est venue** en France parce qu'en fait euh / en Turquie y'**avait** beaucoup de tensions entre les Turcs et les Arméniens / et euh ils **avaient** peur euh pour **leur** vie parce qu'il y **avait** eu un massacre / euh en 1915 le génocide juif euh le génocide arménien que personne n'en parle parce que (*FRA ah oui) les gens sont pas au courant parce que les a les Turcs n'en parlent pas **ils** veulent pas le reconnaître parce que si **ils** le reconnaissent tu sais t'as il y a des territoires qu'**ils ont annexés** comme ça en Arménie (*FRA mhm) donc ils seront obligés de les rendre (*FRA ah) tu vois (rire) donc 'fin tout ça fait que euh **ma** grand-mère **elle a atterri** en France (bruit de bouche) avec sa famille et euh et **elle a vécu** la guerre en France après // donc (*FRA mm) mais **ça elle m'en elle m'en parlait** pas trop j'sais pas si c'est est-ce que ça **l'a touchée**** et que // j'sais pas tu sais y'a des gens qui n'en qui ont été déportés dans les camps et qui voulaient pas en parler pendant des années qui n'en n'ont pas parlé du tout > y'en a qui se sont dit euh y'en a qui en ont parlé mais les gens n'ont j n'ont jamais parlé pourtant c'était au bout de plusieurs années qui se qu'ils ont compris que c'était vraiment trop dramatique et qui quand ils ont vu que ça se reproduisait ailleurs ils se sont dit c'est pas possible que ça reste comme ça (*FRA oui) et ils ont voulu euh

*FRA ah ouais ils voulaient le refouler
*FLO ouais
*ENS // (rires)

Voici (ex. 1) un récit typique produit par un LN de français en situation endolingue. Nous pouvons constater que le récit est produit à l'intérieur d'un seul tour de parole au cours duquel l'interlocuteur émet des régulateurs assez fréquents.

Si nous considérons les critères proposés par Adam nous pouvons facilement constater qu'il y a bien eu succession d'événements (grand-mère a fui la Turquie quand elle avait 13 ans → elle est venue en France → elle a atterri en France où elle a vécu la guerre), unité thématique avec la présence d'au moins un acteur sujet (la grand-mère et ses parents) et prédicats transformés (ils avaient peur → ils ont fui la Turquie pour vivre en France). Il est aussi possible d'identifier un procès qui se traduit par la description des raisons pour lesquelles ils ont eu peur (y'avait beaucoup de tensions → un massacre, le génocide arménien) et pris la fuite. L'application du critère de mise en intrigue reste plus complexe à mettre en évidence. Pour mettre en intrigue, il s'avère possible soit de combiner les séquences linéairement, soit de les enchâsser-insérer ou de les monter en parallèle. Dans l'exemple 1 nous pouvons observer aussi bien un effet de linéarité que d'insertion. Nous pouvons, à partir de cet exemple entre autres, constater que la mise en intrigue des récits oraux se compose le plus souvent de plusieurs types de combinaisons séquentielles. A la fin du récit 1 nous trouvons une situation finale différente de la situation initiale (elle a vécu la guerre en France après) ainsi qu'un énoncé qui pourrait de toute évidence être considéré comme représentant la morale de l'histoire (donc mais ça elle m'en parlait pas trop, est-ce que ça l'a touchée).

Quant aux indices linguistiques proposés par Bronckart nous pouvons constater, comme prévu, une importante fréquence de pronoms et d'adjectifs à la première personne (43/1000 mots) ainsi que d'anaphores pronominales (110/1000 mots). La prédiction concernant la fréquence des temps verbaux était que les formes à l'imparfait seraient les plus nombreuses. Pourtant, dans notre corpus qui est strictement oral, les formes sont réparties de manière presqu'égale puisque sur 100 verbes, 18 verbes sont à l'imparfait et 15 au passé composé. La densité verbale semble être un bon indicateur d'un récit oral. Les résultats de Bronckart sur les récits interactifs ont montré une densité verbale (rapport entre nombre de verbes et nombre de mots) d'environ 0,13. Une quantification faite sur un certain nombre de récits du Corpus Westin montre une densité verbale d'environ 0,15 (pour l'exemple 1 la densité verbale atteint 0,16).

5. Formes et types de récit
Si nous acceptons qu'il existe des récits dans la conversation orale spontanée il nous faut également admettre que tous les récits ne se présentent pas sous la même forme et que les récits peuvent être employés avec des fonctions différentes.

Formes de récit.
Comme notre corpus est constitué de conversations tournant autour d'articles fournis à l'avance, les thèmes traités dans les conversations ont tendance à se ressembler : il arrive même que certains récits sont repris deux ou trois fois par un même LN. Ces récits seront qualifiés de *récits de constellation*, terme indiquant qu'un même récit est produit deux fois par

un même locuteur ; Vincent a remarqué que « les faits et le résultat de ces deux récits sont exceptionnels, seule la manière de les mettre en évidence varie. » (Vincent 1996, p. 37). Dans l'exemple suivant, tiré d'une conversation entre LN et LNN, le récit de la grand-mère arménienne de l'exemple 1 est repris dans une autre constellation. Il est évident que la LN modifie son récit pour l'adapter à la situation exolingue quand elle pose la question « tu sais où c'est l'Arménie » après quoi elle attend une réponse et pas seulement un régulateur. Le récit sera repris, mais dans une version plus courte et moins détaillée que ce même récit dans une situation endolingue (exemple 1).

Exemple 2 – Conversation exolingue française – récit de constellation
(FLO – Florence, locutrice native, 21 ans de Marseille, France
ANN – Anne, locutrice non native, 21 ans de Lund, Suède
** ... ** = limites du récit)

*ANN   tu étais toi dans un euh
*FLO   si j'ai visité un camp
*ANN   un camp est-ce qu'on dit un camp que quand
*FLO   camp de concentration
*ANN   camp de concentration d'accord
*FLO   non j'y suis jamais allée mais euh j'ai vu des films d'archives (*ANN mm) et j'ai vu des photos mais c'était vraiment très prenant (*ANN oui) **surtout que moi je suis d'origine arménienne (*ANN oui) **tu sais où c'est l'Arménie**
*ANN   oui
*FLO   et euh y a eu un génocide arménien en 1915 (*ANN ah oui) et euh ma grand-mère avec ses parents ils ont fui euh la Turquie où ils vivaient (*ANN oui) et ils sont venus en France c'est pour ça (*ANN ah) que mon père est né (*ANN d'accord) à Marseille (*ANN oui) et donc euh ils ont ils ont aussi étaient conscients de euh de c'qui pourrait arriver aux juifs sachant que euh ce qui était arrivé aux Arméniens** // mais tu vois les différences entre le génocide juif et le génocide arménien c'est que le génocide juif il est reconnu par tout le monde même les Allemands (*ANN oui) t'as vu avec euh comment il s'appelle euh 'fin' y a un président allemand qui s'est mis à genoux devant euh une stèle à la commémoration des juifs (*ANN mm) pour euh signifier le pardon tandis que les Turcs ils ont jamais euh ils ont jamais reconnu qu'il y a eu un génocide arménien (*ANN mm) sur leur territoire
*ANN   ouais mais c'est tellement horrible que (*FLO oui oui) toute une nation peut euh peut peut suivre un homme seulement (*FLO oui) même si c'était pas Hitler lui-même (*FLO mm) seulement mais mais c'était quand même autour de lui (*FLO mm) tous tout tout était autour de lui

Dans l'exemple suivant nous allons montrer une autre forme de récit, le récit en écho, qui a, selon nous, pour fonction d'augmenter le dynamisme conversationnel. Le récit en écho est en effet fortement lié à ce que Linell & Gustavsson (1987) appelle la maxime de réciprocité impliquant que « om A givit ett bidrag till kommunikationen [], så ska B i utbyte bidra med något eget » (Linell & Gustavsson 1987, p. 9) (si A a donné une contribution à la communication [], B doit en échange contribuer avec quelque chose (nous traduisons)). Cette maxime est semblable au principe de coopération de Grice, principe qui stipule que le locuteur « doit ajuster son comportement relativement à la direction générale de conversation » (Moeschler & Auchlin 1997, p. 166) ; en d'autres termes que le locuteur, s'il coopère, va produire un énoncé vrai, pertinent et clair. La maxime de réciprocité ainsi que le principe de coopération semble fonctionner non seulement en ce qui concerne les tours de parole mais également au niveau des contributions telles qu'un récit, d'où la notion de récit en écho que nous aimerions proposer par la suite. Laforest souligne l'importance de l'harmonisation du comportement des deux participants non seulement au niveau de production du récit mais aussi au niveau de l'écoute où « les participants [s'ajustent] l'un à l'autre à la fois quantitativement (fréquence des signaux back-channel [des régulateurs] et qualitativement (fonction des diverses marques d'écoute). » (Laforest 1996, p. 93)

Exemple 3 – Conversation endolingue française – récit en écho
(FLO = Florence, locutrice native, 21 ans de Marseille
FEL = Felix, locuteur natif, 19 ans de Lille
en gras = les deux récits qui font écho)

- *FEL   on va y'aller logiquement / ben écoute euhm la drogue (*FLO rire) un vaste sujet (*FLO oui) mais euh intéressant euh à Marseille comme à comme à Lille d'ailleurs (*FLO oui) eh
- *FLO   oui je sais que enfin j'sais pas si t'as eu des prob des cas dans ton dans tes établissements
  mais moi je sais que par exemple au collège y'avait eu tout un scandale parce qu'une fois on avait retrouvé une seringue dans les toilettes
- *FEL   ouais c'est ça ça arrive aussi
- *FLO   voilà
- *FEL   dans le nord ce genre de truc là (*FLO #) euh maintenant d'ailleurs je sais pas si ça provoquerait le même scandale (*FLO mm) finalement c'est tellement courant finalement p't'être pas dans un collège mais dans un lycée
- *FLO   dans un collège ouais
- *FEL   **euh nous on a eu un cas euh que que je reprends toujours en exemple (*FLO mm) c'était not lycée euh on a on a à Marseille 20% de chômage**

donc (*FLO mm) c'est assez assez critique socialement (*FLO oui) euh c'était un lycée relativement violent (*FLO mm) avec pas mal de substances qui circulent (*FLO oui) et et donc à l'époque où où il y a eu il y a eu des euh lois pour interdire de de fumer dans les dans les établissements publics eh on a nous on a fait le contraire on a autorisé à fumer dans dans à l'intérieur de l'établissement (*FLO ah) parce qu'il y avait des revendeurs de drogue à l'extérieur (*FLO ah) et eh / et donc pour éviter l'influence sur les mineurs (*FLO mm) on a autorisé à fumer à l'intérieur les les dealers osaient pas rentrer (*FLO oui) à l'intérieur de l'établissement parce qu'il y avait des vigiles (*FLO ah okay) on a été le premier établissement de France à établir des vigiles quoi c'est (*FLO rire) c'est te dire le climat
*FLO (bruit de bouche) oh la la (rire)
*FEL bon ils étaient pas armés hein (*FLO ah) mais mais euh
*FLO mais c'est sûr ça
*FEL mais ils étaient bien intégrés ils étaient appelés les schtroumpfs (*FLO ah bon) (rire)
*FLO pourquoi ils étaient en bleu
*FEL ils étaient bleu (*FLO rire) bleu avec un casquette (*FLO mm) bon c'était c'était amusant

Il est intéressant de noter le nombre de mots du premier récit qui se reflètent dans le deuxième, surtout à travers la petite explication de Felix avant que son vrai récit commence (scandale, collège – lycée, seringue – substances / drogue). Nous pouvons également constater, suite à la citation de Laforest (voir fin de paragraphe précédant l'exemple 3), que les régulateurs et les marques d'écoute jouent un rôle important pour la production d'un récit oral. Florence est une locutrice sensible à l'harmonie de la conversation et à cause du manque de confirmation de la part de Felix elle se sent obligée d'arrêter son récit très abruptement. Inversement, dans son récit en écho, Felix prend de la place. Son profil de locuteur est très différent de celui de Florence. Felix parle beaucoup et souvent longtemps. Il n'émet presque pas de régulateurs : il n'est pas animé par le même désir d'harmonisation que Florence. Ceci nous semble une bonne preuve de l'importance de l'écouteur dans la production des récits oraux.

Dans la structure même de la conversation, le récit peut également être géré de différentes manières par les interlocuteurs. Il se peut qu'il soit initié par un locuteur et terminé par ce même locuteur. Dans un tel cas le récit est autogéré. Une autre possibilité est qu'un locuteur provoque un récit de son interlocuteur et que le premier locuteur achève ce récit en proposant un coda (dans les termes de Labov). Un tel récit est hétérogéré. (A ce propos voir Bres, 1995, pp. 290-291, où il définit quatre types du récit : le

Textualité en conversation exolingue – le cas du récit oral 193

récit offert spontané, le récit offert exemplaire, le récit demandé sollicité et le récit demandé médiat.)

Exemple 4 – Conversation exolingue – récit autogéré
(FLO – Florence, locutrice native, 21 ans de Marseille
ANN – Anne, locutrice non native, 21 ans de Lund)

*ANN	j'aime bien quand on quand on me corrige / **euh moi moi je suis allée une fois euh dans un camp** (*FLO mm) **en**
*FLO	en Pologne
*ANN	non en en Tchequie on dit Tch
*FLO	où
*ANN	Tchequie
*FLO	ah en Tchécoslovaquie
*ANN	en Tchécoslovaquie ouais (rire) et c'était Teresien
*FLO	ah je connais
*ANN	c'était un camp // pour euh euh euh c'était c'était pas un camp avec des chambres chambres de gaz mais c'était seulement pour
*FLO	ah c'était un camp de travail
*ANN	oui c'était ça et on a
*FLO	des travaux forcés
*ANN	mais on a aussi euh // euh on tué des juifs euh par euh
*FLO	ah euh
*ANN	avec des
*FLO	à la mitraillette on les a mis on les a fusillé
*ANN	oui (*FLO mm) exactement (*FLO mm) mais euh c'était plutôt pour euh oh comment on dit // euh
*FLO	c'était pour les faire travailler
*ANN	non c'était pour euh (rire) euh pour // euh
*FLO	essaye en anglais (rire)
*ANN	show not to show the camps not the it wasn't that dangeroux what is show
*FLO	show montrer
*ANN	montrer oui
*ENS	(rire)
*ANN	pour pour montrer ce que euh ces camps c'était pas pour pour tuer c'était seulement un camp pour pour les juifs et
*FLO	ah c'était un camp pour montrer aux étrangers pour dire euh
*ANN	oui un peu
*FLO	voilà on fait ça aux juifs
*ANN	mais c'était quand même vraiment (*FLO oui) prenant (*FLO mm) quand on était là parce qu'on a senti on a senti la mort et (*FLO oui) **oh c'était horrible** (*FLO mm) **vraiment**

Dans l'exemple 4 ci-dessus, nous pouvons constater que le récit est initié par le locuteur qui va ensuite raconter les expériences de sa visite dans un camp de concentration. Au cours du récit, la LNN a des difficultés à trouver les mots justes, mais à l'aide de la LN elle arrive à transmettre son message et à conclure à la fin dans un coda que « oh c'était horrible ... vraiment ».

Exemple 5 – Conversation endolingue suédoise – récit hétérogéré
(ALF – Alf, locuteur natif, 22 ans de Växjö
ANN – Anne, locutrice native, 21 ans de Lund
entre parenthèses = nous traduisons)

*ANN	har du varit vid nåt eh koncentrationsläger ? (as-tu été dans un camp de concentration ?)
*ALF	ja jag har varit i Dachau (oui, j'ai été à Dachau)
*ANN	var ligger det (ça se trouve où ?)
*ALF	tror jag det var (je pense que c'est)
*ANN	i (à)
*ALF	nu minns jag inte exakt var det ligger men jag det är alltså ett gammalt koncentrationsläger
	(maintenant je ne me souviens pas exactement où ça se trouve, mais c'est un vieux camp)
*ANN	hm mm
*ALF	ty i Tyskland då (en Allemagne tu vois)

... continue

Pour ce qui est du récit dans l'exemple 5, la locutrice Anne pose une question qui résulte de l'émergence d'un récit de la part de son interlocuteur Alf. Ce récit continue et devient une sorte d'expérience partagée autour des visites dans des camps de concentration. Le récit en question est alors initié en hétérogestion, ensuite géré par le locuteur auquel la question de début à été posée pour finir dans un récit collectif.

Le récit oral pose également la question de la continuité versus la discontinuité textuelle. Dans le récit écrit nous ne trouvons pas de discontinuité puisque ce récit est toujours planifié d'avance. Un récit produit à l'oral spontané ne l'est pourtant presque jamais. Cependant, en conversation endolingue où les locuteurs n'ont pas de difficulté ni à s'exprimer ni à comprendre, les récits peuvent être plus ou moins continus. Un récit produit en situation exolingue tend à être plus discontinu. Que le récit soit produit en continu ou en discontinu dépend donc largement de la situation de conversation.

Exemple 6 – Conversation endolingue française – continuité
(FLO = Florence, locutrice native, 21 ans de Marseille
FRA = Françoise, locutrice native, 23 ans d'Apt)

*FLO   t'en as vu ouais // c'était horrible quoi mais en plus y'avait une dame qui était venue quand j'étais au collège c'était une ancienne résistante et euh elle était venue nous raconter un peu comment c'était dans les camps et euh j'sais pas elle te racontait ça d'une manière / tu sais nous on était horrifiés elle a raconté ça comme si elle racontait euh j'sais pas une histoire banale quoi

*FRA   tu l'as vu quand la dame là à la télé

*FLO   non non j'étais au collège elle est venue dans notre classe et tout / mais euh et puis euh elle disait elle racontait vraiment et c'était horrible quoi tout ce qu'ils leur ont fait faire / parce qu'elle elle était en fait c'est parce que j'crois qu'c'était / bon elle était accusée euh parce qu'elle était de la résistance un truc comme ça donc euh j'sais plus où elle était mais elle était pas dans un camp d'extermination elle était dans un camp de travaux forcés // donc (*FRA ah ouais ouais) c'est pour ça que elle a elle a survécu quoi / et en plus elle nous disait moi qui étais résistante ils me faisaient fabriquer des bombes pour tuer les les gens de mon pays quoi donc c'était vraiment d dur aussi bien physiquement tous tous les traitements qu'ils leur infligeaient que moralement tout ce qu'ils les obligeaient à faire (*FRA mhm) contradictions avec euh leurs sentiments et tout quoi // donc elle était puis mais en fait elle a dit que tant qu'elle était dans le camp tu sais elle résistait parce qu'elle se disait euh / oui après quand je serai libérée et tout on fera ci on fera ça et puis elle résistait aussi tu sais par par amour-propre par dignité elle se disait rien que rien que pour leur montrer que la les Français les résistants ils sont ce sont pas des gens faibles je veux tenir jusqu'au bout tu vois (*FRA mm) une fois qu'elle était libérée après c'est là que en fait les elle savait plus quoi faire elle croyait que les euh // tout ce qu'elle avait subi dans les camps ça c'est ressenti sur / sur son moral et tout ça parce qu'elle s'est dit qu'est-ce que je vais faire maintenant

*FRA   ouais ouais et maintenant qu'est-ce qu'elle fait

Exemple 7 – Conversation exolingue – discontinuité
(FLO – Florence, locutrice native, 21 ans de Marseille
CIS – Cissi, locutrice non native, 28 ans de Lund)

*CIS   mais c'est # //j'ai une copine qui a une copain (*FLO min) de de Tunisie (*FLO mm) euh # il je sais pas si il avait été marié avec une Suédoise ou s'il était seulement euh s'ils vivaient seulement (*FLO mm) ensemble mais # euh ils avaient un enfant (*FLO mm) et mais il a dû quand-même euh aller // à Tunisie

*FLO   ah

*CIS   parce que euh

*FLO il pouvait pas rester
*CIS non et je crois et je sais pas je suis pas sûre s'il s'il avait été ici depuis deux ans (*FLO mm) ou quelque chose comme ça mais je crois si # je crois que si on est ici depuis deux ans on on peut rester ici un an mais si on a un enfant
*FLO ah bon je
*CIS ah je suis
*FLO t'es pas sûre
*CIS je suis pas sûre (rire) mais /// **non je sais je sais pas trop je suis pas très au courant**
*FLO hmm non parce que moi j'avais entendu dire (*CIS tousse) que en Suède y avait pas trop d'immigration et que bon depuis quelques années maintenant euh c'était de plus en plus important

Types de récit
Nous allons ici présenter rapidement deux types de récits traités en littérature et qui sont également représentés dans le Corpus Westin. Il s'agit du récit de vie et du récit anecdotal. Le récit personnel ou le récit de vie est « fait exclusivement au passé, la ressemblance du personnage au modèle [peut] être envisagée exclusivement, comme dans la biographie, comme un rapport vérifiable entre personnage et modèle ; mais tout récit à la première personne implique que le personnage, [...], est aussi en même temps la personne actuelle qui produit la narration []. » (Lejeune 1975, p. 39). Ceci veut dire que le récit de vie est caractérisé par sa perspective rétroactive, par le fait que son thème est vécu (une histoire individuelle) et par le fait que l'énonciateur, le narrateur et le personnage principal renvoient au même nom propre. Cependant, « même s'il y a un interlocuteur direct, le destinataire réel du récit est un public vaste [...]. L'ancrage dans la situation de production d'un tel texte sera nécessairement intermédiaire : l'énonciateur construit un monde qui, notamment du point de vue temporel, fonctionne tout à fait indépendamment du moment de l'acte de production. La participation directe du locuteur aux événements narrés accroche néanmoins le récit à la situation matérielle actuelle. » (Bronckart 1994, p. 104). En outre, le récit de vie peut être partiellement comparé à la catégorie de témoignage proposée par Bres, ce témoignage étant entre autres marqué par des propositions narratives au passé composé et par le fait que le narrateur raconte fidèlement la réalité d'un événement qui a bien eu lieu.

Exemple 8 – Conversation exolingue – récit de vie
(FEL = Felix, locuteur natif, 19 ans de Lille
BOO = Boo, locuteur non natif, 22 ans de Lund)

*FEL	mais comment comment tu t'es retrouvé en tant que Suédois à travailler euh
*BOO	ah
*FEL	au Club Med
*BOO	c'est pf je me trouvais euh donc premièrement / ah euh donc une fois avec le Med je me suis trouvé / euh le seul Suédois vraiment le seul mais euh donc j'ai appliqué pour euh de premièrement je je voulais travailler comme guide moniteur de ski (*FEL ouais) guide de voyage et là euh je suis appliqué chez tous les ag tous les agences en Suède (*FEL mhm) et aussi euh le Club Med en Suède et là j'ai parlé avec le le le patron de Club Med en Suède (*FEL mhm) et il a dit que donc euh moi je peux rien faire mais je peux envoyer euh tes notes euh ton application à Paris (*FEL mm) et il va et Paris va te répondre et là comme j'ai eu euh un emploi avec euh une agence euh suédois (*FEL ouais) donc j'ai dit non à Club Med pour pour l'hiver et après j'ai parlé avec encore une fois avec le patron de Suède et il a dit que ah c'est dommage mais > tu peux tu me peux euh m'appeler en janvier mars en a avril-mars (*FEL mhm) mars-avril parce que euh il m'a demandé si je faisais quelque chose pendant l'été et j'ai dit que euh je joue au golf (*FEL mhm) je joue assez bien au golf / et il a dit que ah tu peux travailler tu peux bien travailler euh comme moniteur de golf (*FEL mm) et il m'a envoyé à à Vittel pour pour faire un stage à Vittel (*FEL ouais) et c'est une c'est vraiment euh un club euh / un village de Club Med qui est très luxe très
*FEL	à Vittel forcément oui
*BOO	Vittel oui oui c'est super / grand luxe et là j'ai j'ai fait le stage et après j'étais pris euh je suis envoyé à / à en Majorque (*FEL mm) et c'est une super expérience
*FEL	mais j'imagine ouais

Nous pouvons constater que le récit donné dans l'exemple 8, est raconté au passé, sauf dans les endroits où le LNN produit du discours rapporté, et que le personnage principal est le locuteur lui-même. Nous constatons également que le monde construit par le LNN dans le récit est indépendant du moment de l'acte de production, correspondant à la description que Bronckart donne des récits de vie. Il n'y a par conséquent aucun doute que c'est bien là un récit de vie.

Le récit qualifié d'anecdotal (voir ex. 9 ci-dessous) porte sur le quotidien mais comporte des faits exceptionnels dans la phase des événements et dans le résultat. Le thème des récits anecdotaux regroupe des événements de tous les jours « ceux qui ne sont pas mémorables et qui ne sont pas inscrits profondément dans l'histoire des individus » (Vincent 1996, p. 41) et des faits que l'on peut qualifier d'inhabituels comme des petites aventures ou des drôleries comme dans l'exemple 9. Le récit anecdotal peut être mis en correspondance avec la catégorie de blague proposée par Bres. La blague se caractérise entre autres par le fait que le narrateur raconte pour amuser.

Exemple 9 – Conversation endolingue française – récit anecdotal
(FLO = Florence, locutrice native, 21 ans de Marseille
FEL = Felix, locuteur natif, 19 ans de Lille
en gras = le récit anecdotal)

*FEL	ouais plutôt ouais c'était c'était pas mal quoi c'était c'était assez amusant quoi (*FLO mm) **le jour quand y'avait un copain qui se prenait pour une tortue**
*FLO	(rire) ça t'es ça c'est
*FEL	**ça s'est produit une fois** (*FLO ah) **à un cours d'anglais il avait un peu trop abusé euh et comme les cours d'anglais ça nous passionnait moyennement** (*FLO ah) **euh un jour il s'est pris pour une pour une tortue et** (*FLO rire) **là il s'est mis à ramper ça c'est ça c'est authentique**
*FLO	ah moi non j'ai jamais eu

6. Conclusion

Nous avons donc pu constater que le récit peut se produire dans des situations et sous des formes diverses. Deux fonctions du récit en situation de conversation sont clairement identifiables. Premièrement le récit est une manière de se présenter en tant que locuteur. A l'aide d'un récit de vie le locuteur dévoile des faits personnels et participe en même temps à une harmonisation des faces entre les participants de la conversation. Deuxièmement, le récit contribue au dynamisme conversationnel. Le récit en écho par exemple montre non seulement un intérêt envers le récit de l'autre mais également la volonté de l'interlocuteur de participer au jeu dynamique des apports réciproques qu'est la conversation.

Le récit peut pourtant remplir d'autres fonctions. Un récit peut, quelle que soit sa forme, servir d'explication ou d'argumentation. Cependant, les récits de vie ou anecdotaux, étant des types spécifiques de récit, ont plutôt une fonction présentative, conversationnelle ou explicative. Vincent (1996) a étudié le degré de banalité versus celui d'exception dans les événements, les résultats et l'évaluation des récits quotidiens et propose que « les narrations [les récits] à fonction argumentative ont une proportion plus élevée de faits banals et de résultats banals que les narrations anecdotales » et qu'une « narration qui vient illustrer un argument n'aurait pas à répondre aux mêmes impératifs d'insolite que les récits anecdotaux » (Vincent 1996, p. 40).

En ce qui concerne le statut du récit dans la situation de conversation exolingue nous avons pu observer que le récit de vie et le récit anecdotal se produisent souvent sous forme discontinue et sous forme d'écho tandis que les récits produits en situation endolingue sont plutôt continus. Dans les deux situations nous retrouvons des récits auto- et hétérogérés. Il nous semble qu'une tendance plausible est que les LNN utilisent souvent le récit à la place d'un argument à cause de leur manque de connaissance de la construction argumentative en situation de conversation.

A la lumière des exemples avancés ici il semble donc que les récits oraux sont polyformes ainsi que polyfonctionnels. Le récit peut se produire sous diverses formes, souvent modifiées par la situation conversationnelle et le degré de contrat didactique. Il sert également des fonctions explicatives et argumentatives. Le récit oral s'avère aussi jouer un rôle très important dans le dynamisme conversationnel et dans le jeu de face entre les interlocuteurs.

Eva Westin
Université de Lund, Suède
eva.westin@rom.lu.se

Références

Adam, J.-M. (1997/2001) : *Les textes-types et prototypes.* Nathan Université, Paris.

Adam, J-M. (1999) : *Linguistique Textuelle. Des genres de discours aux textes.* Nathan Université, Paris.

Adam, J-M. (2001) : *Les textes – types et prototypes.* Nathan Université, Paris.

Bremond, C. (1966) : La logique des possibles narratifs. *Communications* 8, Editions du Seuil, Paris, pp. 60-76.

Bremond, C. (1973) : *Logique du récit.* Editions du Seuil, Paris.

Bres, J. (1995) : Alors raconte ! La négociation du récit dans l'interaction de l'interview, in : Véronique, D. et R. Vion (éds.) : *Des savoir-faire communicationnels.* Publications de l'Université de Provence, Aix-en-Provence, pp. 289-301.

Bres, J. (1999) : Textualité narrative orale, genres du discours et temps verbal, in : Barbéris J-M. (éd) : *Le français parlé – Variétés et discours.* Praxiling, Université Paul Valéry – Montpellier III, Montpellier, pp. 107-133.

Bronckart, J-P. (1994) : *Le fonctionnement du discours.* Delachaux et Niestlé, Lausanne et Paris.

Bronckart, J-P. (1996) : *Activité langagière, textes et discours.* Delachaux et Niestlé, Lausanne et Paris.

Drescher, M. (1996) : L'apport des généralisations à l'organisation du discours narratif, in : Laforest, M. (éd) : *Autour de la narration.* Nuit Blanche Editeur, Québec, pp. 135-150.

Fayol, M. (1985) : *Le récit et sa construction. Une approche de la psychologie cognitive.* Delachaux et Niestlé, Neufchâtel et Paris.

Genette, G. (1966) : Frontières du récit. *Communications* 8, Editions du Seuil, Paris, pp. 152-163.

Goffman, E. (1973) : *La mise en scène de la vie quotidienne 2 – les relations en public*. Editions de Minuit, Paris.

Goffman, E. (1974) : *Les rites d'interaction*. Editions de Minuit, Paris.

Gülich, E. & U. Quasthoff (1985) : Narrative Analysis, in : van Dijk, T. A. (ed.) : *Handbook of Discourse Analysis*. Academic Press, London, pp. 169-192.

Kerbrat-Orecchioni, C. (1990) : *Les interactions verbales* tome I. Armand Colin, Paris.

Labov, W. (1972/1978) : *Le parler ordinaire*. Minuit, Paris.

Labov, W. & J. Waletsky (1967) : Narrative Analysis : oral versions of personal experience, in : Helm, J. (ed.) : *Essays on the Verbal and Visual Arts*. University of Washington Press, Seattle, pp. 12-44.

Laforest, M. (1996) : De la manière d'écouter les histoires : la part du narrataire, in : Laforest, M. (éd) : *Autour de la narration*. Nuit Blanche Editeur, Québec, pp. 73-95.

Laforest, M. & D. Vincent (1996) : Du récit à la narration quotidienne, in : Laforest, M. (éd) : *Autour de la narration*. Nuit Blanche Editeur, Québec, pp. 13-28.

Lejeune, Ph. (1975) : *Le pacte autobiographique*. Collection Poétique, Editions du Seuil, Paris.

Linell, P. & Gustavsson, L. (1987) : *Initiativ och respons – Om dialogens dynamik, dominans och koherens*. SIC15, Studies in Communication, Université de Linköping, Linköping.

Maingueneau, D. (1991) : *L'analyse du discours*. Hachette Supérieur, Paris.

Matthey, M. (1996) : *Apprentissage d'une langue et interaction verbale : sollicitation, transmission et construction de connaissances linguistiques en situation exolingue*. Peter Lang, Berlin et Francfort.

Moeschler, J. & A. Auchlin (1997) : *Introduction à la linguistique contemporaine*. Armand Colin, Paris.

Ricœur, P. (1986) : *Du texte à l'action*. Esprit/Seuil, Paris.

Tomachevski, B. (1965) : Thématique, in : Todorov, T. (éd) : *Théorie de la littérature*. Editions du Seuil, Paris, pp. 263-307.

Traverso, V. (1996) : *La conversation familière – analyse pragmatique des interactions*. Presses Universitaires de Lyon, Lyon.

Vincent, D. (1996) : La racontabilité du quotidien, in : Laforest, M. (éd) : *Autour de la narration*. Nuit Blanche Editeur, Québec, pp. 29-45.